구약의 사람들

구약의
사람들

신과 인간의 서사를 만든
첫째성경 인물 열전

주원준
지음

EBS
BOOKS

　이미 구약학자들은 구약성경을 '첫째성경'이라 부르자고 제안했
다. 현대인의 어감(語感)이 변했기 때문이다.

　예전에는 '옛것'이란 '새것'보다 좋은 것이었다. 오래 익힌 술이
더 향기롭고 오래 사귄 친구가 더 그윽한 법이었다. 이런 인식은 고
대근동과 아시아와 아프리카와 유럽에서 인류의 유구한 상식에 속
했다. 하지만 언어는 변하는 법이다. 요즘은 새것을 자랑한다. 시계
든 구두든 오래 쓰지 않는다. 다들 흰머리를 염색하고 어려 보인다
는 말에 반색한다. 그래서 '옛 약속(구약)'은 '새 약속(신약)'보다 열등
하거나 심지어 대체되어야 한다는 느낌이 확산되었다. 옛 약속이
있어야 새 약속이 있는 것이고 옛 약속은 새 약속만큼 소중한 것이
라는 '균형 잡힌 느낌'은 교회 안팎에서 무너져 내렸다. 구약성경이
'옛 약속의 경전'이기에 낡고 해진 약속의 책으로 다가온다면, 이 이

름을 재고해야 마땅하다.

구약성경은 하느님의 '첫 약속'을 담은 책이다. 구약성경은 인간을 향한 신의 '첫 사랑'을 전한다. 쓸모없고 빛바랜 약속이 아니라 인류를 구원하시려는 하느님의 '초심(初心)'을 담은 경전이다. 확실히 '첫째성경'이라는 말을 쓰면 인류의 가장 오래된 경전인 이 책이 신선하고 새롭게 다가오는 느낌이 있다. 이 책의 부제는 그렇게 정했다.

첫째성경이란 이름은 내가 고안하지 않았다. 가톨릭 구약학계에서는 에리히 챙어(Erich Zenger) 신부님의 《구약성경 개론》이 이미 번역되었다. 현대 구약학의 성과를 일목요연하게 요약한 책이기에 대학원 수준에서 교과서로 사용되는 이 책은 2012년에 가톨릭 학술상의 번역상을 수상했다. 이 책의 책임편집자인 챙어 신부님은 '첫째성경(Erstes Testament)'이라는 용어를 사용한다. 독일의 일부 개신교 학자들도 첫째성경이라고 쓴다. 이런 구약학자들은 당장 교회의 공식 용어를 바꾸자고 부르짖지 않는다. 다만 현대 세계에 가장 잘 적응하려고 시도할 뿐이다. 구약성경의 하느님을 현대인의 마음에 조금이라도 더 가깝게 다가가게 만들려는 진실한 믿음에서 우러나온 제안이다. 나는 이런 선생님들을 따른다.

첫째성경의 사람들은 고대근동인들이었다. 기원전 4000년대에 인류 최초의 문명이 탄생했고, 기원전 1000년대가 되자 고대 이스라엘이 건국되었다. 신의 첫 사랑은 고대근동 세계에 살던 작은 백성 이스라엘을 선택했다. 이스라엘인들은 독특하고 유일하신 하느님을 체험했고, 그 체험을 고대근동의 언어와 문화로 해석했고 전승했다. 첫째성경은 고대근동 세계의 문학이었다. 한국의 대학과 교회에서 아직도 고대근동을 거의 가르치지 않는 사실은 무척 안타깝다.

고대근동인들은 신과 함께 살았다. 무신론자는 신을 모르는 자들이 아니라 신이 가르쳐주신 근본적 도리를 모르는 자들로 생각되던 시대였다. 고대근동 세계는 신의 뜻과 지혜에 따라 살려는 사람들로 꽉 찼다. 고대 이스라엘은 그런 세계에서 독특함과 유일함을 잃지 않았다. 그래서 그들의 독특함을 알기 위해서는 고대근동 세계에 깊이 들어가 성경 본문을 읽고 해석할 수 있어야 한다. 그리고 그동안 축적된 그리스도교의 성찰도 함께 지금 여기에서 종합할 수 있어야 한다. 평신도 신학자인 나는 이 책에서 이런 방법으로 첫째성경을 성찰하고 편안히 해설하려고 한다. 이런 시도는 한국은 물론이고 세계적으로도 아직 흔하지 않은 것 같다.

이 책은 구약성경의 몇몇 인물들을 입체적으로 소개하고 성찰하는 시도이다. 그리스도교 신자라면 이 책에서 다루는 인물들에 익숙할 테지만 일부는 고대근동 세계의 맥락에서 이 인물들의 새로운 면을 접하는 계기가 될 수 있을 것 같다. 또한 현대의 신화학이나 여성학 등의 성찰도 덧붙였다. 11장의 일리말쿠는 구약성경에 등장하지 않지만 구약성경이 형성되는 데 간접적 영향을 끼친 인물로 해석했다.

이런 공부를 더욱 하고 싶은 독자라면 지난 책에서 도움을 받으실 수 있을 것이다. 구약성경을 신화적 의미로 해석하는 방법론은 포스터 R. 맥컬리, 《고대근동 신화와 성경의 믿음―성경이 수용한 고대근동 신화》(감은사, 2022)를, 고대근동 세계에서 구약성경의 신들과 영성을 이해하는 것은 《구약성경과 신들―고대근동 신화와 고대 이스라엘의 영성》(한님성서연구소, 2012) 그리고 《구약성경과 작은 신들―그리스도교 신앙의 뿌리에서 발견한 고대근동 신화와 언어의 흔적들》(성서와함께, 2021)을 참조하길 바란다. 아브라함의 세 종교를 더욱 넓은 시각에서 조망하고 싶은 사람이라면 다음의 책을 참고하라. 《신학의 식탁―세 종교학자가 말하는 유다교, 이슬람교, 그리스도교》(들녘, 2020). 고대근동 3000년의 역사는 다음의 책에서 조망하실 수 있다. 《인류 최초의 문명과 이스라엘―고대근동 3천년》(서울대학교출판문화원, 2022).

내가 공부를 시작했을 당시에 한국인의 대략 절반이 종교인이었다. 하지만 최근에는 특정 종교에 속한다고 대답한 사람이 3분의 1로 줄었다. 그리고 그런 감소 추세는 가파르다. 나는 이런 상황에서 종교가 없다고 대답한 3분의 2의 사람들에게 다가가야 한다고 느낀다. 그들의 몸과 마음에 존재할 보편적인 '종교적 본성'과 대화를 시도하고 싶다. 기성 종교의 높다란 벽 안에서 우리끼리 또는 그들끼리 추켜세우려는 안일한 고집은 버려야 한다. 아직 평신도 신학자에게 교회는 쓸쓸한 곳이지만 성전의 문을 열고 저잣거리에서 설교하던 믿음의 선배들을 참조하고 있다. 신이 창조하신 넓고 아름다운 세상을 직시하면 종교나 신학은 고립되지 않을 것임을 믿는다. '하느님'보다는 '신'을 사용하고, '구약성경'보다 '첫째성경'을 사용하는 것도 세상 사람들에게 조금 더 다가가려는 시도이다.

EBS의 초대로 교회의 벽을 넘어 세상 사람들과 만날 기회를 얻었다. 2020년 겨울부터 방영된 EBS 클래스e의 〈구약의 사람들〉은 과분한 사랑을 받았다. 김유열 사장님과 애써주신 많은 분들에게 이 자리를 빌어 고마운 마음을 표현하고 싶다. 그리고 이 책에는 방송에서 설명한 것 외에 다른 강연 내용도 많이 들어 있다. EBS는 이런 내용을 모두 묶어 책으로 낼 수 있는 기회도 제공해주었으니 더욱 감사드린다. 세상에 더욱 성큼 다가가는 일은 기쁘다.

첫째성경이 전하는 전복의 서사는 내가 묵상하는 순교자의 영성이다.

2023년 3월

새로운 봄을 기다리며

일러
두기

○ 이 책에서 인용한 성경 구절은 한국천주교중앙협의회에서 발행한 《성경》을 따랐
   다. 성경 관련 인명과 지명도 모두 같은 책을 따랐다.

○ 고대근동 세계의 인명과 지명 그리고 연대 등은 다음 책과 일치시켰다. 주원준, 《인
   류 최초의 문명과 이스라엘─고대근동 3천 년》, 서울대학교출판문화원, 2022.

○ 본문에서 고대근동의 언어 등을 음역한 경우에 이탤릭체로 표시하였다.

1

아담과 하와

인간과
신의
역사가
시작되었다

인간은 신이 아니고 신은 인간이 아니다.
인간과 신이 다르다는 말은
모든 인간은 같다는 말이다.
신과 인간 사이에 반신적半神的 존재란 없다.
그래서 창세기는
보편과 평등에 대한 책이다.

첫째성경의 처음을 여는 창세기 1~11장에는 신화적 요소가 풍부하게 담겼다. 천지창조 이야기, 아담과 하와의 동산 이야기, 카인과 아벨의 형제 살해 이야기, 노아의 홍수 이야기, 바벨탑 이야기 등은 신화적 모티프의 보고라고 할 수 있다.

사실 첫째성경에는 두 개의 창조 이야기가 들어 있다. 첫째는 하느님이 말씀으로 7일 만에 세상을 창조하신 이야기다. 첫날에 하느님은 낮과 밤을, 이튿날에는 하늘을, 사흘날에는 땅과 바다와 식물을, 나흘날에는 해와 달을, 닷샛날에는 온갖 생물을, 엿샛날에는 사람을 만드셨고, 마지막 이렛날에는 쉬셨다. 6일 동안 창조주는 매일 창조된 만물이 '좋았다'고 기뻐하신다. 여기까지가 첫째 창조 이야기이다.

창세기 2장 4절 뒷부분(창세 2,4ㄴ)부터 두 번째 창조 이야기가 나오는데, 아담이 동물들의 이름을 하나씩 짓고 하와가 창조된다. 그리고 동산에서 나온 이야기가 시작된다.

새롭게 보는 창조 이야기

태초에 낙원과도 같은 동산에서 아담과 하와가 살았는데, 하느님이 금기한 열매를 따 먹고 그 벌로 쫓겨났다는 것이 대강의 줄거리다. 그래서 '원죄 이야기' 혹은 '타락 이야기'로도 알려져 있다. 거의 모든 사람이 알고 있는 이 이야기는 사실 성당이나 교회에 다니는 사람들도 성경을 유심히 읽어보지 않았다면 잘못 알고 있는 부분이 많다.

먼저, 원죄를 짓기 전에 인간은 동산에서 아무런 노동도 하지 않았을까? 낙원은 노동도 없고 아무런 고통도 없이 그저 무위도식하고 희희낙락하며 살아가는 곳이었을까? 그렇지 않다. 원죄를 짓기 전에도 인간은 노동을 했다. 신은 인간을 에덴 동산에 두면서 '일구고 돌보라'고 했는데, 이 말은 '섬기고(עבד) 지켜라(שמר)'라는 말로 직역할 수 있다. 이를 어떤 '종교적 실천'으로 해석할 수도 있지만 그렇다고 해도 노동과 무관한 표현은 아니었다. 어쨌든 인간이 낙원에서 아무런 노동도 하지 않고 그저 심심하게 하품이나 하면서 시간을 축내며 살지는 않았다는 것은 분명하다.

주 하느님께서는 사람을 데려다 에덴 동산에 두시어, 그곳을 일구고 돌보게 하셨다. 그리고 주 하느님께서는 사람에게 이렇게 말씀하셨다. "너는 동산에 있는 모든 나무에서 열매를 따 먹어도 된다. 그러나 선과 악을 알게 하는 나무에서는 따 먹으면 안 된다. 그 열매를 따 먹는 날, 너는 반드시 죽을 것이다." (창세기 2장 15~17절)

아담과 하와가 따 먹은 열매가 사과라고 알려져 있지만 이 또한 사실과 다르다. 중세 서양의 명화에도 사과로 그려진 경우가 많은 데 성경에는 열매의 이름조차 나오지 않는다. 다만 "선과 악을 알게 하는 나무"의 열매라고 언급되어 있으니 '선악과'라고 부르거나 성경 기록에 충실하게 그냥 '열매'라고 부르는 게 정확할 것이다. 정작 이보다 중요한 점은 신이 선과 악을 알게 하는 나무의 열매를 따 먹지 말라고 했다는 것, 그리고 그것을 먹으면 죽는다고 경고하셨다는 것이다. 그렇다면 질문을 거꾸로 던져보자. 이 열매를 먹지 않았다면 죽지 않고 행복하게 살았을까? 이에 대해서도 성경은 명확한 설명을 해주지 않는다.

이것이 신화적인 이야기의 특징이다. 첫째성경의 첫머리는 철학책이나 과학책처럼 논리적으로 앞뒤가 딱 맞는 구성으로 짜여 있지 않다. 세부적인 항목에서는 충돌하는 서술도 꽤 많고 시각에 따라 의미가 달라지는 등 자유로운 해석의 여지를 남기고 의미의 긴장을 일으키는 곳이 많다. 논리적 비약이나 생략도 적지 않다. 이런 충돌과 생략과 비약은 성경의 약점이 아니다. 오히려 이런 '빈구석'이야말로 첫째성경이 지닌 가장 위대한 점이라고 할 수 있다.

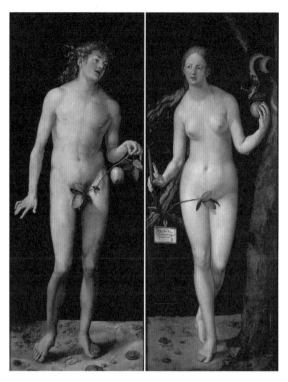

알브레히트 뒤러
(Albrecht Dürer),
<아담과 하와>,
1505.

신이 초대한 자리

사람들은 이런 '빈구석'을 애써 채우려고 시도한다. 이런저런 철학
적 개념을 통해서, 때로는 과학적 지식을 동원하며 설명하기도 한
다. 그런 시도들이 의미가 없지는 않지만 별로 달갑지는 않다. 그렇

게 빈틈을 애써 메우려는 시도들 가운데 흡족한 것을 별로 보지도 못했거니와 그 자체에 명확한 한계가 존재한다고 생각하기 때문이다. 심지어 어떤 것은 너무도 조잡해서 마치 고색창연한 명화에 싸구려 물감을 덧칠한 듯한 느낌을 받기도 한다. 게다가 많은 과학적 지식은 가설적이고 때로는 뒤집히기도 한다. 오늘 멋지게 맞아떨어진 어떤 논리는 내일이면 무너져버리고 만다. 오늘날의 과학이나 최신 이론으로 분석하려는 시도는 끊이지 않을 테고 의미가 없지도 않겠지만, 고문헌 연구자로의 눈으로는 '한시적 설명'의 한계를 벗어날 수 없는 것으로 보인다.

성경의 빈구석은 약점도 아니고 실수도 아니다. 오히려 이런 빈 공간이야말로 신이 우리를 초대하는 자리다. 바로 그 지점에서 인간의 상상력과 성찰이 꽃피우기 때문이다. 빈틈은 언제나 새로운 의미가 돋아나는 생성의 공간이다. 지금까지 많은 신학자, 철학자, 문인들이 그 빛바랜 듯한 곳에서 위대한 것들을 발견하고 깨달았다. 성경 본문은 어쩌면 인생과도 같다. 성경은 논리적으로 앞뒤를 분석하고 정리하는 데 그쳐서는 안 된다. 성경은 온몸으로 자신을 투신해서 읽는 이야기다. 그래서 스스로 주의 깊게 읽고 골똘히 몰두하여 성찰하는 습관이 필요하다. 그러다가 평소 알고 있는 상식을 벗어나기도 할 것이고 너머의 세계가 펼쳐지는 경험을 하기도 할 것이다. 그래도 괜찮다. 어쩌면 신은 그런 식으로 우리를 초대하는 것일 수도 있으니까.

그러면 이야기 안으로 들어가보자. 태초의 동산에서 선악과를 먹은 이야기가 분명하게 말하는 점이 있다. 바로 신과 인간, 죽음과 고통이 본래부터 서로 긴밀하게 얽혀 있는 하나의 주제라는 점이다. 신과 인간은 처음에 아무런 문제가 없이 살았다. 그런데 어느 날 여자한테 뱀이 다가와 말한다. 신을 거역해도 괜찮다고, 오히려 신이 금지한 영역에서 새로운 것을 발견할 수 있다고 유혹한다.

그러자 뱀이 여자에게 말하였다.
"너희는 결코 죽지 않는다. 너희가 그것을 먹는 날, 너희 눈이 열려 하느님처럼 되어서 선과 악을 알게 될 줄을 하느님께서 아시고 그렇게 말씀하신 것이다." (창세기 3장 4~5절)

뱀의 말은 참 묘하고 알쏭달쏭하다. 결과적으로 그리고 표면적으로 보면 뱀의 말은 거의 그대로 실현되었다. 남자와 여자는 열매를 먹은 후 분명히 그 전에는 잘 몰랐던 것을 알게 된 듯하다. 그런데 이 과정이 부정적으로 그려진다는 점을 주목할 필요가 있다. 새롭게 무엇인가를 깨달았다는 것은 기쁜 일일 수도 있지만 '선을 넘은 일'일 수도 있다. 어쩌면 이 점이 이야기의 핵심일 것이다. 앎에는 이중성이 있다. 새로 발견하고 새로 아는 것은 발전이자 상승이다. 새롭게 발견하고 알아가며 인간은 더욱 인간적으로 사는 방향으로, 더 나은 삶을 추구하는 방향으로 발전했다. 하지만 그 과정은 그저 보람 있고 행복하지만은 않았다. 긍정적인 면과 부정적인 면이 언제나 함께 발생했다.

태초의 여자와 남자는 눈이 열려 발전하고 상승할 줄로만 알았다. 그런데 "그 둘은 눈이 열려 자기들이 알몸인 것을 알고, 무화과나무 잎을 엮어서 두렁이를 만들어 입었다"(창세 3, 7). 결과적으로 보면 뱀이 어떤 지혜나 정보를 알려주긴 했는데, 그래서 인간은 뱀의 말대로 열매를 먹고 뭔가 새로운 것을 하나 더 안 것 같은데 그것이 그다지 보람 있고 긍정적으로 그려지지 않는다. 뱀의 말대로 아담과 하와가 곧바로 죽지는 않았다. 그렇다고 뱀의 말을 그대로 수긍하기도 힘들다. 이 지점은 생각할 거리가 많다. 저마다 이렇게도 저렇게도 성찰할 수 있도록 초대하는 자리다. 그래서 내 의견이 전적으로 맞다고 주장하기도 힘들다. 그저 함께 이 점을 생각해보는 과정에서 신의 가르침에 가까이 가자고 권유할 수밖에 없다. 과연 앎이란 무엇일까.

이 이야기의 결말을 보면 우리가 사는 이 세상에 대해서도 생각이 많아진다. 결국 태초의 동산과는 다른 세상이 우리 앞에 펼쳐졌다. 에덴에서는 신과 인간, 인간과 자연, 인간들 사이의 관계가 모두 좋았지만 이제 그 관계는 허물어졌다. 뱀은 기어 다녀야 하고 여인은 해산의 고통을 얻었으며 남자는 땀을 흘려야만 양식을 얻을 수 있게 되었다. 인간은 본래 먼지였기 때문에 다시 먼지로 돌아가야 할 피조물에 불과하다는 운명이 선언되었다. 벌을 받아서 에덴에서 쫓겨났고 다시는 그곳으로 돌아갈 수 없게 되었다. '커룹 (Cherub)'과 '번쩍이는 불 칼'로 막혔기 때문이다(창세 3, 24).

커룹은 고대근동 신화와 종교 문헌에 자주 등장하는 상상의 괴수다. 문헌에는 복수형 '케루빔(Cherubim)'으로도 자주 나오는데 사람의 머리와 독수리의 날개, 사자의 몸을 지녔다. 주로 성전이나 왕궁 등의 문을 지키는 역할을 맡았으니 우리나라의 해치나 이집트의 스핑크스와 비슷하다고 볼 수 있다. '번쩍이는 불 칼'은 '회전하는 칼의 불꽃'으로 직역할 수 있는데, 이는 고대근동 신화에 나오는 신의 무기 중 하나다. 신이 무기와 괴수를 두어 길을 막아버린 것이다. 이제 돌아갈 수 없다. 누굴 원망하랴. 따지고 보면 이게 다 우리 인간 탓이다. 인간이란 그런 존재다.

우리가 살아가는 곳은 동산의 바깥이다. 에덴으로 가는 길이 막혔다는 것은 거꾸로 현세가 열렸다는 말과 같다. 지금의 이 세상이 확고부동하게 주어진 것이다. 우리는 이제 동산 밖에서 살아가야 한다. 결과적으로 보면 신이 내린 벌이 별것 아닌 것 같다는 생각도 든다. 벌이라는 게 결국 평범한 인간이 지닌 삶의 조건 아닌가. 여인에게 해산의 고통이 따르고 땅이 거칠어 땀을 흘려야 먹고살 수 있는 것은 특별할 것 없는 평범한 삶의 조건들이다. 이 새로운 조건은 누구에게나 동일하다. 어쨌든 우리는 이런 세상에 나와서 사는 존재다. 동산에서의 삶이 지금보다 얼마나 나은지도 사실 알 수 없다. 이 이야기는 분명 새롭게 열린 세상을 두 손 들어 열렬히 환영

미켈란젤로(Michelangelo), <에덴동산에서의 타락과 추방>, 1509~1510.

하는 것 같지는 않지만, 그렇다고 애써 폄하하거나 부정하지도 않는다. 그저 담담하게 받아들이는 느낌을 준다.

괴수는 없다

창세기 1~11장은 신화의 언어로 쓰여 있다. 한마디로 신화적 모티프가 넘쳐난다. 대표적으로 고대근동 세계의 '삼층우주론'(하늘 - 궁창 - 바다)을 그대로 반영한 것이다. 하느님이 세상을 창조할 때 물과 물 사이를 갈라서 그 사이 공간에 온갖 생명체를 만들었다는 것은 메소포타미아의 창조 이야기인 에누마 엘리쉬(*Enûma Eliš*)뿐 아니라 다른 고대근동 신화에도 거의 공통적으로 전제되어 있다. 사람을 '흙의 먼지'로 빚어서 코에 생명의 숨을 불어넣어 만들었다는 것도 여러 다른 신화에서도 찾아볼 수 있다. 뱀이 등장해서 사람에게 뭔가를 알려주거나 지혜와 관련된 어떤 일을 하는 것도 길가메쉬 이야기와 비슷하다.

이런 '고대근동 신화의 병행 요소'를 서로 비교하면서 연구하는 일은 흥미롭다. 이런 병행 요소들을 하나씩 세밀하게 구분하고 저마다 어떻게 다르고 무엇이 같은지 등을 비교해보면서 여러 신화가 지닌 각각의 독특한 점을 알아내는 문학적·신학적 공부는 그 자체로도 재미있지만 지금 우리 삶의 의미를 찾는 데도 도움을 준다. 대개 이런 신화들이 인간 '삶의 조건들(Lebensbedingung)'을 설명하고 있기 때문이다. 노동, 죽음, 우정, 섬김 등이 어떻게 생겨났는지, 그 의미는 무엇인지 등을 즐겨 다룬다. 신화를 비교하는 공부는 결국 인간과 세상과 신의 본질을 다룰 수밖에 없다.

이렇게 고대근동 신화와 비교해보면 창세기 이야기의 독특한 점이 드러나지 않을까? 우선 창세기 1~11장에는 다른 신화에 흔하게 등장하는 영웅, 반신적 영웅, 초인적 존재, 괴수 등이 거의 나오지 않는다. 첫째성경은 전반적으로 그런 존재들에 대해 놀라우리만큼 무관심하다. 이 점이 가장 눈에 띄는 차이다.

길가메쉬 이야기를 보면 레바논의 삼나무 숲을 지키는 '훔바바'

라는 무서운 수호신이나 '하늘의 황소'가 나온다. 앞에서 언급한 커룹이나 이집트의 스핑크스처럼 동물과 인간의 모습을 함께 지닌 신령스런 존재도 고대근동 세계에는 흔하다. 메소포타미아 신화에는 '안주(Anzû)'라는 거대한 괴조(怪鳥)가 있다. 어느 날 안주가 홀연히 나타나 신들과 인간을 대혼란에 빠뜨린다. 안주가 모든 신들과 인간의 수명이 적힌 '운명의 토판'을 가지고 멀리 달아나 버린 것이다. 평소 넘볼 수 없던 큰 신들도 이 거대 괴조가 두려워 싸움을 슬금슬금 피했다. 그런데 닌우르타(Ninurta)라는 영웅이 안주를 꺾고 가까스로 운명의 토판을 찾아온다.[1] 고대 이집트 쪽에는 훨씬 다채로운 형상들이 많다. 매의 머리를 가진 '호루스'나 따오기 머리를 가진 '토트'처럼 인간의 몸에 다른 동물 모양의 머리를 한 반인반수(半人半獸)의 형상이 셀 수 없을 만큼 많다. 고대근동 세계에는 신의 피를 이어받고 태어난 황제나 임금의 이야기도 흔하다.

그런데 희한하게도 이스라엘의 창세기에는 그런 존재나 형상이 거의 없다. 영웅이나 초인도 나오지 않는다. 물론 엄밀하게 따지면 이런 요소들이 완전히 없다고는 할 수 없다. 뱀과 커룹, 불 칼 등이

---

1) 제임스 B. 프리처드(James B. Pritchard) 편집, 《고대 근동 문학 선집》, 강승일·김구원·김성천·김재환·윤성덕·주원준 옮김, CLC, 2016. 195~215쪽. 고대근동 문서들을 번역한 *Ancient Near Eastern Texts Relating to the Old Testament(ANET)*와 고대근동의 유물 사진과 해설을 실은 *Catalogue of Ancient Near East in Pictures Relating to the Old Testament(ANEP)*를 한 권으로 편집한 1975년판 영문 서적을 번역한 책이다. 첫째성경과 고대근동 신화를 연구하는 데 필수 도서라고 할 수 있다. 이 책을 약칭 'ANET-K'라 칭한다.

나오기 때문이다. 하지만 고대근동 세계에서 탄생한 문헌임에도 그런 요소들이 극히 제한된 역할에 그친다는 점은 확실하다.

이런 괴수나 반인반수가 등장하여 활약하는 이야기는 화려하고 사람들의 흥미를 끈다. 고대근동 신화를 번역하기도 하고 신화에 대해 강의도 하는 내 경험으로 보면 길가메쉬나 아트라하시스 등의 신화를 설명할 때 많은 이들이 즐거워한다. 이야기 자체가 흥미진진하고 상상력을 자극할 만한 요소들이 많기 때문이다. 플롯의 구성이라든지 직간접 화법으로 전하는 대사도 멋지고 드라마틱하다. 그런데 창세기에는 그런 존재가 매우 제한되어 있기 때문에 이야기가 단출하고 소박한 느낌을 준다. 그래서 이스라엘의 창세기는 자연스럽게 두 종류의 등장인물에 초점을 맞추는 책이 된다. 바로 신, 엘로힘과 인간이다.

두 종류의 문헌을 읽는 느낌은 무척 다르다. 고대 메소포타미아의 신화는 요즘으로 치면 마블이나 DC코믹스의 캐릭터들처럼 초인과 영웅, 괴물이 즐비하다. 읽고 있으면 흥미진진한 요소들에 점점 빠져든다. 화려한 특수효과와 거대한 스케일의 블록버스터처럼 눈과 귀가 즐겁다. 하지만 첫째성경의 창세기는 괴력난신(怪力亂神)은커녕 반지하에 사는 가족이 등장하는 영화 〈기생충〉(2019)처럼 현실적이다. 고대근동 신화들이 화려한 판타지나 액션영화라면 이스라엘의 창세기 이야기는 조촐한 휴먼 드라마와 비슷하다고나 할까. 고대근동의 신화들이 화려한 뮤지컬이라면 창세기는 판소리 같은 서민적 정취가 묻어난다. 메시지도 결국은 하나로 수렴된다. 바로 신과 인간이다.

어느 누구도 신이 아니다

창세기의 이야기는 소박하다. 그 바탕에는 인간은 신과 다르다는 뚜렷한 인식이 있다. 인간은 한평생 예상치 못한 역경과 고통을 겪고, 그 과정을 통해 정신적으로나 영적으로 크게 성장할 수도 있을 것이다. 그렇다고 초인적 능력을 얻거나 악과 혼란을 지배하는 영웅이 될 수는 없다. 이스라엘의 창세기를 보면 뚜렷한 구별점을 계속해서 주고 있다는 느낌을 받게 된다. 인간은 결코 신이 될 수 없고 신은 분명 인간과 다른 초월적 존재라는······.

 인간은 신이 아니고 신은 인간이 아니다. 그래서 조금 안심도 된다. 인간과 신이 다르다는 말은 모든 인간은 같다는 말이다. 신과 인간 사이에 반신적(半神的) 존재란 없다. 그래서 창세기는 보편과 평등에 대한 책이다. 우리 모두는 피조물일 뿐이고 인간 가운데 왕후 장상의 씨는 따로 없다. 황제라 하더라도 신의 피가 흐르지는 않는다. 모든 인간은 이 점에서 확고불변하게 동일하다. 모든 인간의 땀과 숨은 같은 종류의 것이다. 인간이 신에게도 서로에게도 겸허해야 하는 이유다.

이스라엘의 창세기는 다른 민족의 신화 등을 명시적으로 부정하지 않는다. 저 멀리에 큰 도시를 세우고 동서남북 사방을 정복한 임금이라면 반신적인 존재나 초인적인 영웅일 수도 있을 것이다. 그런 존재 주변에는 천상의 괴수가 있을지도 모른다. 하지만 창세기는 그런 세계에 관심을 두지 않을 뿐이다. 우리 눈에 보이지 않는 어떤 존재를 증명도 부정도 하지 않는다. 창세기의 시선은 다른 곳을 향해 있다. 오직 '지금 여기'에 관심을 둔다. 적어도 우리가 사는 세상에는, 우리 조상이 노동하고 소통하며 그렇게 몸으로 부대끼며 살던 세상에는 그런 존재는 없다고 말한다.

창세기는 인간의 보편적 평등을 말하는 데 그치지 않고 한발 더 나간다. '모든 인간은 죄인의 자손이다. 인간은 모두 평등하기에 한계도 뚜렷이 같다.' 이러한 인식은 인간 존재에 대한 깊은 성찰로 이끈다. 인간이란 존재는 한편으로는 신의 손길이 닿은 피조물로서 신의 사랑을 듬뿍 받는 존재이지만, 다른 한편으로는 명확한 한계를 지닌 존재이기도 하다. 이 점에서 더 나은 인간도 더 모자란 인간도 없다. 모두가 그런 존재들이다. 창세기의 이야기에는 예외를 인정할 만한 사람이 없다. 최초의 남녀는 죄인이었고 모든 인간은 그들의 후손일 뿐이다. 남자든 여자든 왕족이든 영웅이든 사제든 평신도든 모두 이 점에서 다르지 않다. 모든 인간이 죄인이라는 것, 바로 그 점 때문에 인간은 신의 은총을 받아야 살 수 있다는 것, 어쩌면 그것이 창세기의 가장 위대한 가르침이 아닐까 한다.

이스라엘 민족은 성 밖의 가난한 백성이었다. 이 점을 상기해보면 그들의 이야기에 메소포타미아나 이집트 같은 당시 큰 제국의 임금과 왕족에 대해 비판하는 시선이 담긴 것은 어쩌면 당연할지 모른다. 고대근동 세계에는 신의 후손이나 신을 자처하는 존재가 많았다. 이집트의 파라오는 그 자체로 신이었고 아카드의 임금 나람-신(*Naram-Sîn*) 등은 일찍이 스스로를 신격화했다. 성탄(聖誕) 신화에 따르면 신왕국의 여성 파라오 핫셉수트는 신의 딸이었다. 이렇게 신화에는 신의 아들이나 딸이 많다.

하지만 이스라엘은 오랫동안 나라 없이 성 밖을 떠돌다가 기원전 1000년대 전반기에 '지정학적 요충지의 약소국'[2]을 간신히 운영했다. 그마저 오래가지 못하고 망국과 유배의 아픔을 겪어야 했다. 그런 이스라엘의 창세기가 전하는 메시지는 분명하다. '모든 인간은 죄인의 후손이다. 신과 인간의 격차는 우리가 상상하는 것 이상으로 절대적이다. 모두가 피조물이요, 누구도 신이 될 수 없다. 그러므로 우리 가난한 백성이 머리를 조아릴 대상은 신뿐이다. 임금이나 영웅은 섬김의 대상이 아니다.' '신'과 '인간'에 시선을 고정하자.

---

2) '지정학적 요충지의 약소국'에 대해서 다음을 보라. 주원준 · 박태식 · 박현도, 《신학의 식탁—세 종교 학자가 말하는 유다교, 이슬람교, 그리스도교》, 들녘, 2020. 69~84쪽.

이집트 신왕국 제18왕조의 다섯 번째 파라오이자 이집트 역사상 매우 드문 여성 파라오였던 핫셉수트가 자신을 위해 지은 핫셉수트 장제전. 핫셉수트는 여성이었음에도 성공적으로 나라를 다스렸다.

신이 동반하는 세상이 열렸다

고대근동 큰 나라들의 건국신화를 보면 임금의 조상이 신의 특별한 총애를 받아서 도시와 지역의 질서를 확립한 영웅적 이야기가 많다. 기원전 3000년대 〈수메르 왕명록〉에도 그런 기록이 남아 있다. 왕명록에 등장하는 선조들은 신과 구별되지 않는다. 왕조를 세우고 도시를 정복하고 왕궁이나 신전을 건설하는 과정은 본디 위대하고 거룩한 조상께서 하신 일이므로 그런 조상을 잇는 큰 나라의 임금은 그 땅을 수호하고 지켜나갈 의무가 있다는 것이다. 이런 식으로 조상을 미화하는 이야기는 전 세계적으로 흔하다. 작은 나라였지만 우리 민족 또한 하늘의 아들이 나라를 세웠다는 멋진 이야기를 가졌다.

하지만 이스라엘은 그런 조상을 두지 못했다. 작은 성읍을 건설하지도, 어느 도시를 쟁취하지도 못했다. 그저 창세기의 선조들이 오래 살았다는 것이 내세우는 거의 전부였다. 창세기를 전승한 백성들은 이마에 땀을 흘리며 일하고 아이를 낳아서 손수 먹이고 입히며 살아야 했던 성 밖의 가난하고 고단한 사람들이었다. 그들은 우리 모두가 죄를 지은 인간이고 열심히 일을 해서 고통을 이기며 살아가야 한다는, 곧 삶의 조건을 받아들이고 순응해야 한다는 이야기를 전승했다. 그래서 이스라엘의 창세기에는 우리가 사는 이 세상을 그저 담담하게 바라보고 성숙하게 수용하는 낮은 이들의 시선이 느껴진다.

낙원을 그리워하는 마음이 드는 것은 당연하다. 원죄 이전으로 돌아가고 싶은 마음, 곧 회복을 향한 희구는 정당하다. 하지만 현실의 커룹과 번쩍이는 불 칼로 길이 막혀 있으니 어찌하랴. 동산으로 돌아갈 방법은 없다. 우리 인간은 그런 괴수를 꺾고 회귀하지 못한다. 다만 괴수를 다스리는 월등한 존재라면 그 길을 다시 열어줄 수도 있을 것이다. 창조 이전으로, 타락하기 이전으로, 선악과를 따 먹기 이전으로 돌아가는 유일한 길은 신이었다. 하지만 창세기에 따르면 아직 그 길은 막혀 있다.

그래서 결국 시선이 신에게로 향한다. 이 이야기의 끝에는 인간과 동행하는 신이 남는다. 새로운 세상에서 사는 일은 당연히 고통이 동반하지만 그 길에서 인간과 신은 끝까지 동행할 것이다. 그래서 이야기의 결말은 그렇게 비관적이지 않다. 이상하게도 낙관하는 감정이 생긴다. 고통이 시작되었고 땀 흘리는 삶이 시작되었지만 잘 생각해보면 그것은 용서의 시작이기도 했다. 신은 거역하는 인간을 죽이지 않고 결국 살 수 있게 해주었다. 그리고 끝없는 죄와 한없는 용서의 역사가 시작되었다. 태초의 사람이 죄를 지었음에도 생명을 유지할 수 있었던 것은 신이 용서했기 때문이다. 단순히 뱀의 말이 맞았다는 것에서 그쳐서는 안 된다. 그보다 신의 용서와 자비가 훨씬 큰 의미를 가진다.

첫째성경의 수많은 이야기에서 인간은 계속 도전하고 욕망하고 죄를 짓는다. 그리고 신은 인간의 죄를 꾸짖기도 타이르기도 분노하기도 하지만 결국은 인간의 죄를 용서한다. 카인과 아벨 이야기에서도 바벨탑 이야기에서도 노아의 홍수 이야기에서도 마찬가지다. 신은 때로 노여워하고 때로 속상해하고 때로 꾸짖기도 하지만 마지막은 결국 용서였다. 첫째성경의 모든 이야기에서 그랬다. 이 새로운 세상에서 신은 인간을 떠나지 않는다. 그래서 인간은 절대 홀로 살지 않는다. 무슨 일을 하든 가난한 백성의 곁에 신이 동행하고 어쨌든 살길을 열어준다는 사실은 신을 의지하며 살았던 백성에게는 희망이자 축복이었을 것이다.

삶을 관조하는 시선

인간은 욕망과 호기심으로 끊임없이 도전하는 존재다. 아담과 하와가 선악과를 따 먹은 최초의 죄는 앞으로 수없이 이어지는 역사의 시작이었을 뿐이다. 인간은 계속해서 금기의 선을 넘어서고 새로운 것에 눈을 뜰 것이다. 금기에 도전하는 일은 낙원에서 이미 시작되었다. 그 때문에 인간은 낙원에서 새로운 세상으로 나오게 되었다. 금기에 도전한 대가는 무엇일까? 단지 낙원에서 나왔을 뿐이다. 신에게 목숨을 빼앗기지도 않았고 우리가 사는 이 세상이 그리 나쁘지만도 않다. 새 세상에서 인간은 끊임없는 도전을 통해 더 많은 것을 알았고 더 많이 입었고 더 복잡한 문명을 이루었다. 그 결과 문명의 발전과 진전을 이루었지만 다른 한편으로 고통이 가중되었고 자연과의 관계, 신과의 관계, 타인과의 관계가 더 이상 간단치 않게 되었다.

창세기의 아담과 하와 이야기에는 이런 인간의 성취에 대한 이중의 시선이 느껴진다. 제국의 기원을 전하는 다른 고대근동 신화에서는 이런 식의 '삶을 성찰하는 낮은 시선'을 찾아보기 어렵다. 그들은 선조가 세운 질서를 의심하지 않는다.

최근 한국의 발전상은 5000년 민족사에서 제법 화려한 꽃을 피운 시기라고 할 수 있다. 문화적으로는 더욱 그렇다. 한국 대중문화에 대한 세계인의 열광과 찬사를 접하면 비현실적이라는 생각까지 든다. 30~40년 전만 해도 생각지도 못했던 일이다. 미국 문화를 동경하고 일본 문화를 베끼던 나라였지만 지금은 오히려 전 세계 많은 사람들이 한국 문화를 향유하며 동경하고 있다. 경제적으로도 많은 성장을 이루어서 세계 10위권 안에 드는 경제 규모를 가지게 되었다. 산업화와 민주화 두 마리 토끼를 잡은 드문 경우라고 말들을 한다.

그런데 우리는 지금 행복한가? 충분히 의미 있는 삶을 살아가고 있는가? 우리가 성취한 많은 것들은 우리에게 어떤 의미인가? 장애인들이나 다양한 소수자들도 우리나라가 과연 선진국이 되었다고 느낄까? 한국은 과연 지구상의 다른 나라들이 뒤따를 만한 나라인가? 창세기 이야기는 우리에게 이런 질문들을 던지고 있는 것이 아닐까. 앞으로도 우리는 계속해서 금기에 도전하면서 뭔가 새로운 것에 대해 알아갈 것이다. 그렇게 열리는 세상은 지금보다 더 편하고 화려한 세상이 되겠지만 더 의미 있고 좋은 세상일지는 모르겠다. 아마도 조금 더 복잡하고 분화된 세상일 가능성이 크다. 아담과 하와가 동산에서 나온 순간 바로 이런 세상이 열렸다는 이야기가 아닐까? 우리는 한발 물러서서 이 발전과 융성을 관조하고 성찰할 수 있어야 한다. 그 그늘 속에 여전히 존재하는 가난하고 힘든 사람들을 돌아봐야 한다.

다행히 이 이야기의 끝에는 신이 동반해주겠다는 약속이 담겨 있다. 용서하는 신이 우리와 동반한다는 점은 큰 위로이고 희망이다. 이것이 이 이야기가 들려주는 가장 중요한 삶의 조건일 것이다. 그렇다면 신과 함께 어떻게 이 세상을 살아야 할까. 그 답은 우리 스스로 찾아야 한다. 이런 생각을 함께 나누고 해결해가는 것이 이 이야기의 끝이자 새로운 시작이다. 나는 창세기 이야기가 별로 기쁘지도 슬프지도 않다. 다만 그런 세상이 열렸구나, 잘 살아야겠구나 하는 느낌이 든다. 다만 겸손하게 신의 은총을 구하는 일을 게을리 하지는 말아야겠다는 생각이다.

영원한 성찰의 보고

창세기 이야기는 보편성과 유용성을 지녔다. 지금까지도 여전히 영성적 성찰의 원천이 되고 있다. 이 이야기를 새롭게 해석하는 최근의 신학적 성찰을 소개하면서 첫 장을 마무리하려고 한다. 첫째는 프란치스코 교종이 2015년에 반포한 회칙이다. 이 문헌에는 창세기가 생태 신학에서 매우 중요하다는 점을 밝히고 있다. 인간과 자연과 신의 근본적 관계를 새롭게 조명하는 이 같은 해석은 앞으로 더욱 주목받을 것이다.

> 창세기에 나오는 상징적이고 서사적인 고유한 언어로 표현된 창조 이야기는 인간의 실존과 그 역사적 실재에 대한 깊은 가르침을 담고 있습니다. 이러한 설명은 인간의 삶이 근본적으로 서로 긴밀하게 연결된 세 가지 관계, 곧 하느님과의 관계, 우리 이웃과의 관계, 지구와의 관계에 기초를 두고 있음을 암시합니다. 성경에 따르면 이 세 가지 핵심적인 관계는 이 세상과 우리 안에서 깨어졌습니다. 이러한 불화가 죄입니다. (…)
>
> 우리는 하느님이 아닙니다. (…) 성경 구절은 그 맥락 안에서 올바른 해석학을 통하여 읽어야 합니다. 성경 구절은 우리가 세상이라는 정원을 '일구고 돌보아야' 한다고 말하고 있음을 인식해야 하는 것입니다(창세 2, 15 참조). '일구다'라는 말은 밭을 경작하고 갈거나 밭일을 한다는 뜻이고, '돌보다'라는 말은 보살피고 보호하며, 감독하고 보존한다는 의미입니다.[3]

---

3) 프란치스코 교종(Pope Francis) 회칙, 《찬미받으소서(Laudato si', 2015)》(개정판), 한국천주교중앙협의회, 2021. 66~67항.

둘째는 교황청 국제신학위원회에서 2018년에 반포한 문헌인데, 역시 프란치스코 교종의 의중이 강력하게 반영되었다고 한다. 이 해석은 인간이 본디 고립된 개인이 아니라 공동체로 창조되었음을 강조한다.

> 구약성경은 하느님께서 인간을, 곧 남자와 여자를 당신 모습으로 그리고 당신과 비슷하게, 곧 세상을 돌보고 세상이 그 목적을 향하게 하면서 친교의 표지 아래 그분과 협력하도록 부름받은 사회적 존재로 창조하셨다고 증언한다(창세 1, 26~28 참조).[4]

어쩌면 절대적으로 개인적인 삶과 신앙이란 불가능하거나 매우 힘들 것이다. 인간은 창조 때부터 사회적 존재로 만들어졌다. 그리고 태초의 남녀가 낙원에서 나오는 길은 최초의 '함께 가는 길(synodos)'이었다. 이 세계에서 인간은 노동을 하고 아이를 낳으며 공동체로 살아간다.

이 이야기는 해피엔딩일까, 새드엔딩일까? 삶의 조건들이 가혹할 수도 있지만 한편으로 우리는 살아갈 수 있을 만한 세상에서 함께하는 존재들이다. 그래도 이웃들과 함께 잘 살아내고 있지 않은

---

4) 교황청 국제신학위원회, 《교회의 삶과 사명 안에서 공동합의성(*LA SINODALITÀ NELLA VITA E NELLA MISSIONE DELLA CHIESA*, 2018)》, 박준양·안소근·최현순 옮김, 한국천주교중앙협의회. 12항.

가? 게다가 용서하는 신이 언제나 동반하고 계신다. 이렇게 '함께 가는 삶'이 시작되었다.

2

카인과 아벨

우리는
용서받은
죄인의
후손이다

인간은 언제나 잘못을 저지르고
실수를 한다.
그 결과 다른 사람과의 관계가 허물어지든,
신과의 관계가 나빠지든,
자연과의 관계에서 문제가 발생하든 한다.
세파를 이겨내는 일은 결코 만만치 않다.
하지만 자비와 용서의 신이
언제나 인간과 함께한다는
궁극적 희망이 있다.

쌍둥이 카인과 아벨

카인과 아벨 이야기는 세상의 부조리와 인간의 죄를 날것 그대로 묘사한다. 카인은 형제를 죽인 최초의 살인자다. 그러면 카인은 태어날 때부터 악인이었고 아벨은 원래부터 의인이었을까? 그래서 카인이 범죄를 저지른 것일까? 흔히 카인은 험상궂은 모습으로 아벨은 순한 모습으로 묘사될 만큼 이런 인식은 일반화되어 있다. 아벨은 양치기였고 카인은 농부였던 점 때문에 유목민을 옹호하는 이야기라는 해석도 있다. 하지만 성경 속 카인과 아벨은 똑닮은 형제로서 그저 성실히 일하는 평범한 사람으로 묘사된다.

두 형제가 태어나는 장면을 보자. 아담과 하와는 에덴에서 나온 후 형 카인과 동생 아벨을 낳았다.

> 사람이 자기 아내 하와와 잠자리를 같이하니, 그 여자가 임신하여 카인을 낳고 이렇게 말하였다.
> "내가 주님의 도우심으로 남자 아이를 얻었다."

그 여자는 다시 카인의 동생 아벨을 낳았는데, 아벨은 양치기가 되고
카인은 땅을 부치는 농부가 되었다. (창세기 4장 1~2절)

"다시 카인의 동생 아벨을 낳았는데" 부분의 히브리어 원문을 직
역하면 '그(=카인)의 형제 아벨을 계속 낳았다'로 해독된다. 이 말은
첫째를 낳고 곧이어 둘째를 낳았다는 뜻으로 이해할 수 있다. 그렇
다면 카인과 아벨은 쌍둥이인 셈이다.[1] 다시 말해 카인과 아벨은 그
저 평범한 형제가 아니라 아주 똑닮은 쌍둥이 형제였다. 둘은 구분
이 가지 않을 만큼 차이가 없거나 굳이 구분 지을 이유가 없었을지
도 모른다. 그저 한 명은 양치기, 다른 한 명은 농부가 되었을 뿐이
다. 양치기와 농부는 당시 가장 평범한 직업이었다. 그렇다면 이 이
야기는 '유목민과 농경민의 대립과 갈등'을 강조하는 것이 아니라
오히려 유목민이든 농경민이든 모두 형제이며 한 가족이라는 인류
의 보편성을 드러내는 이야기라고 할 수 있다.

형제는 장성했다. 땅을 일구는 형과 가축을 치는 동생은 성실히
일했고 저마다 알맞게 제물을 바쳤다. 그런데 사건이 일어났다. 신
은 아벨의 제물은 기꺼이 받아주었지만 카인의 제물은 받아주지 않
았다. 그 이유는 무엇일까? 성경은 그 이유에 대해 아무런 설명이
없다. 다만 카인이 "몹시 화를 내며 얼굴을 떨어뜨렸다"(창세 4, 5)고

---

1) 《주석성경》, 한국천주교중앙협의회, 2010. 77쪽 n4.

틴토레토(Jacopo Tintoretto), <카인과 아벨>, 1551~1552.

만 되어 있다. 결국 카인은 화를 이기지 못하고 동생을 죽인다. 인류 최초의 살인 사건이 일어난 것이다. 그 대가로 카인은 신의 벌을 받는다. 살인죄를 벌하는 신의 목소리는 단호하다.

그러자 그분께서 말씀하셨다.

"네가 무슨 짓을 저질렀느냐? 들어 보아라. 네 아우의 피가 땅바닥에서 나에게 울부짖고 있다. 이제 너는 저주를 받아, 입을 벌려 네 손에서 네 아우의 피를 받아 낸 그 땅에서 쫓겨날 것이다. 네가 땅을 부쳐도, 그것이 너에게 더 이상 수확을 내주지 않을 것이다. 너는 세상을 떠돌며 헤매는 신세가 될 것이다." (창세기 4장 10~12절)

이제 동생을 살해한 카인은 쫓겨나서 세상을 떠도는 슬픈 운명을 안고 살아야 한다. 카인은 그제야 후회하고 눈물을 흘린다. 이 땅에서 쫓겨나면 "만나는 자마다 저를 죽이려 할 것"이라며 뒤늦게 뉘우치고 하느님께 용서를 구한다. 그러자 신은 누구도 카인을 죽이지 못하게 표를 찍어주셨다(창세 4, 15). 이것이 카인과 아벨 이야기의 전말이다.

신화의 언어로 쓰인 원역사

창세기의 앞부분(1~11장)을 채우는 이야기, 곧 에덴 동산, 카인과 아벨, 바벨탑, 노아의 홍수 이야기 등을 원역사(Urgeschichte)라고 부른다. 어떤 시간과 공간에서 발생했는지 대강의 맥락마저 확정하기 어려운 이야기들이다. 하지만 인간의 죄, 인간과 신의 관계에 대한 본질을 드러내고 원형적인 역사를 전해준다. 원역사는 고대의 경험이 켜켜이 쌓여서 농축된 인류 문화의 보고로서 그동안 수많은 문학, 미술, 음악 같은 예술로 거듭 태어났다. 앞으로도 이 이야기들은 영감의 원천으로 인류와 오래도록 함께 살아갈 것이다.

원역사는 신화의 언어로 쓰였다. 신화를 비과학적이고 케케묵은 옛이야기쯤으로 생각하기 쉽지만 인간의 본질을 그대로 드러내주는 훌륭한 언어의 세계다. 해석학(Hermeneutik)에 따르면 인간의 언어를 여러 가지로 분류할 수 있다. 예를 들어 같은 한국어로 말한다고 해도 법의 언어, 경제의 언어, 수학의 언어는 서로 문법과 특질이 다르다. 법의 언어에서 정의란 '법적 절차의 준수'를 뜻하겠지만 경제학의 언어에서는 '공정한 기회와 분배'를 의미할 것이다. 각 언어마다 장점이 있고, 어떤 언어는 특정 부류의 개념에 낯설고 이질적이다. 수학의 언어로 측은지심(惻隱之心)이나 영성(靈性) 같은 것들을 표현하기는 쉽지 않다. 그래서 어떤 언어를 쓰는지, 그 언어의 특질은 무엇인지 제대로 봐야 한다. 만일 신화의 언어로 쓰인 이야기를 법의 언어나 경제학의 언어로 해석한다면 그 의미를 올바르게 파악하지 못할 것이다. 그리고 이야기에 담긴 특정한 정보를 현대의 과학적 성과로 증명하려는 시도는 실패하기 일쑤다. 그런 식의 노력은 수학의 언어로 측은지심을 표현하는 것과 비슷한 종류의 어려움에 빠질 수밖에 없다. 인간의 언어가 지닌 특징을 아는 것도 성경을 이해하는 중요한 요소 중 하나이다.

신화의 언어는 삶의 본질을 다룬다. 신과 인간에 대한 성찰이나 세상의 실체를 담아내기에 적당하다. 신화의 언어를 그저 지어낸 이야기로 치부해서는 안 된다. 오히려 신화적 모티프가 듬뿍 담긴 이야기는 오랜 지혜와 세계의 본질을 수천 년을 거뜬히 넘어 우리에게 전달한다. 첫째성경을 여는 창세기 첫머리가 신화의 언어로 쓰여 있는 것은 성경이 인간과 신에 대한 보편적 성찰을 담은 책이라는 점을 생각해보면 당연하다고 할 수 있다. 그래서 신화의 언어는 시공간을 넘나든다. 먼 옛날 저 멀리에서 발생한 이야기가 지금 여기에서 의미를 지닌다. 카인의 형제 살해 이야기는 아득한 옛날 이야기지만 이런 죄악은 지금 여기에도 존재한다. 형제 살해에서 느끼는 끔찍한 감정도 과거와 현재가 다르지 않다. 그래서 신화의 언어는 인간의 죄, 구원, 세상의 보편성, 부조리, 신의 의미 등을 전달하고 성찰하기에 적합한 면이 있다. 인간이 존재하는 한 이런 죄와 죽음, 용서는 끊이지 않을 것이다.

앞 장에서도 언급했듯이 신화의 언어에는 빈구석이 많다. 본디 이런 이야기는 논리적인 적합성이나 치밀한 구성에는 거의 관심이 없다. 예를 들어 신화의 언어로 쓰인 에덴 동산 이야기에는 그 동산이 정확히 어디에 위치했는지, 크기가 얼마나 되는지, 어떤 나무들이 얼마나 있는지에 대한 설명이 없다. 본래 그런 세부적 정보에 관심을 두는 이야기가 아니기 때문이다. 신과 인간이 친밀하게 만나고 합일하는 이상적인 공간이었고, 바로 그곳에서 인간이 처음 죄를 지었으며, 그것이 지금 여기를 사는 우리의 죄와 근본적으로 맞닿아 있다는 점이 중요할 뿐이다.

조금만 자세히 들여다봐도 성경에서 논리적 허점을 찾아낼 수 있다. 그런 일은 하나도 어렵지 않다. 다만 그런 빈구석에 대한 성찰이 중요하다. 그동안 신학자들을 비롯해 수많은 예술가나 철학자들이 바로 그 빈틈에서 의미를 길어 올렸다. 왜 하필 이런 정보가 생략되었을까, 왜 이런 장면은 상당히 길게 묘사하는 것일까 곰곰이 머물러 생각하면 문득 깨닫는 것이 있다. 거듭 말하지만 성경의 빈구석은 신이 당신을 초대하는 자리다.

역사의 반복되는 패턴

창세기 원역사 이야기에는 '반복되는 구조'가 있다. 이야기의 처음은 늘 좋다. 신이 마련한 무대, 창조계 자체는 문제가 없어 보였다. 그런데 인간이 죄를 짓는 것이 발단이다. 아담과 하와가 금기의 열매를 따 먹고, 카인이 동생 아벨을 죽이고, 바벨탑을 쌓아 신의 영역에 도전하고, 온 세상이 타락하는 등의 사건이 발생한다. 그때마다 신이 나타나서 가르침을 준다. 신의 반응은 다양하다. 때로는 분노하고 때로는 훈계하고, 이따금 추방이나 홍수 같은 큰 벌을 주기도 한다. 그러나 결국 신이 용서함으로써 이야기가 마무리된다. 하느님은 한결같다. 죄인에게 다시 살길을 열어준다.

창세기의 시작은 이렇게 신의 자비와 용서로 마무리되는 이야기들로 빼곡히 채웠다. 에덴에서 추방된 후 인간은 노동과 산고를 얻었지만 번성할 수 있었다. 아벨을 죽인 카인도 이마에 징표를 받고 살 수 있었다. 바벨탑 이야기에도 인류는 흩어져서 오히려 더 넓은 지역에서 다양하게 번성하게 되었다. 노아의 홍수 이야기에서도 마지막에는 무지개가 떠올라 희망의 계약이 이루어졌다. 마지막이 신의 용서와 자비라는 사실이 중요하다.

이것이 원역사가 말하는 의미, 곧 신과 인간이 살아가는 패턴이다. 이런 시각에서 카인 이야기를 보자. 인간은 여러 가지로 노력을 하며 살지만 그 결과가 반드시 성공적이지는 않다. 신이 기쁘게 받아들일 때도 있지만 때로는 세상과 신이 매정하게 대하는 체험도 우리네 인생살이의 일부다. 하지만 아무리 신이 노여워하더라도 희망이 없지는 않다. 하늘이 무너지는 체험을 하더라도 우리는 또 앞으로 나아갈 수 있다. 원역사는 신이 인간과 동행한다는 사실 자체가 희망의 근거라고 말한다.

원역사에 드러난 인간과 신의 관계에서 두 가지 의미를 살펴볼 수 있다. 첫째는 고대로부터 신과 인간의 관계를 부모와 자식에 비유했다는 것이다. 신은 자식을 키우는 부모와 같아서 잘한 일에는 칭찬을 하고 잘못한 일에는 꾸지람을 한다. 신은 부모의 마음으로 결국에는 자식을 위해서 살길을 열어준다. 신의 입장에서 보면 부모가 자식을 키우는 것과 같지만 인간의 입장에서 보면 부모의 의도와 마음을 깨닫지 못하거나 때로는 부모에게 야속함을 느낄 수도 있다. 시간이 충분히 지나면 인간은 이웃과 자연 그리고 신과 함께 살아야 한다는 생각이 자연스럽게 들 것이다. 그리고 세상의 모든 문제를 단번에 깨끗이 없애주고 새롭게 역사를 시작하게 해주는 신은 결코 없다는 것도 알게 된다. 부모님이 나를 낳아 길러준 사실을 바꿀 수 없듯 신과 인간의 역사를 한번에 뒤집거나 바꿀 수 있는 방법은 없다.

둘째, 우리는 일부 사이비 종교의 한계를 여기서 알 수 있다. 특정한 신이나 인물을 믿으면 개인이나 사회가 완전히 바뀔 것이라는 믿음은 적어도 성경에는 없다. 여태까지 가지고 있던 모든 한계가 극복되고 전혀 다른 인생으로 새 출발할 수 있는 비결도 없다. 사이비 종교의 유혹은 달콤하다. 특정 공동체에 들어가 짧은 경전의 요약본이나 주문을 달달 외는 것으로 새로운 인생의 길이 열리겠는가. 신령하고 기묘한 지식이나 정보를 얻는 것, 곧 영지(靈智)로 육체와 현세의 한계를 극복할 수 있다는 주장은 영지주의(gnosticism)의 근본 원리와도 같다. 그리스도교의 역사에서 영지주의는 오랫동안 사이비 종교의 원천이었다.

창세기 원역사 이야기는 신과 함께 그저 꾸준하고 성실하게 몸과 마음을 살피며 살아야 한다는 점을 분명하게 말한다. 인간은 언제나 잘못을 저지르고 실수를 한다. 그 결과 다른 사람과의 관계가 허물어지든, 신과의 관계가 나빠지든, 자연과의 관계에서 문제가 발생하든 한다. 세파를 이겨내는 일은 결코 만만치 않다. 하지만 자비와 용서의 신이 언제나 인간과 함께한다는 궁극적 희망이 있다.

낙원 이후의 현세

카인과 아벨 이야기로 다시 돌아가자. 하와는 카인을 낳고 "남자 아이를 얻었다(카니티)"고 말한다. 히브리어로 카인(qayin)은 '얻다' 또는 '창조하다'라는 말의 어근에서 나왔다. 하와는 첫아들을 얻고 카인이라고 이름 지은 것이니 이 구절에는 일종의 말놀이가 숨어 있다. 한편 아벨의 히브리어 이름은 헤벨(hebel)인데 '한숨' 또는 '헛것'이란 뜻이다. 카인은 '얻은 사람'이요, 아벨은 '한숨'이란 뜻이니 카인의 이름에는 죄를 짓고 다시 일어선 사람이란 의미가, 아벨의 이름에는 희생자에 대한 안타까움과 아쉬움의 정서가 스며 있는 것 같아 인상적이다. 어쩌면 두 사람 모두를 사랑의 시선으로 바라보고 있는 것은 아닐까.

세월이 흐른 뒤에 카인은 땅의 소출을 주님께 제물로 바치고, 아벨은 양 떼 가운데 맏배들과 그 굳기름을 바쳤다. 그런데 주님께서는 아벨과 그의 제물은 기꺼이 굽어보셨으나, 카인과 그의 제물은 굽어보지 않으셨다. 그래서 카인은 몹시 화를 내며 얼굴을 떨어뜨렸다. 주님께서 카인에게 말씀하셨다.
"너는 어찌하여 화를 내고, 어찌하여 얼굴을 떨어뜨리느냐?" (창세기 4장 3~6절)

카인은 농부로서 땅의 소출을, 아벨은 양치기로서 양의 맏배들과 그 굳기름을 바쳤는데 하느님은 카인의 제물만 외면했다. 신에게 수용되느냐에 따라 인생의 성공과 보람이 가늠되던 시대였다. 카인이 얼마나 속이 상하고 스트레스를 받았을지 짐작할 수 있다. 그런데 왜 신은 아벨의 제물은 굽어보시고 카인의 제물에는 그러지 않았을까? 카인은 왜 성공과 보람을 얻어내지 못했을까? 그 이유에 대해서 창세기에는 아무런 설명이 없다. 그래서 그 원인을 두고 그동안 신학사에서 여러 가지 논리가 동원되었다. 우리는 그런 해석들을 대개 알고 있다.

먼저 카인은 본래 악인이라는 해석이 있다. 어린이 성경 같은 카인과 아벨 이야기를 다루고 있는 책을 보면 아벨은 선하고 유약하게 생겼지만 카인은 험상궂고 모진 사람으로 표현된다. 원래 나쁜 사람이었으니 신에게 수용되지도 못하고 살인을 저질렀다는 주장이다. 카인은 얻은 것 중의 일부를 바쳤지만 아벨은 하느님께 모든 것을 바쳤다는 해석도 이와 비슷한 부류다. 농경민과 유목민의 투쟁으로 해석하기도 한다. 당시 첫째성경을 전승한 사람들이 유목민이었기 때문에 유목민을 옹호하는 논리를 담았다는 해석이다. 그런데 이러한 '원인론'은 카인과 아벨을 대립각으로 바라보는 공통점이 있다.

다시 돌아가 보면 성경 본문의 침묵, 그 빈자리가 성찰해야 할 지점이다. 어쩌면 세상일이란, 때로는 우리 인생이란 그렇게 흘러간다고 성경은 말하는 듯하다. 선을 권하고 악을 징벌하는 권선징악(勸善懲惡)의 원리나 선한 자에게 상을 주고 악한 자에게 벌을 주는 상선벌악(賞善罰惡)의 원리는 자동적으로 적용되지 않는다. 인생을 살다 보면 그런 원리에 부합하지 않는 '예외적 사례'를 수없이 겪게 된다. 우리가 사는 시공간은 기계처럼 단순하지 않다. 훨씬 복잡하고 역설적인 곳이다. 그런 부조리와 역설과 한계를 설명할 수 있는 말은 없다.

아담과 하와가 낙원 밖으로 나온 다음 맞닥뜨린 세상은 낙원과 다르다는 점에 주목하자. 그들의 자녀들이 살아가야 할 이 세상은 그 자체로 아름답긴 하지만 때로 노력과 결과가 정비례하지 않는 일이 일어나는 곳이다. 원죄의 결과는 그런 것이다. 아무리 열심히 일하고 소출이 많아도 성공과 보람을 느끼지 못할 수도 있다. 성실하고 열심히 노력해도 그 대가가 정당하게 주어지지 않는 경험은 얼마나 흔한가. 세상에는 잘사는 악인도 많고 고통 받는 의인도 많다. 때로는 이유 없이 고통과 가난이 기습한다. 유능하고 의로운 인물이 한 맺힌 생애를 비참하게 마칠 때도 있다. 낙원에서 나온 첫 세대, 첫 번째 가족공동체가 맞닥뜨린 현실이 이러하다. 어쩔 수 없는 현실에 굴복해야 한다는 말은 아니지만, 그것이 우리 인생이요 우리가 사는 세상이 그러하다는 점을 직시할 필요가 있다.

윌리엄 블레이크(William Blake), <아담과 하와가 발견한 아벨의 죽음>, 1826.

희생양

우리가 살아가는 세상은 부조리가 만연하다. 옳지 않은 방법으로 부를 축적하는 일은 너무도 흔하고 가난은 언제나 낮은 곳으로 흘러든다. 기후위기와 같은 환경 재난도 바이러스에 의한 전염병 사태도 자연재해도 빈곤층에게 더욱 가혹하게 찾아온다. 나라 간, 집단 간의 분쟁은 끊이지 않는다. 어제는 희생자였던 나라가 오늘은 가해자가 되는 일도 볼 수 있다. 열심히 노동하고 선하게 살아도 상황은 개선되지 않는다. 종교적 믿음은 성공을 보장하지 않는다. 열심히 성당이나 교회나 절에 다닌다고 더 잘된다고 말할 수 없다. 종교 행사에 가다가 교통사고로 세상을 등질 수도 있다. 현세적인 성공과 보람, 복을 보장하는 것이 과연 존재하기나 할까. 세상의 불의와 부조리, 고통을 직시해야 한다.

그런데 인간에게는 묘한 본성이 있다. 고통이 증가하고 사회적으로 스트레스가 확산되면 어떤 대상을 특정하고 희생양 삼아 상황을 돌파하려고 하는 것이다. 그렇게 전쟁을 일으키고, 모함을 하고, 문제의 원인을 엉뚱한 곳으로 돌린다. 여기에서 우리는 르네 지라르(René Girard)의 '희생양 이론'을 떠올릴 수 있다.

> 희생양 메커니즘이란 하나의 희생물로써 모든 가능한 희생물들을 대신하는 것으로, 동물로 인간을 대신하는 경제적 기능뿐 아니라 좋은 폭력으로 나쁜 폭력을 막는 종교적 기능도 수행한다.[2]

카인은 어쩌면 이 모든 부조리와 고통이 아벨의 탓이라고 생각했을 수 있다. 왜 하필 내게만 이런 일이 일어났을까, 저놈이 없어지면 잘되지 않을까, 하는 생각이 카인의 마음을 채우고 있다가 결

---

2) 르네 지라르, 《희생양(Le Bouc émissaire, 1973)》, 민음사, 2007. 347쪽.

국 죄를 짓게 된 것이다. 그런 일은 먼 옛날 저 멀리서 일어난 일이 아니라 역사를 통해서 지루할 만큼 반복되었다. 독일 나치 정권은 제1차 세계대전 패전 이후 사회적 고통과 불만이 급증하자 그 탓을 유다인들에게 돌려 대학살을 저질렀다. 1923년 일본 간토대지진(關東大地震)이 일어나 사회적 고통이 급증하자 조선인이 우물에 독을 탔다는 소문으로 조선인 대학살을 자행했던 것과도 비슷하다. 코로나19가 처음 발생했을 때 일부 언론과 정치권에서 그 원인을 중국 우한이나 북한으로 돌리기도 했다. 코로나 팬데믹에 대한 다양한 음모론이 전 지구를 휩쓰는 현상이 일어났다. 발전된 선진국에서도 음모론에 의지하여 방역 지침에 항의하는 시위가 수차례 일어났다.

르네 지라르에 따르면 이처럼 공동체에 위기가 닥쳤을 때 어떤 희생물을 지목하여 그 대상에게 '대체 폭력'을 저지르는 방법으로 인간 사회를 유지하고자 하는 메커니즘이 존재한다. 대개 희생양으로 지목된 집단은 주류에서 배제된 약자들이다. 위기를 극복하는 합리적인 방법을 찾기보다는 동료나 형제를 죽임으로서 해결하는 것이다. 이 지구를 지배한 인류는 카인의 후예이며, 우리 안에는 각각의 카인이 존재한다. 카인과 아벨 이야기는 신화의 언어로 보편적인 인간 본성을 적나라하게 드러낸다.

누가 하느님의 말을 하는가

다시 카인 이야기에 주목해보자. 성경은 고통의 원인에 대해서는 함구하지만 형제를 죽인 카인의 죄, 신의 경고와 용서, 죄인인 카인의 앞날에 대해서는 상당히 자세히 설명한다. 이 이야기의 가장 핵심적인 가르침이다.

> 주님께서 카인에게 말씀하셨다.
> "너는 어찌하여 화를 내고, 어찌하여 얼굴을 떨어뜨리느냐? 네가 옳게 행동하면 얼굴을 들 수 있지 않느냐? 그러나 네가 옳게 행동하지 않으면, 죄악이 문 앞에 도사리고 앉아 너를 노리게 될 터인데, 너는 그 죄악을 잘 다스려야 하지 않겠느냐?" (창세기 4장 6~7절)

신은 카인에게 분노하거나 실망에 빠지지 말라고, 죄가 바로 네 문 앞에 도사린 채 너를 노리고 있다고 경고한다. 이 이야기도 휴먼 다큐처럼 차갑고 건조하게 세상사를 보여준다. 부조리와 고통을 당하고 분노와 실망에 싸여 있는 사람에게 죄는 가까이 있다. 죄가 너를 노리고 있다는 말은 너무도 생생한 표현이다. 신은 적절한 순간에 가장 적절한 가르침을 주었던 것이다. 사랑의 신은 그를 다시 얻고 싶었던 듯하다. 신은 카인에게 스스로를 다스려야 한다고 말한다. 자신이 겪은 고통이 새로운 죄의 출발점이 되면 안 되기 때문이다. 어떤 불의와 고통도 죄를 합리화할 수는 없다. 죄의 사슬을 끊는 것이 카인이 해야 할 일이었다. 죄를 극복하는 것은 죄악의 연쇄 작용을 내게서 중지시키는 일에 다름 아니다.

하지만 내 경우라면 그렇게 할 수 있을까? 자신 있게 대답하기 힘들다. 그것은 인간으로서는 쉽지 않은 일일 수도 있다. 과연 부조리, 불의, 고통을 당했는데도 무너지지 않고 옳음을 끝끝내 지키는 데 성공한 사람이 얼마나 될까? 과연 그런 사람이 존재하기나 할까? 첫째성경에서 그런 사람이 한 명 나오기는 한다. 바로 '욥'이 그런 사람이었다. 그래서 욥은 카인과 쌍을 이루는 인물이다. 첫째성경의 거의 처음에 카인이 등장하고 끝나는 즈음에 욥이 나오는 것에 주목할 필요가 있다. 욥에 대해서는 이 책의 마지막 이야기로 다룰 것이다.

카인 이야기에는 우리가 죄의 사슬을 끊어낼 수 있는 단서가 있다. 신의 말씀을 따르면 된다. 고통과 불의를 당한 사람에게 신의 말을 들려주는 사람이 신의 길을 따르는 사람이다. 그는 죄와 부조리에 넘어지려는 사람 곁에서 올바른 길을 선택하고 극복할 수 있도록 힘을 더해주고, 신의 말을 전해준다. 만약에 그런 역할을 제대로 하는 사람이라면 그가 그리스도교인이 아니더라도 신은 그 사람을 사랑하고 보람 있게 여길 것이다. 칼 라너(Karl Rahner)가 주장했고 제2차 바티칸 공의회에서 언급한 '익명(匿名)의 그리스도인'은 이럴 때 사용할 수 있는 말이다. 참고로 '이름 없는 그리스도 신자'라는 의미를 지닌 이 용어를 정양모 신부는 '무명(無名)의 그리스도인'이라고 했는데 이것이 더 나은 번역인 듯하다.[3]

깊은 성찰이 필요한 대목이다. 평소에 신을 믿는다고 말하고 다니는 사람이 아니라, 고통 받는 사람 옆에서 신의 말을 들려주고 신의 역할을 나눠 맡는 사람이 신의 사랑을 받는 사람이요 진정한 종교인이라 할 수 있다. 누구라도 그런 역할을 할 수 있다. 직업적 종교인이든 그저 평범한 평신도이든, 심지어 무신론자라도 상관이 없을 것이다. 필요할 때 필요한 곳에서 신의 말을 들려주는 사람, 그런 사람이야말로 하느님의 사람이라고 할 수 있지 않을까.

이 이야기도 결국 카인을 용서하는 것으로 끝을 맺는다. 그는 신께 용서를 구한다.

카인이 주님께 아뢰었다.
"그 형벌은 제가 짊어지기에 너무나 큽니다. 당신께서 오늘 저를 이 땅에서 쫓아내시니, 저는 당신 앞에서 몸을 숨겨야 하고, 세상을 떠돌며 헤매는 신세가 되어, 만나는 자마다 저를 죽이려 할 것입니다."
주님께서 그에게 말씀하셨다.
"아니다. 카인을 죽이는 자는 누구나 일곱 갑절로 앙갚음을 받을 것이다."

3) 백성호 기자, 〈교회만 다니면 뭐하나, 예수 공부 안 하면 그리스도인 아닌데…〉, 중앙일보 2017.6.16.

그런 다음 주님께서는 카인에게 표를 찍어 주셔서, 어느 누가 그를 만나더라도 그를 죽이지 못하게 하셨다. (창세기 4장 13~15절)

신은 카인을 용서함으로써 그를 얻었다. 이제 누구도 카인을 죽이면 안 되었다. 일곱은 상징수로서 완전함을 뜻하니 카인을 죽인 자는 엄벌에 처해질 것이다. 카인은 형제를 죽인 살인자이니 반드시 죽음으로서 정의를 세워야 한다고 생각하기 쉽다. 하지만 신은 카인을 죽이지 못하도록 했다. 죄의 사슬, 죄의 연쇄 작용을 끊는 것이 신의 뜻이고 용서의 본질이다. 복수는 인간적일지 모르지만 문제를 해결하지는 못한다. 용서는 신적인 것이고 그만큼 어렵지만 훨씬 더 진보한 것이다.

우리는 모두 카인의 자손이다

아담과 하와 이야기처럼 카인과 아벨 이야기 또한 세상을 담담히 관조하는 시선이 있다. 이 이야기는 인간의 죄가 어떻게 생겨났고 어떻게 극복할 수 있는지 곰곰이 생각하도록 이끈다. 그러면서 인간사의 본질을 조금 더 깨닫게 한다.

우리는 모두 카인의 후손이다. 형제를 해하려는 광기에 휩싸일 때가 종종 찾아온다. 타인종, 특정 지역인, 성적 소수자, 장애인, 여성 등 약하고 저항할 수 없는 사람들이 희생양이 되기 쉽다. 하지만 이웃이나 동료, 형제를 죽이는 방식으로 상황은 개선되지 않는다. 그렇다면 우리는 고통과 부조리함을 마냥 인내해야 할까? 아니면 외면해야 할까? 형제를 죽이거나 외면하거나 인내하는 방식도 아닌, 다른 길이 있다. 그것은 깨어 있는 것이다. 고통이나 불의, 부조리가 죄가 되는 상황을 예민하게 지각해야 한다. 그리고 누가 지금 어떤 방법으로 신의 말을 들려주고 있는지 귀 기울여야 한다. 우리는 고통에 예민해야 한다. 가난하고 힘든 사람들이 어떤 상태에 처해 있는지 살피는 일이 나와 이 공동체를 지킬 수 있다.

이 세상에서 고통과 부조리는 사라지지 않을 것이다. 태초의 죄로 이미 그런 세상이 열렸다. 낙원으로 귀환하는 길은 막혔고 카인의 후손인 우리는 이 세상에서 다른 카인들과 함께 살아야 한다. 신은 우리 모두에게 죄의 사슬을 끊어낼 기회를 주었다. 고통은 신이 인간에게 주는 가르침의 도구일지 모른다. 신의 은총과 자신의 결단으로 우리는 더 큰 보람과 자랑을 얻을 수 있다. 고통을 직시하면서 그 앞에서 무너지지 않고 함께 넘어서는 것, 그것이 우리가 해야 할 일이 아닐까.

3

노아

오직
의인이
살아남았다

이스라엘의 신이 홍수를 일으킨 것은
인간이 악을 저지르고 세상이
폭력으로 가득 차 있었기 때문이다.
노아가 선택된 것은 그가
의로운 사람이었기 때문이다.
첫째성경은 무엇이 옳고
의로운지를 따지는 경전이다.
신을 잘 섬기는 것도, 지혜를 얻는 것도,
죽음을 넘는 것도 모두 중요하지만
의로움 자체를 무척 중요하게 여겼다.

창세기의 홍수 이야기

노아의 홍수 이야기는 창세기 원역사 가운데 가장 긴 분량으로 그만큼 중요한 메시지를 전한다. 이야기의 시작은 타락이었다. 세상에 의로움이 사라져버렸고 신은 크게 실망했다.

> 주님께서는 사람들의 악이 세상에 많아지고, 그들 마음의 모든 생각과 뜻이 언제나 악하기만 한 것을 보시고, 세상에 사람을 만드신 것을 후회하시며 마음 아파하셨다. (창세기 6장 5~6절)

그래서 신은 홍수를 일으켜 세상을 쓸어버리기로 마음먹었다. 다만 노아는 예외였다. 신은 노아를 선택했다. 그에게 홍수가 일어날 것이니 방주를 만들어 가족을 태우고 짐승을 종류별로 실으라고 지시했다. 왜 노아가 선택을 받았을까? '이 세대에 의로운 사람은 노아뿐'이었기 때문이다(창세 6, 9; 7, 1). 결국 창조계가 의인 한 사람으로 구원받은 셈이다.

아우렐리오 루이니(Aurelio Luini), <노아의 방주>, 1556년경. 16세기 베네딕토회 수녀원 '산 마
우리치오 알 모나스테로 마조레(San Maurizio al Monastero Maggiore)'에는 노아의 이야기를 소
재로 한 세 개의 벽화가 있다. 그림은 이 중 가운데 벽화이다.

   홍수가 쏟아지자 가장 높은 산까지 물에 잠겼다. 땅에 사는 모든
것이 죽었다. 이윽고 비를 내린 신이 바람을 일으키자 물이 내려가
기 시작했다(창세 8, 1). 노아는 물이 빠진 상태를 알아보기 위해 처음
에는 까마귀를, 그다음에는 비둘기를, 그리고 다시 비둘기를 차례
로 날려 보냈다. 그가 방주에서 나와 신에게 번제를 올리자 신은 다
시는 홍수를 일으키지 않겠다고 결심하고 노아와 계약을 맺었다.

용서와 자비의 신은 이번에도 인간에게 살길을 열어주셨다. 이때 떠오른 무지개는 새 계약의 표징이었다(창세 9, 12).

　노아는 홍수 후 포도밭을 일궜다. 그는 인류 최초로 포도밭을 가꾸고 포도주를 양조한 사람일 뿐 아니라 술을 마시고 인사불성이 된 첫 사례를 만들기도 했다(창세 9, 20~21). 이어서 홍수 이후의 노아 자손들의 족보가 제법 길게 나온다(창세 10). 족보에는 그들이 장수한 것이 대단한 자랑처럼 그려진다. 한편 신화적 언어로 쓰인 이 이야기에는 상징수들이 풍부하게 쓰였다. 당시 노아는 600살이었고(창세 7, 6) 950세에 죽었다(창세 9, 29). 방주를 짓고 7일이 지나자 홍수가 났고(창세 7, 10) 비는 40일 동안 쏟아졌으며(창세 7, 12) 비가 그친 후 40일이 지나서 까마귀를 날려 보냈다(창세 8, 6~7). 비둘기를 두 번째로 날려 보낸 것도 7일 후였다(창세 8, 10). 이런 숫자들은 대개 '완전함' 또는 '충만함'을 의미하는 상징수로서 고대근동 문헌에 자주 쓰인다.

고대근동의 홍수 이야기들

태초의 홍수 이야기는 이스라엘에만 있지 않다. 세계 여러 곳에서 비교적 흔하게 찾아볼 수 있고, 고대 메소포타미아에는 무척 비슷한 이야기가 있다. 아카드어로 쓰인 아트라하시스(*Atra-ḫasis*) 이야기 그리고 우트나피쉬팀(*Utnapištim*) 이야기가 대표적이다. 메소포타미아와 창세기의 홍수 이야기를 비교해보면 같거나 다른 점이 눈에 들어온다. 이를 통해 노아 이야기가 지닌 독특한 점을 알아낼 수 있다. 여기서 다 다룰 수 없어 아쉽지만 일단 각 이야기의 주인공과 약간의 배경 지식을 살펴보기로 하자.

─ 현자 아트라하시스

아트라하시스 이야기는 점토판 세 장에 아카드어로 쓰여 있다.[1] 토판을 적은 서기는 마지막 점토판 말미에 고바빌로니아의 암미차두카(*Ammiṣaduqa*) 임금 12년에 서기 누르-아야(*Nur-Ajja*)가 썼노라고 저작 연대와 이름을 밝혔다. 암미차두카는 함무라비 이후 4대째 임금이니 이 본문은 기원전 17세기경에 작성된 것이다. 참고로 이집트 탈출 사건의 파라오 람세스 2세가 대략 기원전 13세기의 인물이고 이스라엘 최초로 왕국을 세운 사울과 다윗 시대가 대략 기원전 11~10세기경이니 이 본문이 얼마나 오래되었는지 알 수 있다. 그러므로 고대 이스라엘의 지식인들이 이 문헌을 알고 있었을 가능성은 농후하다.[2]

---

1) 이 이야기에 대해서 다음을 보라. 주원준, 〈아트라하시스 이야기 1〉, 《한국고대근동학 노트》 통권 제1호(2023 봄), 한국고대근동학회(KANES). 57~69쪽.
2) Wolfram von Soden, "Der altbabylonische Atramchasis-Mythos", *Texte aus der Umwelt des Alten Testaments*, Bd. 3, Lf. 4, pp. 612~617. 이 책을 학문적 약자료 '*TUAT*'라 칭한다.

아트라하시스 이야기가
새겨진 쐐기문자 토판.

아트라(*atra*)는 아카드어로 '월등하다' '위대하다'를, 하시스(*ḫasis*)는 '지혜' '솜씨'를 뜻한다. 결국 아트라하시스는 라틴어의 사피엔시아(Sapientia)나 그리스어의 소피아(Σοφία), 우리말의 슬기, 한자식으로는 지혜(智慧)와 같은 이름이다. 흔한 이름이지만 주인공의 이름 자체가 이 이야기의 핵심을 요약한다.

아카드어는 아카드, 바빌로니아, 아시리아 등에서 사용하던 말이었다. 당대의 국제공용어(lingua franca)로서 고대근동 전역에서 널리 쓰였다. 그래서 이집트, 히타이트, 우가릿 등 아카드어를 일상어로 사용하지 않는 지역에서도 아카드어 토판은 풍부하게 출토된다. 이스라엘의 지식인들도 당연히 아카드어를 익혀 외교나 무역 등에 사용했을 것이다. 첫째성경 히브리어에는 아카드어에서 온 외래어가 풍부하다.

─영생의 우트나피쉬팀

우트나피쉬팀 이야기는 〈길가메쉬(*Gilgāmeš*) 이야기〉 안에 액자식

구성 형태로 들어 있다. 아트라하시스 이야기처럼 아카드어로 쓰여 있는데 짧고 간명하다. 우트나피쉬팀은 '내가 내 생명을 찾았다'로 해석할 수 있는 이름인데, 고대 수메르의 도시국가 슈룹팍(*Šuruppak*)의 임금 우바르투투(*Ubār-Tutu*)의 아들로 소개된다. 그는 홍수 이야기의 시작에서 신들이 홍수를 내리기로 마음먹었을 때 에아가 오직 한 사람을 살려 두기로 결정했는데 그게 바로 자신

혼히 길가메쉬(Gilqāmeš)로 해석되는 상이다.

68

이라고 말했다. 길가메쉬 이야기의 표준 토판은 기원전 1200년경 신바빌로니아의 서기관 신-레키-운닌니(Sîn-lēqi-unninni)가 작성했다. 슈룹팍은 기원전 4000년대 수메르 문명에 속하므로 이 이야기를 읽는 신바빌로니아인들은 우트나피쉬팀이 적어도 2000년 동안 생존한 사람이라고 받아들였을 것이다. 그는 영생의 상징이다. 참고로 1872년 영국의 조지 스미스(George Smith)가 번역하여 세계적으로 유명한 논쟁(Bibel-Babel)³⁾을 낳았던 이야기가 이것이다. 신-레키-운닌니의 표준 토판 중 11번째 토판에 쓰여 있다.

─병행하는 요소들

아트라하시스, 우트나피쉬팀, 노아. 이 세 인물을 주인공으로 하는 홍수 이야기는 공통점이 많다. 전체적인 서사가 병행할 뿐 아니라 세부적 요소에서도 같은 곳을 쉽게 찾을 수 있다. 신이 일러준 대로 신전처럼 방주를 만들거나 가족과 짐승을 종류별로 싣는 것, 홍수가 일어나는 상황이나 물이 빠지고 제물을 바치는 모습 등에 대한 묘사가 매우 유사하다.

물론 세부적으로 보면 일치하지 않거나 묘하게 다른 곳도 많다.

---

3) 〈길가메쉬 이야기〉에 실린 홍수 이야기가 번역되고 나서, 첫째성경의 많은 이야기가 고대 이스라엘의 창작물이 아니라 고대 바빌로니아의 문화적 영향력하에 탄생했다는 점이 논의되었다. 이는 19세기 말에서 20세기 초엽에 그리스도교 신학계와 서방의 지성계에 큰 반향을 불러일으켰다. 이 논쟁을 흔히 비벨-바벨(Bibel-Babel) 논쟁이라 일컫는다.

우트나피쉬팀 이야기에서는 방주를 완성하고 모두 안으로 들어가자 태양의 신 샤마쉬가 문을 닫아주었지만 아트라하시스와 노아 이야기에서는 스스로 방주의 문을 닫았다. 노아는 '까마귀-비둘기-비둘기' 순으로 새를 날려 보냈지만 우트나피쉬팀은 '비둘기-제비-까마귀' 순으로 날려 보냈다. 안타깝게도 아트라하시스 이야기에서는 이 부분의 토판이 훼손되어 날려 보낸 새가 어떤 새인지, 홍수가 그친 것을 어떻게 알았는지 알 수 없다. 한편 창세기에서는 노아가 600살이 되는 해에 홍수가 일어났지만(창세 7. 6), 아트라하시스 이야기에서는 신이 인간을 만들고 600년이 지나 신과 인간의 갈등이 시작되었다. 홍수를 결정한 신은 엔릴이었고 직접적으로 비를 내린 신은 풍우신(風雨神) 하다드였다. 하다드는 비바람의 신이니 홍수를 일으키기에 제격이다. 바알도 풍우신에 속하기에 바알과 하다드는 무척 긴밀한 관계다. 창세기에서는 신이라고는 단 한 분뿐이므로 홍수를 결정하는 신도 비를 내리는 신도 모두 야훼 하느님이다. 이렇게 공통점과 차이 나는 점을 관찰해보면 대개 후대의 이야기가 선대의 것을 참조했을 가능성이 크다.

세 이야기가 같거나 유사한 서사 구조라는 점은 중요하다. 하지만 아주 미세하더라도 차이점들을 잘 들여다봐야 한다. 그 작은 차이점을 면밀히 살피면 어떤 의미를 길어 올릴 수 있기 때문이다. 개인적으로는 이미 고대근동 문헌에 등장하는 신들과 첫째성경에서 언급하는 신과 인간의 공통점 및 차이점을 드러내고, 고대근동의 후발국가인 고대 이스라엘의 신학을 조금 더 깊이 밝혀보려는 시도를 한 적이 있다. 이를 통해 첫째성경을 기록하고 전승한 고대 이스라엘의 지식인이나 신학자들의 영성에 더욱 가까이 다가가고 싶었기 때문이다.[4]

홍수를 통과한 사람

세 이야기는 새로운 역사가 홍수로 인해 시작되었다고 전하고 있다. 그렇다면 왜 하필 홍수일까? 홍수 모티프 자체는 메소포타미아에서 탄생했다. 기원전 4000년대 인류 최초의 도시국가가 탄생한 이래 강둑을 쌓아 수로를 정비하여 도시를 일군 그들의 경험이 반영된 것이다. 강둑이 터지거나 범람해 큰물이 모든 것을 쓸어가면 사람들은 처음부터 다시 시작해야 했다. 홍수로 인한 혼돈과 새로운 시작을 담은 문학은 대개 이런 체험에서 시작되었다고 설명된다.

　그러므로 홍수란 그저 물이 범람하는 현상이 아니었다. 고대 메소포타미아에서 큰물이란 현재 우리가 경험하는 모든 것들이 역사의 한 지점에서 완전히 다시 시작되었다는 것을 뜻한다. 그리고 홍수 모티프는 고대근동인들이 경험한 모든 삶의 조건, 곧 산, 강, 나

---

4) 주원준, 《구약성경과 신들》, 한님성서연구소, 2012. 참조.

무, 짐승, 인간, 사회, 문명 등은 하나씩 순차적으로 발생한 것이 아니라는 것을 의미한다. 마치 컴퓨터를 재부팅하듯 과거에 한 시점에서 일회적 리셋(reset)을 통해 전부 새롭게 나왔다는 것이다. 그러므로 '홍수로 창조되는 모티프'는 창세기 1장의 '말씀으로 창조되는 모티프'와 논리적 구조나 의미가 거의 같다. 과거 역사의 한 특이점에서 모든 것이 새롭게 시작되었다는 것이다.

과거 역사의 한 시점에 거대한 단절이 존재하는 셈이다. 홍수는 그 완전한 단절을 의미한다. 우리는 홍수 이전의 세계를 알 수 없다. 큰물이 다 쓸어가 버렸기 때문이다. 홍수 이후의 세계에 사는 우리는 그 큰 단절을 건널 수 없다. 단절 너머에는 인간이 모르는 세계, 곧 신들의 세계가 존재했을 것이고 그 세계에는 죽음도 어떤 한계도 없었을지 모른다.

이런 이야기를 들으면 홍수 이전 세계를 자연스레 상상하게 된다. 과연 단절 이전의 세계를 아는 것은 오직 신들뿐일까? 아니다. 모든 홍수 이야기에는 홍수를 통과한 단 한 명의 존재가 있다. 바로 이야기의 주인공이다. 아트라하시스, 우트나피쉬팀, 노아는 절대 평범한 사람이 아니었다. 그들은 단절 이전의 세계, 신들의 세계를 경험한 사람이요 세상의 한계를 초월한 사람들이다. 홍수가 일으킨 절멸의 상황에서 살아남은 유일한 사람일 뿐 아니라 생물의 모든 종들을 보존한 사람이요 문명의 시원과 비밀을 알고 있는 사람들이다. 궁금하지 않을 수 없다. 어떤 존재이기에 살아남을 수 있었을까, 도대체 어떻게 생겼을까, 어디로 가면 만날 수 있을까, 우리는 과연 그에게서 무엇을 배울 수 있을까, 질문이 쏟아진다.

고바빌로니아에서 작성된 아트라하시스 이야기와 신바빌로니아에서 기록된 우트나피쉬팀 이야기의 메시지는 서로 비슷하다. 인간은 무릇 신들에게 순종하고 신들과 조화를 이루어 살아야 한다는 것이다. 신적 지혜를 갖춘 자는 신들의 은총을 받고 신들에게 순종하는 자로서 영생을 얻을 것이다. 이런 신학은 수메르-아카드 세계에서 시작되었다. 신들의 말에 귀 기울이고 신들을 잘 섬기는 일이 이런 신학으로 살던 세계에서는 매우 중요했다. 무릇 훌륭한 사람이란 신과 친밀한 인격이었고 그런 삶이야말로 인간의 모든 한계를 극복하는 유일한 길이었다.

아트라하시스와 우트나피쉬팀은 수메르-아카드 세계의 신인(神人)이었다. 하지만 노아는 의인(義人)이었다. 노아가 의인이라는 말은 두 번이나 강조된다.

노아의 역사는 이러하다. 노아는 당대에 의롭고 흠 없는 사람이었다. 노아는 하느님과 함께 살아갔다. (창세기 6장 9절)

주님께서 노아에게 말씀하셨다.
"너는 네 가족들과 함께 방주로 들어가거라. 내가 보니 이 세대에 내 앞에서 의로운 사람은 너밖에 없구나." (창세기 7장 1절)

방주에서 보낸 비둘기

　바로 이 점이야말로 창세기 홍수 이야기의 가장 독특한 점이다. 노아 이야기는 앞선 바빌로니아의 이야기와 서사 구조 자체가 거의 같고 병행하는 요소도 많지만 바로 이 점 때문에 핵심 메시지가 완전히 달라진다. 노아는 그저 신적인 지혜를 얻어 영생을 하는 사람이 아니다. 노아 이야기에서는 의로움이 훨씬 중요하다.

　신이 홍수를 일으킨 이유도 다르다. 아트라하시스 신화에서는 그저 인간들이 너무 많아지고 소란스러워졌기에 신들이 귀찮이했다고 나온다. 인간이 신을 옳게 섬기지 못했고 신계와 인간계의 조화와 질서가 사라졌다는 것이다. 우트나피쉬팀 이야기에는 정확한 이유가 알려져 있지 않다. 그런데 노아의 하느님은 세상 사람들이 의롭지 못하면 후회하고 아파하는 신이었다. 이스라엘의 신은 인간 세상의 타락과 불의 때문에 홍수를 일으켰다.

> 주님께서는 사람들의 악이 세상에 많아지고, 그들 마음의 모든 생각과 뜻이 언제나 악하기만 한 것을 보시고, 세상에 사람을 만드신 것을 후회하시며 마음 아파하셨다. (창세기 6장 5~6절)

> 세상은 하느님 앞에 타락해 있었다. 세상은 폭력으로 가득 차 있었다. 하느님께서 내려다보시니, 세상은 타락해 있었다. 정녕 모든 살덩어리가 세상에서 타락한 길을 걷고 있었다. (창세기 6장 11~12절)

이 점에서 이스라엘의 신학이 지닌 독특한 점을 깨달을 수 있다. 이스라엘의 신이 홍수를 일으킨 것은 인간이 악을 저지르고 세상이 폭력으로 가득 차 있었기 때문이다. 노아가 선택된 것은 그가 의로운 사람이었기 때문이다. 첫째성경은 무엇이 옳고 의로운지를 따지는 경전이다. 신을 잘 섬기는 것도, 지혜를 얻는 것도, 죽음을 넘는 것도 모두 중요하지만 의로움 자체를 무척 중요하게 여겼다.

대체로 옳고 그른 것을 따지는 것은 사회적 약자의 논리다. 바빌로니아의 홍수 이야기에는 그런 약자의 시선이 별로 보이지 않는다. 오히려 높은 존재를 잘 섬기고 그들과 조화를 이루어 살라는 수메르-아카드 시대의 메시지가 강하다. 하지만 노아 이야기에는 이것이 뒤집혀 있다. 오히려 가장 높은 존재가 우리 인간 사이의 의로움을 간절히 원한다는 전혀 다른 메시지가 들어 있다.

의로움을 따지는 종교

고대근동 문헌을 읽고 연구하는 사람으로서 질문을 받을 때가 있다. 고대근동의 많은 신화들을 원문으로 읽고 첫째성경을 히브리어로 읽으면 어떤 느낌이고 어떤 차이를 느낄 수 있는가 하는 질문이다. 한두 가지를 꼽기는 힘들지만 히브리인들의 첫째성경이 유독 의로움을 강조한다는 점은 빼놓을 수 없다. 첫째성경과 신약성경은 의로움에 대한 언급으로 가득 차 있다고 해도 과언이 아니다. 이렇게 의로움을 일관되게 강조하는 문헌은 찾아보기 힘들다. 성경에서 의로움에 대해 언급한 구절 중에서 극히 일부를 가려 뽑아보자.

아브라함을 '믿음의 조상'이라고 일컫는 만큼 그는 믿음으로 이름이 높은 사람이었다. 그의 믿음을 하느님은 어떻게 보았을까? 의롭다고 인정해주었다. 이 말씀은 먼 훗날 바오로 사도가 그대로 인용하기도 했다.

아브람이 주님을 믿으니, 주님께서 그 믿음을 의로움으로 인정해 주셨다. (창세기 15장 6절)

성경은 무엇이라고 말합니까?
"아브라함이 하느님을 믿으니, 하느님께서 믿음을 의로움으로 인정해 주셨다." 하였습니다. (로마서 4장 3절)

이집트 탈출의 영웅이자 '모세오경'의 주역인 모세는 유언을 남기면서 이스라엘의 후손들에게 주님의 가르침(=계명)을 잘 지키라고 신신당부했다. 그리고 왜 계명을 지켜야 하는지도 설명했다. 그래야 우리가 의로워지기 때문이라는 것이었다.

주 우리 하느님께서 명령하신 대로, 그분 앞에서 이 모든 계명을 명심하여 실천하면, 우리가 의로워질 것이다. (신명기 6장 25절)

첫째성경 최고의 스타라면 단연 성왕(聖王) 다윗이다. 사울 임금과의 경쟁에서 승리했을 때 사울이 다윗에게 한 아래의 말을 보자. 사울도 다윗을 의로운 사람으로 인정했다.

사울이 다윗에게 말하였다.
"네가 나보다 의로운 사람이다. 내가 너를 나쁘게 대하였는데도, 너

는 나를 좋게 대하였으니 말이다." (사무엘기 상권 24장 18절)

이스라엘의 하느님이 정의의 신이라는 사실은 유배 이후에도 변함이 없었다. 유배에서 돌아온 백성의 종교적 지도자 에즈라는 기도할 때 하느님을 '의로우신 분'이라고 불렀다.

주 이스라엘의 하느님, 당신은 의로우신 분이십니다. (에즈라기 9장 15절)

첫째성경 최고의 지혜를 담은 책이라면 단연 욥기다. 주인공 욥의 인내와 성찰이 짙게 배어 있는 이 책에서는 유독 의롭다는 말이 자주 쓰였다. 욥과 친구는 인간과 하느님의 의로움에 대해 서로 격론을 펼친다.

인간이 하느님보다 의로울 수 있으랴?
사람이 제 창조주보다 결백할 수 있으랴? (욥기 4장 17절)

그가 하느님께 기도하면 그를 받아들이시어
그는 환호하며 그분의 얼굴을 뵙고
그분께서는 사람에게 그의 의로움을 되찾아 주신답니다. (욥기 33장 26절)

의로움을 강조하는 말씀은 성경에서 중단된 적이 없다. 즈카르야 예언자는 먼 훗날 메시아의 예루살렘 입성을 예언한 것으로 유명하다. 어린 나귀를 타고 가난한 이들의 환호를 받으며 구원자가 등장하는 장면을 묘사하는 구절에서도 메시아는 의로우신 분이다.

보라, 너의 임금님이 너에게 오신다. 그분은 의로우시며 승리하시는 분이시다. 그분은 겸손하시어 나귀를, 어린 나귀를 타고 오신다.
(즈카르야서 9장 9절)

신약성경에서도 마찬가지다. 예수의 공생애가 시작되는 세례 사건을 보자. 세례를 받기 위해 갈릴래아에서 요르단까지 요한을 찾아온 예수를 알아보고 요한은 당황하지 않을 수 없었다. 오히려 자신이 예수께 세례를 받아야 마땅하다고 생각했던 것이다. 그때 예수는 '모든 의로움을 이루기 위해 이대로 하라'고 말한다.

그러나 요한은 "제가 선생님께 세례를 받아야 할 터인데 선생님께서 저에게 오시다니요?" 하면서 그분을 말렸다.
예수님께서는 "지금은 이대로 하십시오. 우리는 이렇게 해서 마땅히 모든 의로움을 이루어야 합니다." 하고 대답하셨다. 그제야 요한이 예수님의 뜻을 받아들였다. (마태오 복음서 3장 14~15절)

산상(山上) 설교에는 예수의 가르침이 집약되어 있다. 여기에서 예수는 의로움을 추구하는 이들, 그 때문에 박해를 받는 이들이 진정으로 행복하다고 두 번이나 선포했다.

행복하여라, 의로움에 주리고 목마른 사람들! 그들은 흡족해질 것이다. (마태오 복음서 5장 6절)

행복하여라, 의로움 때문에 박해를 받는 사람들! 하늘 나라가 그들의 것이다. (마태오 복음서 5장 10절)

그러므로 성경은 하느님의 의로움이 사람이 가장 먼저 추구해야 할 것이라고 말하고 있다. 마음의 온유함이나 현실적인 복은 그다음 순서에 속한다.

너희는 먼저 하느님의 나라와 그분의 의로움을 찾아라. 그러면 이 모든 것도 곁들여 받게 될 것이다. (마태오 복음서 6장 33절)

신약성경과 첫째성경은 이렇게 의로움으로 가득 차 있다. 그렇다면 그 의로움이란 무엇일까? 사도 바오로는 의로움의 핵심이 실천이라고 힘주어 역설한다. 정의의 하느님 앞에서 의로워야 하고, 그 의로운 가르침(=율법)을 실천해야 한다.

율법을 듣는 이가 하느님 앞에서 의로운 이가 아니라, 율법을 실천하는 이라야 의롭게 될 것이기 때문입니다. (로마서 2장 13절)

최초의 순교자 스테파노는 순교 직전에 마지막 연설을 남겼다. 그는 예언자가 의로우신 분을 예언했으며 예수 그리스도야말로 의로우신 분이라고 고백한다.

예언자들 가운데 여러분의 조상들이 박해하지 않은 사람이 어디 있습니까? 그들은 의로우신 분께서 오시리라고 예고한 이들을 죽였습니다. 그런데 이제 여러분은 그 의로우신 분을 배신하고 죽였습니다. (사도행전 7장 52절)

다시 말하지만 성경에서 의로움을 말하는 구절 가운데 극히 일부만 가려서 뽑아보았다. 찾아보면 수많은 구절이 쏟아질 것이다. 이밖에도 고아와 과부를 보살피라든지 가난한 사람을 돌보라는 등의 말들까지 포함하면 이 종교는 의로움을 무척이나 강조하는 종교임을 알아차릴 수 있다. 첫째성경의 상당 부분을 공유하는 그리스도교, 유다교, 이슬람교가 개인과 공동체의 도덕성과 정의를 중시하는 근원도 여기에 있다고 할 수 있다. 물론 의로움을 추구하는 열정은 오랫동안 유교 문화권에서 형성된 우리 민족의 심성과도 잘 통한다.

전통적으로 성경에서 말하는 의로움을 신 앞에서의 의로움, 곧 '신적 의로움'으로 이해해왔다. 그리고 인간 사회의 공정과 정의, 곧 '인간적 의로움'을 신적 의로움과 대비시켜 신적 의로움이 상위 개념이라는 점을 강조하는 경향도 있다. 이 점을 지나치게 확대 해석해서 인간적 의로움을 경시하고 신적 의로움만을 추구해야 한다고 오해하면 안 된다. 오히려 신적 의로움은 인간적 의로움을 배제할 수 없다. 인간적 의로움이 파괴된 상황에서 신적 의로움만이 실현될 수 있을까? 오히려 인간적 의로움이 충분히 실현될 때 신적 의로움이 온전히 빛날 것이다. 인간 세상에 불의와 폭력이 가득찼을 때, 곧 인간적 의로움이 무너져내렸을 때 신이 적극적으로 개입하여 의인을 구해준 노아 이야기가 그 점을 잘 보여준다.

의로움을 실천하는 기쁨

노아 이야기는 종교의 본질이 무엇인지, 종교인이 어떻게 살아야 하는지에 대한 깨달음을 준다. 과연 종교란 무엇일까? 믿음이란 무엇일까? 이런 질문에 대해서 여러 대답을 들을 수 있을 것이다. 종교란 무엇보다 신과 인간의 내면적인 관계에서 시작하기에 마음의 평안함, 내면의 안식, 온유함, 사랑, 겸손, 지혜, 성실, 궁극적 깨달음 등이 종교의 본질이요 유익함이라는 대답은 비교적 쉽게 들을 수 있다. 물론 옳은 말이다. 종교는 일차적으로 사람의 마음에 호소한다. 종교가 내면적이라는 것은 이해되지만 이를 개인적이고 폐쇄적인 것으로 이해하면 안 된다. 왜냐하면 의로움도 종교가 중요하게 추구하는 어엿한 가치이기 때문이다. 의로움을 추구하지 않거나 정의 실천을 우선순위에서 누락시키는 종교는 참된 종교라고 하기 힘들다. 성경에서 특히 강조하는 의로움이라는 가치는 내면에서 싹트지만 밖으로 나가 세계 속에 투신할 때 그 가치가 살아난다.

그리고 이러한 점을 프란치스코 교종은 자주 강조한다. 《복음의 기쁨(Evangelii Gaudium)》은 가톨릭 교회의 교종으로 선출되고 처음으로 공표한 교황의 권고이다. 그 가운데 일부를 보자.

> 성경을 읽어 보면 분명히 복음이 제안하는 것은 단순히 하느님과 개인적인 관계를 맺으라는 것만이 아닙니다. (…) 복음이 제안하는 것은 바로 하느님 나라입니다(루카 4, 43 참조). 이는 세상에서 다스리시는 하느님을 사랑하라는 것입니다. 하느님께서 우리 가운데에서 다스리시는 그만큼, 사회생활은 보편적인 형제애, 정의, 평화, 존엄의 자리가 될 것입니다. 따라서 그리스도인의 선포와 삶은 사회에 영향을 미쳐야 합니다. 우리는 하느님 나라를 찾고 있습니다. "너희는 먼저 하느님의 나라와 그분의 의로움을 찾아라. 그러면 이 모든 것도 곁들여 받게 될 것이다"(마태 6, 33). 예수님의 사명은 당신 아버지의 나라를 여는 것입니다.[5]

여기서 '보편적인 형제애, 정의, 평화, 존엄'의 실천은 사회적 차원의 투신과 무관하지 않다. 부조리한 사회를 비판하고 권력과 자본에 맞서는 것은 겉으로 드러나는 것이다. 중요한 것은 정의, 곧 의로움을 추구하는 사람의 내면이다. 프란치스코 교종은 하느님의 의로움을 추구하는 사람의 내면에 '기쁨이 끊임없이 생겨날 것'이라고 말한다.

> 복음의 기쁨은 예수님을 만나는 모든 이의 마음과 삶을 가득 채워 줍니다. 예수님께서 주시는 구원을 받아들이는 사람들은 죄와 슬픔, 내적 공허와 외로움에서 벗어나게 됩니다. 예수 그리스도와 함께 있는 기쁨이 끊임없이 새로 생겨납니다.[6]

기쁨도 종교의 본질이요 종교적 믿음이 주는 유익함에 속할 것이다. 어느 종교든 기쁨을 가져다준다. 그런데 기쁨은 어떻게 생겨날까? 사랑의 마음으로 가득할 때도 기쁨이 오고 깨달음을 얻었을 때도 온다. 온유함, 겸손, 지혜, 성실, 회개 등에서 기쁨을 누릴 수 있다. 신과 친밀하게 통한다는 느낌도 기쁨의 원천이다. 그런데 이런 가치들과 함께 옳은 일을 했을 때, 곧 의로움을 행했을 때도 보

---

5) 프란치스코 교종(Pope Francis), 《복음의 기쁨(*Evangelii Gaudium*, 2013)》, 한국천주교중앙협의회, 2014. 180항.
6) 같은 책, 1항.

람과 함께 기쁨이 온다. 세상의 고통을 직시하고 세상의 불의와 맞서 싸울 때도 기쁨이 찾아온다. 이 점이 중요하다. 종교인은 인간의 내면을 들여다보는 사람들이지만, 그와 동시에 우리 사회를 보다 나은 세상으로 만드는 의로움이 무엇인지 식별하고 그것을 실천하는 사람들이기도 하다.

노아의 이야기도 낙원에서 나온 이야기, 카인의 이야기처럼 결국 신의 자비와 용서로 끝을 맺는다. 홍수가 그치고 의인의 가정과 피조물이 모두 살아남자 신은 새로운 계약을 세운다. 다시는 홍수로 멸망시키지 않겠다는 것이다. 무지개는 그 새로운 '계약의 표징'이다. 신은 이어서 큰 축복도 내려주셨다.

> "내가 무지개를 구름 사이에 둘 것이니, 이것이 나와 땅 사이에 세우는 계약의 표징이 될 것이다. 내가 땅 위로 구름을 모아들일 때 무지개가 구름 사이에 나타나면, 나는 나와 너희 사이에, 그리고 온갖 몸을 지닌 모든 생물 사이에 세워진 내 계약을 기억하고, 다시는 물이 홍수가 되어 모든 살덩어리들을 파멸시키지 못하게 하겠다." (창세기 9장 13~15절)

고대나 중세와 비교해보면 현대 세계에서 종교를 향한 관심은 퍽 줄어들었다. 그 이유 가운데 하나는, 지금의 종교가 어떤 문제를 해결하는 주체라기보다 사회적으로 문제를 일으키거나 때로 기존의 문제를 더 고약하게 만드는 주체일 때가 많다는 것이다. 이런 지경이 된 이유는 무엇일까? 프란치스코 교종의 글에도 이에 대한 고민이 담겨 있다. 이런 사회에서 종교인들이 의로움에 대해 더욱 깊이 성찰하고 실천하면 좋겠다는 생각을 하게 된다.

성경은 저 멀리 떨어진 곳의 먼 과거 이야기인 듯 보이지만 지금 여기서 내 이야기를 전하는 책이다. 노아의 이야기는 용서하는 신이 의인을 살려준다는 메시지를 담고 있다. 예나 지금이나 의롭게 살기란 쉽지 않고 그런 삶의 조건도 과거와 지금이 다르지 않다. 내 의로움을 어디서 찾을 것인가. 노이와 그의 신은 이런 질문을 던지고 있다.

아브라함

성 밖의 신,
성 밖으로 나간
사람들

아브라함의 신을 믿는 사람들은
늘 어딘가로 나가야 했다.
이사악과 야곱도 한 성읍에 오래 머무른 적이 없다.
그들은 평생 가나안 땅을 떠돌다가
결국 요셉 대에 서쪽 끝인 이집트로 이주했다.
모세는 백성 전체를 이끌고
이집트에서 탈출하여 광야를 유랑했다.

아브라함은 유다교, 그리스도교, 이슬람 공통으로 '믿음의 조상'이다. 또한 창세기 12장부터 전개되는 이른바 '역사시대'를 여는 인물이다. '떠나라!'라고 하는 신의 명령으로 아브라함, 이사악, 야곱, 요셉으로 이어지는 4대의 이야기가 시작된다.

> 주님께서 아브람에게 말씀하셨다.
> "네 고향과 친족과 아버지의 집을 떠나, 내가 너에게 보여 줄 땅으로 가거라." (창세기 12장 1절)

창세기는 아브라함이 '우르(Ur)'라는 유서 깊은 도시 출신이라고 전한다(창세 11, 28; 31). 우르는 수메르 시대부터 정치·사회·문화적으로 발달한 도시였다. 신은 번성한 도시국가에서의 삶을 버리고 떠나라고 명령했다. 아내와 조카 등 식솔들을 데리고 함께 가는 여정이었다. 당시 그의 나이는 75세였다. 한평생 쌓은 명성과 기반은 물론이고 조상 때부터 내려온 모든 것을 두고 떠났다. 우르에서 하란을 거쳐 가나안으로 가는 길은 멀고 험난했다. 연로한 아브라함

아브라함의 이동 경로

에게는 더욱 힘든 여정이었을 것이다.

신과 함께 살았던 세계

믿음의 조상 아브라함은 고대근동인이었다. 고대근동 세계에서 신의 존재는 너무도 당연했다. 무신론(atheism)이라는 단어 자체가 존재하지 않았던 시대였다. 신을 모르는 사람이란 '무신론적 세계관'을 가진 사람이 아니라 근본과 도리를 모르는 사람으로 생각되던 세상이었다. 삼라만상의 모든 것이 신과 관련되어 있었기에 신을 떼어놓고 어떤 의미도 찾을 수 없었다. 사람들은 신을 섬기며 신과 함께 살아갔다. 신과 친밀하게 살고 신의 뜻을 살피는 삶에 열심이었다. 이 점에서 고대 메소포타미아나 고대 이집트가 같았다.

그렇다고 고대근동 세계가 마냥 성스러웠던 것만은 아니다. 그들도 사람이었고 현실의 삶을 살아야 했다. 사람들은 현실에 개입하는 신을 원했다. 특히 인생의 길흉화복과 희로애락에 관여하는 신이 필요했다. 그래서 당시 종교 생활을 살펴보면 세속적인 면도 상당히 보인다. 이를테면 가뭄이 들어 고통이 증가하면 비바람의 신, 곧 풍우신(風雨神)의 신전을 찾아가 제물을 바쳤다. 원하는 것을 얻기 위해서 신에게 제물과 정성을 드렸다. 이런 종교적 실천을 라틴어로 '도 우트 데스(do ut des)'라고 한다. '당신이 줄 것을 원하기에 내가 바칩니다(I give you so that you give me)'로 직역할 수 있는 말이다. 어떤 면에서는 기복신앙(祈福信仰)에 가까운 세속적인 종교심으로 이해할 수도 있지만, 다른 한편으로는 신의 영험함을 실제로 믿었기에 진심으로 행할 수 있는 종교적 실천이기도 했다. 더 큰 것을 받기 위해서는 더 많이 바치고 더 정성을 드려야 했다. 이집트 등에서는 각 신전마다 원하는 것을 받으려면 무엇을 얼마나 바쳐야 하는지 정해놓은 차림표도 존재했다.

이런 세계에서 신의 뜻을 아는 것은 무엇보다 중요했다. 그래서 점쟁이, 복술가, 요술사, 주술사 같은 직업이 존재했다. 이들이 주문을 외거나 죽은 이의 혼백을 불러오는 일은 단순히 미신으로 치부되지 않았다. 오히려 이들은 일종의 기술자 취급을 받았다. 이들이 사용했던 주문과 신탁 등이 기록에 남아 있고 이런 사람을 길러내는 학교와 교재도 존재했다. 신과 관련된 지식과 기술을 배우고 익히는 것이 당연시되던 시대였다. 한편 이런 교육과정 없이 카리스마에 의지하여 점을 치는 사람도 존재했다. 신의 세계를 알고 신과 함께하는 방법은 다양했다.

고대근동 세계에서 개인은 각자의 수호신(the protective deity)을 섬겼다. 민족이나 도시의 수호신도 있었는데 이들을 주신(主神)이라고 한다. 메소포타미아나 시리아-팔레스티나 같은 지역에서는 임금이 주신의 위임을 받아 백성을 다스린다고 생각했다. 도시의 실제 주인은 주신이고 인간인 임금은 그 신을 대리한다고 믿었던 것이다. 곧 임금은 신의 지상대리자(Stellvertreter)라는 왕권 신학이 널리 퍼져 있었다.

개인은 각자의 수호신을 '나의 주인' 또는 '나의 신'이라고 불렀다. 이를테면 "앗슈르와 하다드와 벨룸, 나의 신이여(*A-šir ú dIM ú Belum i-li*)"[1]라는 말은 특정한 신들에 귀의하는 종교심을 반영한다. 이 말의 화자에게 앗슈르와 하다드와 벨룸은 그저 하나의 신이 아니라 자신이 몸과 마음을 바쳐 섬기는 대상이었다. 아마 그는 앗슈

---

1) *The Assyrian Dictionary of the Oriental Institute of the University of Chicago(CAD).* Volume 7, I/J, 1960. p.94.

르 신전이나 하다드 신전을 자주 찾았을 것이고 인생의 어떤 순간에 그 신들에게 간절히 염원하고 제물을 바쳤을 것이다.

첫째성경에서 가장 심원한 성찰을 담고 있는 책은 단연 욥기다. 그런데 이스라엘인들의 욥기보다 더 오래된 문학이 존재한다. 대표적으로 〈수메르 욥기〉와 〈바빌로니아 욥기〉를 들 수 있는데, 세 작품의 주인공은 매우 비슷하다. 한평생 흠 없이 착하게 잘 살았지만 어느 날 이유 없이 큰 고통을 당한다. 이렇게 '고통 받는 의인'과 그의 친구들을 통해 신과 세상의 정의와 부조리 등을 차근차근 논한다. 하지만 세 작품 모두 초점이 조금씩 다른데, 이 중에서 가장 오래된 〈수메르 욥기〉는 계속해서 '나의 신'을 찾는다는 점이 특이하다. 주인공은 자신이 부당하게 고통을 당하는데 '나의 신'이 돕지 않았다고 탄원한다. 자신의 수호신에게 의탁하며 살았던 당시의 종교심을 엿볼 수 있다. 한 구절을 예로 들어보자.

내 동무는 나에게 바른 말을 하지 않았습니다.
내 친구는 나의 바른 말을 거짓으로 만들었습니다.
속이는 자는 나를 모욕하는 말을 했습니다.
(그리고) 당신, 나의 신은 그를 막지 않습니다.[2]

---

2) 제임스 B. 프리처드 편집, 《고대 근동 문학 선집》, 663쪽.

〈수메르 욥기〉는 첫째성경의 욥기처럼 해피엔딩으로 끝난다. 신이 그의 간절한 울음과 꾸밈없는 말을 들었고 병마에서 벗어났으며 모든 악령이 물러갔다고 한다. 믿음을 저버리지 않은 주인공을 그의 신이 도운 것이다.

> 그 사람의 간절한 울음을 그의 신이 들으셨다.
>
> 그를 가득 채우던 애통과 눈물이
>
> 그 젊은이를 향한 그의 신의 마음을 흡족하게 했을 때
>
> 그 의로운 말, 그 꾸밈없는 말을 그의 신이 들었다.[3]

고대근동 세계에서는 흥미로운 호칭이 쓰였다. 어떤 사람을 부를 때 아카드어로 '그의 신의 아들(mar ili-šu)'이라고 부른 것이다.[4] 임금부터 평민까지 이 호칭을 사용했다. 모든 사람이 자신이 모시는 신의 아들딸로 불린다는 것은 그 사람의 정체성이 곧 그의 신과 깊은 관련이 있음을 의미한다. 고대근동 세계는 이렇게 신을 통해서 자기 정체성을 드러냈다. 인간의 본성이란 무엇일까? 이 질문에 여러 가지 대답이 가능하겠지만 수메르-아카드 세계에 널리 퍼진 대답 가운데 하나는 '그의 신의 사람'이다. 그 사람이 어떤 사람인

---

3) 같은 책, 665쪽.
4) *CAD I/J*, p.100.

지를 파악하려면 그가 어떤 신을 어떻게 섬기고 사는지를 유심히 관찰하면 되었다. 다시 말해 그의 신은 그의 정체성이요, 그가 지닌 마음의 자세나 심지와도 같았다. 사람을 알기 위해서는 그의 신을 보면 되었다.

이렇게 고대근동 세계에서 신과 인간은 서로 밀접한 인격적 관계를 맺고 살았다. 이스라엘도 유일신 신앙 같은 독특한 점이 분명 있지만 인간이 주신과 밀접한 관계를 맺고 신을 잘 섬기며 살아야 한다는 점에서는 같았다. 내가 섬기는 신의 뜻을 잘 알고 그 뜻에 충실한 삶을 사는 것이 가장 중요한 가치였다. 아브라함은 그의 신에 충실한 사람이었다. 그런 면에서 그는 이스라엘에서는 물론이요, 다른 민족에게까지 존경받을 만한 사람이었다.

성 밖의 무리와 성 밖의 신

아브라함이 어느 시대 사람인지 특정하기는 쉽지 않다. 대략 기원전 2000년대 전반기에 시리아-팔레스티나 지역에 존재했을 가능성이 높지만 현재로서는 '역사의 아브라함'에 대해서 어느 것도 확실히 말할 수 없고 가설만 제시할 수 있을 뿐이다. 다만 아브라함의 무리가 비(非)도시인, 곧 성 밖의 무리였다는 점이 그들의 성격을 알수 있는 중요한 특성이다. 분명히 아브라함의 가정은 시리아-팔레스티나 지역을 유랑했고, 그를 이은 이사악과 야곱의 무리도 마찬가지였다.

대략 기원전 35세기경에 메소포타미아 지역에서 처음으로 성벽으로 둘러싸인 성읍이 탄생했다.[5] 성벽 안과 밖은 전혀 다른 세계였다. 성 안에는 문명이 급속도로 발전했다. 분업이 일어나고 문자가 생기고 신전과 왕궁이 세워지고 제도가 정비되었다. 행정, 교육, 교역 등이 발달하면서 문명의 수준이 비약적으로 발전했다. 그러나 성 밖 사람들은 문명의 발전과 함께하지 못했다. 성 안 사람들은 성 밖 사람들을 야만인으로 취급했다. 성벽을 기준으로 문명과 야만이 교차했으니 '성읍의 사람'과 '들의 사람'은 문명인과 야만인이라는 말과 동의어였다. '들의 여자'는 포로로 잡혀와 종이 된 여자를 의미했다.

문헌 사료는 이런 대비를 극적으로 드러낸다. 성 밖의 무리가 남긴 1차 사료는 거의 없다. 스스로 기록을 풍부히 생산하지도 못한 듯하고, 생산된 기록이 있었다 하더라도 끊임없이 이동하는 작은 무리였기에 보존하기도 어려웠을 것이다. 본디 최초의 성읍에는 신전이 존재했지만 시간이 지남에 따라 왕궁이 신전에서 분리되었다. 신전이나 왕궁은 당대의 건축 기술은 물론이고 과학, 예술, 철학 등 모든 것의 총합이었다. 가장 좋은 예술품, 가장 훌륭한 문헌이 신전

---

5) 주원준, 《인류 최초의 문명과 이스라엘—고대근동 3천 년》, 서울대학교출판문화원, 2022. 53~60쪽.

우르의 지구라트. 수메르 시대부터 존재했고 역사를 거치며 증축되고 수리되었다. 현대에 이라크 정부에서 부분적으로 복원했다.

이나 왕궁에 놓였다. 성읍이 없던 무리는 왕궁도 신전도 없었고 당연히 그런 문물도 전해지지 않는다.

아브라함은 성 밖의 가정 공동체를 이끌었다. 그의 식구들은 어느 한 성읍에 머물지 못하고 돌아다녔다. 그의 아들과 손자도 유랑했다. 아브라함은 그와 비슷한 처지의 사람들을 상대했다. 아브라함, 이사악, 야곱의 이야기에는 기원전 2000년대의 제국들, 이를테면 이집트 중왕국, 고아시리아 왕국, 히타이트 고왕국 등이 등장하지 않는다. 그런 큰 나라의 임금과 관료, 장수 그리고 행정 체계 등에 대한 언급이 없다. 물론 그들의 기록에도 아브라함이 언급되지 않는다. 제국의 임금들에게 성 밖의 작은 백성은 대등하게 교류할 대상이 아니었다. 어엿한 도시국가를 수십 개나 정복해 영토를 개척하고 다양한 신전과 왕궁을 엮어 세상을 호령하던 임금들이 변방의 작은 가정을 이끄는 수준의 사람을 상대할 가능성은 없었다. 아브라함의 무리는 본디 가난한 백성이었다.

만일 아브라함을 대단한 위인으로 생각했던 사람이라면 이런 이야기에 다소 충격을 받을지도 모르겠다. 하지만 창세기 이야기를 차근히 읽어보면 국제 외교전도 대규모 국제전도 나오지 않는다. 아브라함이 전쟁에 휘말린 듯한 정황은 있지만 원정을 통해 전쟁을 일으키거나 방어전을 준비한 일은 없다. 아브라함은 세금을 걷지도 않았고 도량형을 통일하지도 않았다. 통치 이데올로기가 서로 대립한다거나 세계의 패권을 다투는 이야기도 없고, 큰 신전을 짓거나 사제들의 임무와 위계를 정하는 이야기도 찾을 수 없다. 우르를 떠나 하란을 거쳐 가나안에 이르는 아브라함의 길은 상당히 긴 여정이었다. 하지만 그보다 최소한 수백 년 빨랐던 기원전 23세기에 아카드의 사르곤 대제는 대군을 이끌고 비슷한 경로를 따라 원정을 감행하여 많은 도시국가를 정복했다.

아브라함의 가정에는 아예 직업적인 전문 사제조차 없었던 듯하다. 아브라함이 이사악을 바치러는 밀을 들고 모리야로 갈 때(창세

도메니코 잠피에리(Domenico Zampieri), <이사악의 희생>, 1627~1628.

22) 사제를 대동하지 않았고 자신이 직접 번제를 올리려고 했다. 아마 그는 그 전이나 후에도 스스로 번제를 올렸던 것 같은데, 이사악과 야곱의 이야기에도 사제는 나오지 않는다. 사제뿐 아니라 장군, 대신, 군대, 서기 등도 없었다. 이상의 직업들은 도시국가에서는 이미 기원전 4000년대에 출현하여 버젓이 존재해왔다.

아브라함의 신도 성 밖의 신이었다. 야훼는 성읍도 없고 신전도 가지지 않았다. 야훼를 '나의 신'으로 고백하는 도시국가의 임금은 없었다. 당시 사람들은 야훼를 어떤 신이라고 생각했을까? 성 밖의 작은 무리가 섬기는 신, 변방의 작은 신이었다고 여겼을 것이다. 이 점이야말로 아브라함을 통해 본 야훼 하느님의 중요한 특징이다. 기원전 4000년대부터 메소포타미아의 큰 신들, 곧 아누(Anu), 엔릴(Enlil), 에아(Ea/Enki)는 물론이고 이쉬타르(Ištar), 신(Sīn/Nanna) 등은 어엿한 도시 핵심부에 자리잡은 큰 신전에 거주하며 많은 백성과 군대를 거느렸다. 엔릴의 신전이었던 에샹길(Ešangil)은 그 신전의 이름이 여러 문헌에 고유명사로 인용될 정도로 위용이 대단했다.

하지만 야훼는 작은 백성을 선택한 신이었다. 아브라함의 신은 가난한 가정과 함께 변방을 떠돌았다. 야훼는 스스로 성읍이나 신전에 거했던 적이 없다. 훗날 다윗이 여부스인들에게서 예루살렘을 얻고 야훼는 예루살렘의 신이 되어 성전에 거하게 되었지만 그 과정은 결코 순탄하지 않았다. 이를테면 다윗이 궁궐에 살게 되었을 때도 그의 신 야훼는 신전이 없었다. 다윗이 그의 신에게 집을 지어드리고 싶다는 의향을 밝히자 그의 신이 나탄 예언자를 통해 이런 말씀을 내렸다.

나의 종 다윗에게 가서 말하여라.

"주님이 이렇게 말한다. 내가 살 집을 네가 짓겠다는 말이냐? 나는 이집트에서 이스라엘 자손들을 데리고 올라온 날부터 오늘까지, 어떤 집에서도 산 적이 없다. 천막과 성막 안에만 있으면서 옮겨 다녔다. 내가 이스라엘의 모든 자손과 함께 옮겨 다니던 그 모든 곳에서, 내 백성 이스라엘을 돌보라고 명령한 이스라엘의 어느 지파에게, 어찌하여 나에게 향백나무 집을 지어 주지 않느냐고 한마디라도 말한 적이 있느냐?"(사무엘기 하권 7장 5~7절)

본디 야훼 하느님은 백성과 함께 유랑하는 신이기에 성전에 살아본 적도 없고 성전을 지어달라고 요구한 적도 없었다. 이스라엘의 신은 다윗의 아들 솔로몬 대에 가서야 성전에 들어가게 되는데, 훗날 다윗과 솔로몬 시대에 이스라엘의 종교와 신학은 크게 변화하고 발전했음을 알 수 있다.

머무를 것이냐, 나갈 것이냐

아브라함은 우르 사람이었지만 그의 신은 우르의 성벽 밖에 있었다. 그의 신은 성 밖으로 나오라고 요구했다. 이 점에서 첫째성경의 종교는 우리 민족의 정서와 너무도 다르다. 우리에게는 고향이 특별한 의미를 지닌다. 많은 사람들이 고향을 떠나 살아가고 있지만 정서적으로는 언제나 고향과 가족에 연결되어 있다. 죽어서도 고향 산천에 묻히기를 원한다. 아무리 성공했다 하더라도 고향을 떠나 있다면 그리움과 외로움이 가시지 않는다. 성공하여 고향에서 환영받는 금의환향의 서사는 아직도 강력한 힘을 발휘한다.

아브라함은 정반대의 길을 갔다. 인생의 말년에 온 가족을 데리고 고향을 떠났다. 그는 평생을 떠돌다가 가나안 땅에서 죽음을 맞이했다. 그러고 보면 아브라함의 신을 믿는 사람들은 늘 어딘가로 나가야 했다. 이사악과 야곱도 한 성읍에 오래 머무른 적이 없다. 그들은 평생 가나안 땅을 떠돌다가 결국 요셉 대에 서쪽 끝인 이집트로 이주했다. 모세는 백성 전체를 이끌고 이집트에서 탈출하여 광야를 유랑했다. 앞서 말했듯 다윗과 솔로몬 시대에 이 백성들의 종교와 신학이 대폭 변화하고 발전했다. 이스라엘의 하느님은 잠시 예루살렘의 신이 되었다. 하지만 나라가 망하자 이번에는 동쪽 저 멀리 바빌로니아로 유배를 갔다. 야훼 하느님은 다시 백성과 함께 떠도는 신이 되었다.

첫째성경의 야훼는 신약성경 예수의 모습과 정확히 겹친다. 예수도 작고 비천한 출신인 제자들과 함께 끊임없이 길을 나섰다. 어느 한 곳에 앉아 터를 잡고 건물을 크게 올린 다음 사람들을 불러 모으는 방식을 한 번도 사용하지 않았다. 그는 늘 길에서 가르쳤고 그의 제자들도 전도 여행을 활발히 했다. 예수의 제자들이 남긴 문서는 성전에서 발생하지 않았다. 여행 중에 길 위에서 쓴 편지가 대부분이었다.

이 점이 고대근동 종교사의 여설이라고 할 수 있다. 고대근동의 수많은 신들 가운데 성 밖의 작은 신이었던 야훼만이 현대로 전승되었고 다른 신들은 모두 잊혔다. 사실 고대근동 문명은 거의 망각되었다. 엔릴이나 에아 같은 큰 신들도 최근 약 300년 안에 새롭게 발굴해 해독한 자료로 되살려냈다. 이집트의 파라오들과 수많은 신들도 그러하고 히타이트, 밋탄 등의 나라도 그렇다. 하지만 야훼는 성 밖을 떠돌던 신들은 물론이고 고대근동 전체 신들 중에서 유일하게 후대로 전승된 신이고 유다교, 그리스도교, 이슬람을 통해 전 세계로 확산되었다. 생각하면 할수록 인류 종교사의 역설이 아닐 수 없다. 거대한 신전에 정주하여 큰 백성을 거느리던 신들은 전부 잊혔지만 변방을 떠돌던 작은 백성을 선택한 신만이 후대에 크게 확산된 것이다. 작고 가난한 이들을 선택하고 그들과 동행한 것이 야훼와 예수의 공통점이다. 이 점은 깊이 새겨볼 만하다.

역사의 아브라함 이야기에는 도시의 화려한 발전상을 한 발짝 뒤로 물러서서 관조하는 시선이 있다. 그것은 창세기 11장까지 나오는 다른 이야기들과도 같다. 바벨탑 이야기처럼 인류가 도시국가를 세워 발전시킨 문명, 성벽 안의 선진적 삶에 대한 양면적 시각이 있다. 인간의 욕망이 이뤄낸 발전에는 한계가 뚜렷하다. 아브라함 이야기는 성 밖의 삶이 조촐하고 한편으로 고통스럽지만 신과 함께 의로움을 추구하며 사는 것이 참된 보람이라는 가르침이 있다.

이런 시선은 도시국가를 이뤄 살아가는 사람들의 시선과는 분명 달랐다. 대제국의 임금들은 큰 신의 지상 대리자로서 도시국가를 여럿 거느리게 해주신 신의 은총에 감사했다. 그리고 대를 이어 큰 영토를 다스릴 것이라는 자신감에 가득 차 있었다. 이런 정복자와 지배자의 왕권신학과는 완전히 다른 시선이 아브라함 이야기에 있다. 아브라함의 하느님은 그런 도시에서 빨리 나오라고 명령한 신이다. 성 안의 발전된 문명이 인간의 눈으로는 화려해 보이지만 신의 눈으로는 전혀 다르다는 성찰이 그의 이야기에 담겨 있다.

아브라함은 '그의 신'의 명령에 충실했기에 성 안에서는 누릴 수 없었던 것을 누릴 수 있었다. 그는 성 밖에서 다양한 사람들과 만나 교류했다. 민족과 언어가 다른 사람들을 맨얼굴로 접할 수 있었다. 그의 고향 우르도 국제적인 도시였지만 성벽 안에서의 만남과 성벽 밖에서의 만남은 매우 다르게 이루어졌을 것이다. 이런 점에서 아브라함이 지닌 용기와 개방성도 엿볼 수 있다.

아브라함은 다면적인 인물이다. 그와 그의 신은 첫째성경 안에서도 무척 중요하지만 유다교, 그리스도교, 이슬람의 종교 간 대화에서도 퍽 중요하다. 낯선 길을 떠나는 그의 용기와 개방성 그리고 가난한 백성과 함께 성 밖을 동행한 그의 신은 현대 신학에서 더욱 적극적으로 조명되어야 할 것이다.

5

창세기

작은 가정의
큰 할머니들

가정의 이야기는 작지만 생명력이 있다.
대제국을 세운 신들은 결국에는 모두 잊혔지만
작은 가정에 오셨던 이스라엘의 하느님은
온 인류의 이야기로 퍼졌다.
역설과 전복의 시각이 없다면
이 모든 일을 이해하기 힘들 것이다.

옛날부터 우리 집에 내려오는 사연들

창세기는 12장부터 아브라함, 이사악, 야곱, 요셉의 4대에 걸친 선조들의 가정 이야기가 펼쳐진다. 읽다 보면 작은 가정을 응시하는 신의 시선을 느낄 수 있다. 창세기를 읽는 방법은 다양한데 그 가운데 마치 먼 옛날 조상들의 이야기를 후손들에게 전해 들려주는 느낌으로 읽는 것도 좋은 방법 중 하나다. 이를테면 '옛날 옛날 우리 할아버지의 할아버지의 할아버지가 살던 시절에 이런 일이 있었단다'는 식의 구술 전승자의 태도로 상상해보는 것이다. 창세기 대부분이 가정에서 탄생한 이야기이므로 이렇게 한 가정을 전제하고 읽으면 무척 생동감 있게 다가온다. 이스라엘이라는 작은 백성의 후손들이 나눴을 법한 가상의 대화를 상상해보자.

─창세기 12장

우리 집안에서 가장 윗대인 아브라함 할아버지하고 사라이 할머니 알지? 두 분의 원래 이름이 아브라함도 아니었고 사라이도 아니었던 것 알아? 아, 안다고? 음, 그러면 아브라함 할아버지가 기근이 들어서 사라이 할머니하고 이집트로 간 이야기도 알아? 모른다고? 그럼 그때 말이야, 할머니가 너무 예뻐서 이집트의 높은 사람이 할머니를 빼앗으려고 했대. 위기의 순간이었지. 그때 할아버지가 꾀를 내어서 두 분이 간신히 목숨을 건진 일이 있거든.

─창세기 13~14장

원래 우리 집안의 근본이 저 메소포타미아에서 가장 유서 깊은 도시 우르라는 말 들은 적 있지? 지금은 이래 보여도 뿌리는 괜찮은 집안이었어. 그때 아브라함 할아버지가 조카하고 함께 우르를 나오셨거든. 그래, 롯이야. 그 조카분 이름이. 들어봤지? 그런데 그 조카가 나중에 분가를 한 거야. 그때는 사람이 많이 살지 않았어. 한번은 이 동네 작은 성읍의 임금들이 무리 지어서 서로 싸웠는데, 거기에 휘말려서 그만 조카 롯이 잡혀갔어. 아브라함 할아버지가 완전 의리의 사나이였거든. 집안에 힘쓰는 장정은 다 모이라고 하더니, 무기가 될 만한 것들을 손에 쥐고 야밤에 기습을 한 거지. 사실 그 작은 성읍 임금들 말이야, 말이 임금이지 별거 아니었나 봐. 그 사람들을 모두 멀리 쫓아내고, 조카도 그 식솔과 재산도 모두 다 찾아오셨대. 아브라함 할아버지가 완전 상남자였나 봐. 그분에게 그런 면도 있어. 좀 놀랍지? 그래서 말인데, 저 멀리 양을 치는 집안의 조상이 롯이라고 했잖아. 그래, 어제 만난 사람들 말이야. 그러니까 그 집안과 우리 집안은 먼 친척뻘이야. 혹시라도 들에서 다치거나 위험에 처했을 때 그쪽으로 가서 도움을 청하면 도와줄 거야. 저쪽 조상이 우리 조상하고 삼촌 조카 사이라잖아.

—창세기 16, 21장

그리고 사라이 할머니 말고 하가르 할머니 이야기도 들었어? 원래는 하가르 할머니가 정실부인이 아니었거든. 그래서 집안에서 조금 쉬쉬하나 봐. 그런데 하가르 할머니가 아기도 먼저 낳았거든. 그 아기 이름이 이스마엘이야. 그런데 사라이 할머니 성격이 대단하셨어. 하가르 할머니를 구박하다가 결국 쫓아낸 거야. 그런데 하느님이 불쌍하게 여기셔서 하가르 할머니에게도 셀 수 없이 많은 후손을 얻을 것이라고 하면서 복을 내려주셨대. 그래서 결국 큰 백성을 이루게 되었대. 저 멀리 산다는 큰 백성 말이야. 그래, 이스마엘 사람들이라고 하는 그 부족 말이지. 사실 나도 이름만 들었지 한 번도 본 적은 없어. 그 백성도 그러니까 아브라함 할아버지의 후손이고, 이를테면 방계혈족이라고 할 수 있어. 그런데 그쪽에서는 오히려 그쪽이 직계고 우리가 방계라고 한다나. 워낙 옛날 일이라서 집안이나 부족별로 조금 다르게 전해져 내려오나 봐.

—창세기 24장

아브라함의 아들 이사악 할아버지 알지? 그 아내 되시는 분이 레베카 할머니잖아. 그런데 그거 알아? 레베카 할머니는 원래 이 동네 사람이 아니셔. 처음 들어본다고? 그럼 잘 들어봐. 아들이 혼기가 차니까 아브라함 할아버지가 종을 멀리 보내서 며느릿감을 찾아보라고 하신 거야. 그런데 먼 길을 걷다가 우물가에서 쉬는데 거기서 레베카 할머니를 처음 만난 거야. 그때 아브라함 할아버지의 종이 물을 청했는데 레베카 할머니는 낙타들에게도 모두 물을 길어다 먹이셨어. 그 모습을 보고 첫눈에 아, 이 사람이다! 하신 거지. 그 후로 혼담이 일사천리로 이루어졌어. 그리고 두 분은 천생연분으로 평생 행복하게 사셨대.

─창세기 25장

레베카 할머니와 이사악 할아버지의 아들이 야곱 할아버지야. 그런데 야곱 할아버지한테 쌍둥이 형이 있었단 이야기도 들었어? 그게 말이야, 사실은 레베카 할머니가 임신을 했을 때 이미 배 속에서 아기들이 서로 부딪치는 걸 느꼈대. 먼저 에사우 할아버지가 나오고 야곱 할아버지는 에사우 할아버지 발뒤꿈치를 잡고 나온 거야. 쌍둥이치고는 별로 닮지 않았던 것 같아. 에사우 할아버지는 털이 좀 많고 피부색도 더 붉었고 솜씨 좋은 사냥꾼으로 자랐어. 그런데 말이야, 야곱 할아버지가 둘째인데도 어떻게 대를 잇게 되었는지 알아? 글쎄 에사우 할아버지가 맏아들의 권리를 팔아버렸다지 뭐야. 어떻게 된 일이냐면, 어느 날 에사우 할아버지가 들에서 사냥하다 돌아왔는데 너무 배가 고픈 거야. 그때 야곱 할아버지는 죽을 끓이고 있었거든. 그러자 에사우 할아버지가 죽을 조금 달라고 했고, 야곱 할아버지는 맏아들의 권리를 주면 죽을 주겠다고 한 거야. 에사우 할아버지는 당장 배가 고파 죽겠는데 그까짓 것 그냥 너나 가져라 한 거야. 그렇게 맏아들의 권리가 넘어가버렸대. 그러니까 우리는 둘째 아들이었던 야곱 할아버지의 후손이지만 사실은 이렇게 해서 우리가 장손 집안이 된 거야.

─창세기 29장

야곱 할아버지 결혼 이야기도 재미있어. 야곱 할아버지에게 부인이 둘 있잖아. 라헬 할머니하고 레아 할머니 말이야. 그런데 두 할머니가 원래 친자매였다는 사실도 알아? 라헬 할머니가 지금도 그 나이에 미인이잖아. 그러니 젊었을 때는 얼마나 예뻤겠어. 야곱 할아버지가 우물가에서 양 떼에게 물을 먹이다가 우연히 라헬 할머니를 만났는데 첫눈에 반한 거야. 그래서 라헬 할머니의 아버지를 찾았더니 우연히 같은 집안이라지 뭐야. 혼사가 착착 진행된 거야. 그런데 장인이자 외삼촌인 라반이 조건을 내걸었대. 라헬과 결혼하기 위해서는 7년 동안 일을 해줘야 한다고 말이야. 그래서 결국 야곱 할아버지는 라반 밑에서 7년 동안 일을 했는데, 라반이 첫날밤에 신부를 바꿔치기한 거야. 그래서 첫째인 레아 할머니가 결혼식을 올린 셈이지. 그런데 신부가 바뀌었으니 얼마나 황당했겠어. 하

요제프 본 퓌리히(Joseph von Führich), <아버지의 양 떼를 돌보는 라헬과 만난 야곱>, 1836.

지만 야곱 할아버지는 동생 라헬을 절대 포기할 수 없었대. 그래서 다시 7년간 일을 하고 결국 라헬 할머니하고 결혼했던 거야. 그러니까 라헬 할머니가 둘째 부인이 되었어. 사실 첫째 부인이 될 수도 있었는데. 라헬 할머니의 마음은 또 어떻겠어.

왜 하필 가정일까?

창세기는 이렇듯 소박한 가정의 이야기다. 이스라엘의 기원이 된

열두 지파의 조상에 얽힌 각각의 사연들을 들려준다. 이스라엘의 조상은 성 밖에 살던 작은 가정에서 출발했다. 이들은 대제국의 조상과는 많이 달랐다. 고대근동에는 이를테면 아카드, 이집트, 아시리아, 바빌로니아 등의 대제국을 다스리던 큰 임금들이 즐비했다. 그들은 저마다 임금의 신비로운 탄생과 큰 영토를 차지하게 된 과정, 우주의 중심을 상징하는 신전을 어떻게 지었는지 등을 자랑스레 내세우는 기록을 남겼다.

이런 대제국의 조상과 창세기의 조상은 무척이나 달랐다. 예를 들면 아브라함은 큰 영토는커녕 어떤 성읍도 가지지 못했고 스스로 임금이 되지도 못했다. 땅이나 백성을 놓고 다른 임금과 정치적 협상을 벌인 적도 없고 높은 신전을 건축한 일도 없다. 사제나 장군, 신하를 임명한 적도 없고 도량형이나 문자의 통일을 거론한 적도 없다. 전쟁이라고 해봐야 기껏 집안의 장정들을 모아서 이웃 무리를 혼내주는 정도였다. 하지만 메소포타미아의 임금들과 이집트의 파라오는 아브라함보다 1000년도 앞서서 어엿한 제국을 세웠고 대군을 이끌고 원정에 나섰다. 아브라함의 무리는 이들에 비하면 성 밖의 작은 무리에 불과했다.

이렇게 작은 가정의 이야기인 창세기는 인류사에 널리 전승되었다. 이는 매우 역설적이다. 광대한 영토를 차지하고 거대한 제국을 세운 이야기는 모두 잊혔지만 작은 백성의 가정 이야기는 유다교, 그리스도교, 이슬람교를 통해 인류 전체로 확산되었다. 또한 인류 문화의 보고(寶庫)로서 문학, 미술, 음악 등 수많은 작품에 끝없는 영감을 주었다.

왜 대제국의 거창한 이야기가 아니라 작은 백성의 소박한 이야기가 더 큰 보편성과 생명력을 지녔을까? 오히려 작고 가볍고 일상적인 이야기였기 때문일 것이다. 그리고 가정이야말로 인류가 존재하는 한 어떤 형태로든 끝까지 함께할 생존 양식이기 때문일 것이다. 제국의 영토, 제도, 형식, 이념 등은 시대에 따라 변화하지만 가정은 항구적이다. 그래서 가정이라는 모티프는 언제나 유효하다. 그래서 어떤 의미를 후대에 남기기 원한다면 가정이라는 모티프에 담아내는 방법이 매우 적절하다는 것을 창세기는 알려준다.

한편 고대근동에서 집은 사적 공간이 아니었다. 집은 많은 일이 일어나는 사회적 기관의 역할도 했다. 기원전 2000년대에 성 밖을 떠돌던 유목민을 떠올려보자. 그들에게는 국가의 행정력이 미칠 수 없었다. 집은 노동과 동시에 휴식이 이루어지고 안전을 보장받으며 교육과 토론, 명령, 합의가 실천되는 공간이었다. 그래서 집은 거주의 의미를 넘어 총체적 살림과 전승이 실현되는 공간이기도 했다. 핏줄이 이어졌을 뿐 아니라 경험과 지식, 정신적이고 윤리적인 것들이 집이라는 공간을 통해 전승되었다. 집에서는 같은 핏줄뿐 아니라 일꾼들이 살았고 손님이 묵어갔으며 가축들도 함께 먹고 잤다. 그래서 집은 이웃과 자연이 함께하는 공간이었다.

그렇다면 '가정'이란 무엇일까. 히브리어로 가정을 '바이트(בית)'

라고 하는데 문자적 의미로는 '집'을 뜻하는 말이다. 바이트는 단순히 건축물을 뜻하기도 하지만 어떤 공간의 운영이나 그 공간에서 맺는 관계를 총체적으로 의미한다. 우리말 '집'의 다양한 쓰임새와도 잘 통한다. 그리고 집은 여성과 남성이 함께 활약하는 공간이었다. 당시 집이란 사회적 활동도 함께 이루어지는 공간이었기에 여성이 맡은 역할 역시 사회적으로 중요했다. 창세기의 여성들을 볼 때 이 점을 간과해서는 안 된다. 창세기의 여성은 사적 공간에 갇힌 존재가 아니었다.

12지파의 할머니들

작은 백성의 기원을 전하는 이야기에는 이들의 '할머니', 곧 여성의 이름이 빠짐없이 기록되어 있다.[1] 아브라함과 이사악과 야곱 같은 할아버지뿐 아니라 그들과 가정을 이룬 할머니들의 이름도 모두 알 수 있다. 여성들의 이름까지 이렇게 꼼꼼히 기록된 점은 대제국의 기원 신화와 다른 점이다. 이집트 신왕국이나 바빌로니아의 마지막 임금 나보니두스(Nabonidus) 등 일부를 제외하면 고대근동 세계에서

---

1) 주원준, 〈고대근동학과 구약신학 3—고대 이스라엘의 종교사 2〉,《말씀터》93호(2014. 3-4), 한님 성서연구소. 24쪽.

©주원준

이집트 고왕국의 스네페루 임금(기원전 26세기)의 아들로 전하는 라호텝(*Rahotep*)과 그의 배우자 네프레트(*Nefret*)의 상이다(높이 약 1.2m, 카이로 이집트박물관). 남녀가 거의 같은 크기와 자세로 묘사된 것에서 고대 이집트의 왕족 여성이 예외적으로 누린 지위를 가늠할 수 있다. 하지만 일반 여성들의 삶은 퍽 고단했을 것이다.

여성의 역할은 극히 제한되어 있었다.[2] 대개 큰 나라의 건국 이야기에는 여성이 거의 등장하지 않거나 등장한다고 해도 보조적인 역할에 그칠 뿐이다. 하지만 창세기는 여성들의 이름이 빠지면 이야기가 이어지지 않는다.

---

2) 이집트 신왕국에서는 여성 지배자의 역할이 도드라졌고, 나보니두스 임금의 어머니 아다드-굽피 (*Adad-Guppi*)는 인상적인 역할을 남긴 여성이었다. 다음을 참조하라. 주원준, 《인류 치초의 문명과 이스라엘》, 225~235쪽. ; 주원준, 《구약성경과 신들》, 72~75쪽.

지금까지 그리스도교 신학에서는 4대에 걸친 남성 중심의 이야기를 주로 다루었지만 최근에는 여성들의 이야기도 주목을 받고 있다. 작은 가정의 여성들, 곧 사라와 하가르, 레베카, 레아와 라헬, 빌하와 질파라는 '할머니들의 이야기'로 엮어서 읽어도 흥미롭다. 아래에서 보듯 창세기는 열두 부족 여성의 이름을 빠짐없이 전한다.

> 야곱의 아들은 열둘이다. 레아의 아들은 야곱의 맏아들 르우벤, 시메온, 레위, 유다, 이사카르, 즈불룬이고, 라헬의 아들은 요셉과 벤야민이다. 라헬의 몸종 빌하의 아들은 단과 납탈리이고, 레아의 몸종 질파의 아들은 가드와 아세르이다. (창세기 35장 22~26절 일부).

창세기는 이 여성들의 이름뿐 아니라 모습이 어땠는지, 어디 출신인지, 어떻게 시집왔는지, 아버지가 누구였는지 등 저마다 다양한 사연들을 자세히 전한다. 야곱의 아내 레아와 라헬 자매는 물론 그들의 몸종이었던 빌하와 질파의 이름도 전하지만 야곱의 어머니 레베카와 할머니 사라의 이야기도 자세하다. 분명 창세기는 여성들의 성격과 사연을 꽤 공들여 기술한다.

사실 할아버지들보다 할머니들의 이름이 훨씬 더 많다. 한 분 한 분이 다들 보통이 아니었고 작은 가정의 평범하지만 대단한 여성들이었다. 창세기의 서사는 이 여성들을 빼놓고는 존재할 수가 없으니 창세기는 '할아버지들의 서사이면서 할머니들의 서사'라고 할 수 있을 것이다. 앞에서도 말했다시피 어떤 제국이나 왕조의 건국 설화에서는 이런 소소한 이야기들이 생략되어 있다. 딸과 어머니 이야기가 빠져 있고, 아내가 누구였는지 알 수 없는 경우가 많다. 대를 거쳐서 아내와 어머니가 어떤 사람이었는지 꼼꼼히 기록된 경우는 매우 드물다. 이집트 신왕국이 예외적인데, 그 밖에는 거의 드러나지 않는다.

이집트, 아시리아, 바빌로니아의 왕조 이야기를 보면 클래식하고 반듯한 느낌이 난다. 이런 이야기는 거대 서사문학으로서 문학적 형식도 잘 갖추어져 있고 영웅과 신들이 등장해 화려함을 더한다. 듣는 이의 눈과 귀를 즐겁게 한다. 이와는 달리 첫째성경 창세기의 이야기들에서는 민중성이 느껴진다. 그런데도 이 작은 백성은 자기네 신이 최고라고 고백하니 참 희한한 일이다.

작은 사람들의 역전 스토리

창세기의 작은 백성 이야기를 보면 문화적으로 생경한 점이 눈에 많이 들어온다. 동아시아의 반도에서 유교의 영향을 받은 농경민족과 지중해 동편의 유목민족의 차이는 어느 정도일까. 그 가운데 '장자 배척사상'이라고도 부르는 '차남 상속의 원리'는 우리에게 매우 생경하게 다가온다 창세기를 보면 첫아들보다는 둘째나 막내가 아버지를 계승하는 경우가 많다. 아브라함의 큰아들은 이스마엘이었지만 그의 정통성을 이어 이스라엘의 선조가 된 아들은 둘째 이사악이었다. 이사악의 맏아들은 에사우였지만 에사우는 장자권을 쌍둥이 동생 야곱에게 팔았다. 온 가족을 구원한 요셉은 야곱의 열두 아들 가운데 11번째 아들이었고 이집트로 팔려갈 당시에는 막내였다. 창세기만 그런 것이 아니다. 첫째성경의 가장 위대한 임금 다윗도 이사이의 자식 가운데 막내였다. 다윗의 아들들도 마찬가지였다. 큰아들 압살롬은 왕위를 원했지만 반란을 일으켰고, 결국 불륜의 상대 밧 세바에게서 늘그막에 얻은 솔로몬이 왕위를 이었다.

우리 민족의 전래 이야기에서도 동생이나 막내가 큰일을 하는 모티프가 없지는 않지만 큰아들이 모든 면에서 우선이었다. 지금은 아이를 많이 낳는 시대가 아니지만 맏이에게는 다른 형제들과는 책임과 권한이 남다르다는 인식이 아직 남아 있다. 우리나라뿐 아니라 동서양 대부분의 나라에서 집안의 우선은 맏이였다. 그런 면에서 이스라엘의 이야기는 분명 독특한 점이 있다. 성경을 읽으면 큰아들보다는 작은아들, 큰 사람보다는 미소(微小)한 사람에게 시선이 머물게 된다.

이런 면에서 첫째성경은 '전복의 시선'을 드러낸다. 세상의 시각을 뒤집어야 신앙의 논리가 이해되는 것이다. 크고 오래되고 먼저 태어난 것에 어쩔 수 없이 시선이 머물지만 첫째성경은 정반대로 나중에 난 작은 존재에 주목하라고 가르친다. 우리 눈에는 작고 비천해 보이는 존재이지만 바로 그 사람을 통해 공동체가 구원을 받을 수도 있다. 이따금 교회나 성당에서 핵심적인 일을 하는 사람을 가리켜 '우리 공동체의 장자 같은 존재'라고 표현하는 것을 들을 때마다 성경적이지 않다는 느낌이 든다. 가장 중요한 사람은 가장 낮은 사람의 발을 씻겨주고(요한 13, 12~15), 섬김을 받는 존재가 아니라 섬기는 존재라는 예수의 가르침은 첫째성경의 핵심을 짚어낸다.

이런 '성경적 시각'에서 우리 민족의 단군신화를 조금 색다르게 해석해볼 수도 있을 것이다. 단군의 아버지 환웅은 환인의 서자(庶子)다. 이를 두고 '서자'를 첩에게서 태어난 아들이 아니라 '여러 자식들 가운데 하나'라고 해석하기도 한다. 하지만 단어의 뜻과는 무관하게 시각을 달리해서 보면, 우리나라는 환인의 맏이가 세운 큰 나라가 아니라 홍익인간(弘益人間)이라는 큰 뜻을 품은 평범한 사람이 세운 나라다. 정복하고 다스리는 나라보다 문화나 학문, 기술을 통해 지구라는 이 행성에 보편적으로 이로운 일을 할 수 있는 나라가 훨씬 가치가 있지 않을까.

작게 보인다고 작은 것이 아니요, 크고 장대하다고 그 속성까지 그렇다고 할 수 없다. 크다고 으스대거나 교만하면 안 되고 작다고 기죽을 필요가 없다. 인간사의 모든 질서는 신의 눈으로 보면 정반대일 수도 있다. 세상의 모든 이야기를 거스르는 전복의 서사가 창세기의 작은 가정 이야기에 들어 있다.

신은 변방의 가정에 오셨다

창세기의 하느님은 성 밖의 가정에서 믿었던 신이다. 다시 말해 하느님이 맨 처음 지상에 오신 자리는 거대한 궁궐도 높은 신전도 아니었고 작은 가정이었다. 그 가정은 이집트 파라오의 가문도 아니요, 만인의 운명을 결정짓는 아시리아나 바빌로니아 임금의 가문도 아니었다. 첫째성경의 이야기가 신약성경에서 거의 그대로 재현되는 듯한 느낌을 받을 때가 많다. 두 책이 신비롭게 연결되어 있다는 느낌은 이런 경우에도 든다. 창세기의 작은 가정은 예수가 태어난 베들레헴의 가난한 집안을 떠올리게 한다. 맨 처음 가장 낮고 소박한 자리에 오셨다는 점에서 맥을 같이한다.

창세기의 하느님은 부르면 응답해주시는 분이었다. 하느님은 크고 작은 일들에 인격적으로 직접 참여해서 가르치고 위로하고 자식을 점지해주고 반려자를 찾아주었다. 그렇게 하느님은 가정의 모든 사연과 일화에, 기쁘고 슬픈 대소사에 개입하시는 분이었다. 그래서 조상들의 삶에서 그냥 이루어진 것은 하나도 없었다. 작은 가정의 사소한 일들까지 하느님이 함께 이루었다. 이 점에서 하느님은 대제국의 평범한 신들과는 달랐다.

이스라엘의 야훼, 조상들의 하느님은 그저 옛날 작은 부족이 섬기던 신이 아니다. 오히려 작고 초라한 가정에 나타났기 때문에 무한한 보편성을 지니며 전승되었다. 이는 굉장히 중요한 사실이다.

인류는 예나 지금이나 가정을 이루며 산다. 가정사는 세계 어디든지 어느 민족이든지 간에 다 비슷하다. 한마디로 가정의 이야기는 작지만 생명력이 있다. 대제국을 세운 신들은 결국에는 모두 잊혔지만 작은 가정에 오셨던 이스라엘의 하느님은 온 인류의 이야기로 퍼졌다. 역설과 전복의 시각이 없다면 이 모든 일을 이해하기 힘들 것이다.

창세기는 형식적으로도 가정 이야기에 최적화되었다. 잘게 토막 나 있기 때문에 한 토막씩 들려주기 쉽다. 앞에서 재구성해보았듯이 할머니 할아버지의 이야기는 장소와 계기기 변화하며 끊임없이 이어지는 작은 이야기의 연속이다. 그래서 노동하며 또는 휴식하며 한 토막씩 이야기를 나누기에 적합하다. 옛날에 어떤 할머니가 젊은 시절에……, 어떤 할아버지가 아들을 제물로 바치려고 산으로 데리고 올라갔는데……, 강 건너에 사는 사람들이 원래는 우리 후손인데……, 이런 식으로 적절하게 마디마디가 있는 이야기들이다. 창세기의 이야기가 구전전승으로 이어졌다면, 이스라엘의 조상들은 밥을 먹을 때나 노동을 할 때나 잠자리에 들 때 속닥속닥 조상들과 하느님에 대해 이야기를 나누었을 것이다. 게다가 몇 토막은 건너뛰어 읽어도 별 상관이 없고 때로 몇 장을 건너뛰어도 이야기는 이어진다. 가정에서 움터서 가정에서 자라난 이야기이기 때문에 그런 자유로운 형식이 가능했다. 가정이 이어지는 한 이 이야기도 생명력을 이어갈 것이다,

가정이 소중하다는 말은 상식적이고 기초적이다. 그리스도교뿐 아니라 거의 모든 세계 종교에서 한입으로 동의하는 가치이자 보통의 이성을 가진 사람들이라면 우리 사회 전체가 가정을 지켜야 한다는 말에 별다른 이견이 없다. 창세기 가정의 이야기를 마무리하며 특별히 변방의 가난한 가정을 돌아보는 일의 중요함을 말하고 싶다. 현재 우리 사회에서 변방이나 낮은 자리에 위치한 사람들이 제대로 가정을 이룰 수 있는 사회인지를 돌아보아야 한다. 여전히 그 낮은 자리에 신이 오신다.

6

요셉

잃어버린
동생이
희망이다

우리는 더 높고 더 중심에 있는 것에
집중하고 있다.
서열화된 사회에서 자신의 자리가 어디든
그곳은 위태로울 수밖에 없다.
성경은 밖과 아래로 시선을 향하라고 말한다.
위와 중앙만을 볼 것이 아니라
작은 사람을 소중하게 여기고
소외된 변방에서 희망을 발견하는
전복의 시선을 권한다.

성경에 나오는 인물은 어떤 사람들일까? 하느님과 가까이 지내며 한평생 거룩하게만 살았을까? 사실 성경을 읽어보면 그렇지 않은 경우가 더 많다. 성경은 사람이란 누구나 한계가 뚜렷하며 하느님은 그런 이들을 통해서 큰일을 이룬다는 사실을 보여주는 책이다. 가톨릭 교회에서는 신자들에게 성인전(聖人傳, hagiography)을 읽도록 권장한다. 성인들의 삶을 들여다보면 본받을 점이 무척 많지만 그들도 평생 흠 없이 산 사람들은 아니었다. 성 아우구스티누스(Aurelius Augustinus)나 성 프란치스코 같은 분들도 젊은 시절에는 꽤나 방탕한 삶을 살았다고 한다. 그래서 고대 페르시아 속담이라고 알려진 '과거 없는 성인 없고 미래 없는 죄인 없다'는 말을 많이 한다. 과거를 볼 때는 성인의 추함을, 미래를 볼 때는 죄인의 가능성을 볼 수 있어야 '신의 시선'에 좀 더 가까이 다가갈 수 있다.

파란만장한 요셉의 인생

창세기의 마지막은 요셉의 죽음으로 마무리된다. 요셉은 야곱이 늦은 나이에 낳은 아들이요, 첫사랑이었던 라헬의 첫아들이었다. 그래서인지 야곱은 요셉을 다른 누구보다 아꼈다. 하지만 형들에게 요셉은 얄미운 존재였다. 성경에 따르면 "요셉은 그들에 대한 나쁜 이야기들을 아버지에게 일러바치곤"(창세 37, 2) 했고, "그의 형들은 아버지가 어느 형제보다 그를 더 사랑하는 것을 보고 그를 미워"(창세 37, 4)했다. 형제간에 티격태격 다투는 정도를 넘어서 갈등이 몹시 심했다. 그때 요셉의 나이는 열일곱이었는데 당시로서는 적지 않은 나이였음에도 철이 없었다.

요셉의 인생에서 꿈은 중요한 요소로 작용한다. 실제 고대근동 사람들은 신이 꿈을 통해서 소통한다고 믿었다. 어느 날 요셉은 지난밤 꿈 얘기를 털어놓는다. 형들과 함께 곡식 단을 묶는 일을 하고 있었는데 형들의 곡식 단이 빙 둘러서서 자기 곡식 단에 큰절을 했다는 것이다. 자신이 막내지만 형들이 곧 머리를 조아릴 거라는 의미가 분명했다. 요셉에게는 길몽이었을지 모르지만 이 꿈 때문에 형들은 "그를 더욱 미워하게 되었다"(창세 37, 8). 요셉은 또 해와 달과 별들이 자신에게 엎드리는 꿈 이야기도 한다. 형들의 입장에서는 가뜩이나 곱지 않은 동생이 꿈 자랑을 거듭하니 더욱 고까웠을 것이다. 요셉은 비범하기는 했지만 아직 철없는 도련님 같았다. 그

다미아노 마스카니(Damiano Mascagni), <형들에 의해 팔리는 요셉>, 1602.

는 듣는 사람의 마음을 헤아리지 못했다. 오죽하면 형들이 동생을 혼내주는 정도를 넘어 죽이기로 마음을 먹었을까.

　맏형 르우벤이 나머지 형제들을 말렸지만 동생들은 듣지 않았다. 결국 요셉을 죽이려고 구덩이에 처넣지만 그래도 혈육 아닌가. 죽이기까지는 않고 때마침 지나가던 이스마엘인 대상(隊商)들에게 은전 스무 닢에 팔아넘겼다. 무기력한 맏형은 그 사실을 나중에 알았고, 늙은 아버지 야곱은 자식들의 말대로 들짐승에 당했다고 믿었다(창세 37, 33). 요셉에게 본격적인 시련은 이제부터였다.

　이집트로 팔려 간 요셉은 타지에서 혈혈단신으로 살아남아야 했다. 다행히 그는 눈치가 빠르고 머리가 좋았으며 무엇보다 신이 함께한 덕분에 "모든 일을 잘 이루는 사람이 되었다"(창세 39, 2). 요셉은 파라오의 내신이자 경호대장인 포티파르의 집에 팔렸고 일을 잘해서 재산의 관리인까지 되었다(창세 39, 1~6). 요셉은 외모도 뛰어났다. 주인의 아내는 그를 유혹해 침실로 끌어들였지만 뜻대로 되지 않았다. 거듭 유혹을 하려다가 단호히 거절당한 주인의 아내는 어느 날 그가 자신을 겁탈하려 했다고 뒤집어씌웠다. 요셉은 감옥에 갇혔다. 하지만 그는 감옥에서 새로운 기회를 잡았다.

이번에도 꿈이 큰 역할을 했다. 요셉은 감옥살이하던 전직 고관의 꿈을 풀이해주었고 나아가 파라오의 꿈을 풀이해주면서 새로운 기회를 잡았다. 그는 결국 파라오의 눈에 들어 이집트의 재상이 되었고 이름도 '요셉'에서 '차프낫 파네아'로 이집트 식으로 바꿨다. 이집트로 팔려온 지 13년이 지났으니 그의 나이 어느덧 서른이었다. 요셉은 므나쎄와 에프라임이라는 두 아들도 얻었다(창세 39, 7~41, 46). 그는 이집트에서 성공을 거뒀다.

한편 포티파르의 아내가 요셉을 유혹하다가 오히려 죄를 뒤집어씌우는 이야기는 이집트 문학의 '두 형제 이야기'와 플롯이나 세부 묘사가 매우 닮았다.[1] 두 작품을 비교해서 읽어보면 이집트 문학의 영향을 크게 받았다는 사실을 부인할 수 없을 것이다. 그리고 요셉의 이야기를 되짚어 보면 그의 주인과 장인의 이름이 매우 비슷하다는 점을 발견할 수 있다. 요셉은 이집트에 도착하자마자 '포티파르'의 집에 팔렸고 훗날 출세하여 온의 사제 '포티 페라'의 딸과 결혼했다(창세기 39장 1절; 41장 45절). 포티 페라와 포티파르의 관계는 오리무중이다. 본래 다른 인물일 수도 있지만 동일 인물의 이름을 조금 다르게 표기한 것일 수도 있다. 첫째성경의 본문은 수천 년 전승과정에서 조금씩 다르게 전해지는 일이 비교적 자주 일어났기 때문이다.

요셉과 모세의 차이

요셉의 고생은 끝이 났다. 안정된 자리를 얻었고 경제적으로도 넉넉했으며 평판도 좋았다. 그는 이름도 이집트 식으로 바꾸었고 의복이나 관습 등 모든 면에서 이집트에 동화되었다. 시리아-팔레스티나 지방에서 사용하던 서부 셈어는 이집트어와는 어족이 달라서 익히기 무척 어려웠을 테지만 이집트어까지 완벽히 구사했다. 그는 모든 면에서 이집트인처럼 되어야 했다.

한편 고향에는 큰 기근이 들었다. 야곱은 이집트에 곡식이 풍부하다는 것을 알고 아들 열 명을 모두 이집트로 보냈다(창세 42, 1~3). 당시에는 고대근동 세계에서 가장 풍요로운 땅인 나일강 삼각주로

---

1) 제임스 B. 프리처드 편집, 《고대 근동 문학 선집》, 66~71쪽.

곡식을 구하러 오는 사람들이 많았고, 야곱의 아들들은 그 무리에 끼어 이집트로 갔다. 요셉은 시리아-팔레스티나에서 오는 무리들 가운데 섞인 "형들을 알아보았지만, 형들은 그를 알아보지 못하였다"(창세 42.8). 요셉과 헤어진 지 13년이나 지났으니 외모도 상당히 바뀌었겠지만 그보다는 요셉이 완전히 이집트화되었기 때문일 것이다. 요셉은 형들과 대화를 했지만 일부러 통역을 썼다. 그래서 형들은 요셉이 자기네 말을 알아듣는 줄을 몰랐다(창세 42.23). 그는 완전히 이집트인처럼 보였다.

요셉은 형들에 대한 감정이 완전히 사그라들지 않은 듯하다. 그는 약간 짓궂은 행동을 한다. 처음에는 형들을 일부러 모르는 척하더니 그다음에는 누명을 씌워 잡범으로 몰아세운다. 그러고는 형들을 을러대며 은근히 그동안의 집안 사정을 듣는다. 요셉은 이들이 도둑질하지 않았다는 점을 증명하기 위해서는 아버지와 막내 벤야민까지 일가족 모두를 데려와야 한다고 판결했다. 그는 내심으로 가족들을 넉넉한 이집트로 데려오기 위한 계획을 짰던 것이다. 그도 형들에 대한 사랑이 솟구쳐옴을 느꼈고 나중에 아버지와 감격적으로 상봉했다. 하지만 형들에 대한 감정의 앙금이 완전히 사라지지 않았음은 부인하기 힘들다. 물론 가족은 결국 화해했다.

요셉과 모세는 매우 대조적인 인물이었다. 창세기 마지막을 장식하는 요셉과 탈출기의 맨 앞을 여는 모세는 이집트에 대해서 정반대의 태도를 보였다. 요셉은 가나안에서 태어났지만 스스로 완전히 이집트에 '동화(assimilation)'된 사람이었다. 그는 적어도 외적 지표로 볼 때 완전한 이집트인이었다. 요셉이 이집트인과 종교적 갈등을 빚었다는 기록은 보이지 않는다. 그는 이집트에 동화됨으로써 성공을 했고 안전을 보장받았다. 반면 모세는 이집트에서 태어났지만 이스라엘인의 '다름(difference)'을 지키고자 했다. 모세는 이스라엘의 종교적 다름을 지키고자 수많은 고난을 무릅썼다. 물론 두 인물의 시대적 분위기가 완전히 달랐다는 점도 간과해서는 안 된다. 요셉은 파라오의 신임을 얻었지만 모세는 적대적인 파라오가 다스리던 시대를 살았다.

가난한 이주민

창세기에서 요셉이 살던 시대는 역사적 배경을 비교적 정확히 추측할 수 있는 편에 속한다. 대략 기원전 2000년대 초반, 곧 이스라엘이 건국되기 수백 년 전에 이집트 나일강 삼각주 동편에 시리아-팔레스티나계 사람들이 이주하기 시작했다. 이들은 다른 지방에서 온 이주민들 그리고 토착 이집트인들과 섞여 살면서 국제적 다양성을 갖춘 도시를 세웠다. 아바리스(Avaris)라는 곳이 대표적인데 이곳을 중심으로 정치 세력화하여 기원전 17세기에 이집트 고왕국을 무너뜨리고 새로운 왕조를 세우니 이른바 힉소스 왕조였다. 학계에

서는 힉소스는 단일 민족이 아니라 시리아-팔레스티나인들이 주축이 된 여러 민족의 집합체로 보고 있다.[2]

요셉 이야기에서 포티 페라는 온의 사제로 나오는데(창세 41, 45; 41, 50; 46, 20) 온은 태양신 레를 섬긴 헬리오폴리스(Heliopolis)를 가리키며 아바리스와도 가깝다. 그러니 이 당시 이집트에 이주한 시리아-팔레스티나계 이주민 가운데 요셉과 그의 가족이 그 근처에 존재했다고 가정할 수 있다.

이집트 제15왕조, 곧 힉소스 왕조는 이집트의 북쪽 절반을 다스렸다(제2중간기). 이들은 이집트에 동화되기 위해 애썼나. 시리아-팔레스티나의 문화와 종교를 이집트에 퍼뜨리기도 했지만 의식적으로 이집트의 전승을 존중하고 젖어들려고 노력했다. 힉소스 왕조의 임금들은 이름도 이집트 식으로 지었고 이집트 고유의 종교를 적극적으로 권했다. 힉소스는 오히려 다른 이집트 정통 왕조보다 더욱 이집트적이었다고 보는 견해가 지배적이다.[3]

당시 이집트는 마치 중국의 중화사상(中華思想)처럼 스스로를 세상의 중심이라고 여기는 세계관을 가지고 있었다. 따라서 외적이 지배하는 세상을 받아들이기 어려웠다. 실제로 이집트인들은 힉소스의 지배를 수치스럽게 생각하여 관련된 거의 모든 기록을 샅샅

---

2) 주원준, 《인류 최초의 문명과 이스라엘》, 176~184쪽.
3) Marc Van de Mieroop, *A History of Ancient Egypt*, Wiley-Blackwell, Oxford, 2011. chap. 6. 3.

이집트인들은 힉소스를 물리치고 신왕국을 세웠다. 사진은 신왕국을 다스린 비운의 소년왕 투탕카멘(기원전 14세기)의 황금 옥좌이다. 비교적 짧은 시기를 다스린 임금이지만 부장품의 양과 질은 고대 이집트의 풍요를 드러내기에 부족함이 없다.

©주원준

이 찾아내 지워버렸기 때문에 이에 대한 연구에 어려움이 크다. 힉소스는 그런 이집트의 마음을 달래려고 노력했을 것이다. 또는 드높은 이집트의 선진 문물에 매료되어 스스로 동화되었는지도 모를 일이다.

힉소스의 제15왕조가 망하고 난 다음에도 시리아-팔레스티나 사람들은 풍요로운 이집트로 이주하는 일을 멈추지 않았다. 때로는 작은 규모로 이주하기도 했지만 어떤 역사적 계기를 맞아 대규모 난민으로 들어오기도 했다. 이집트는 가장 풍요로운 땅이었기에 넉넉했지만 시리아-팔레스티나 땅은 척박했고 정치적으로도 불안했던 적이 많았다.

힉소스를 몰아내고 이집트의 정통성을 세운 왕조가 이른바 신왕국이었고 신왕국 최고의 임금이 제19왕조의 람세스 2세였다. 그는 피-람세스(Pi-Ramses), 곧 '람세스의 집'을 새 수도로 삼았다(탈출 1, 11). 새 수도는 아바리스와도 가까워서 시리아-팔레스티나계 주민들이 여전히 많이 살고 있었던 듯하다. 고고학적 발굴이나 기록 등에는 이 당시 왕족이나 고위 관리의 집안을 관리하던 집사(butler)들의 이름에서 히브리어와 같은 계통인 셈어 이름이 자주 발견된다. 이집트 고위 관료인 포티파르의 집사가 된 요셉이 자연스레 떠오른다. 다만 창세기는 요셉이 전체 이집트를 다스리는 재상이 된 것처럼 묘사하지만 아마 한 도시나 한 지역을 다스리는 정도의 지위였을 것이다.

이집트인들은 이런 외국인을 대개 경멸적인 어조로 칭했다. 그 가운데 기원전 2000년대에 고대근동 세계에 널리 쓰인 특별한 집단의 이름이 있다. '하피루(Ḥapiru)' 또는 '하비루(Ḥabiru)'라고 하는 무리인데, '히브리'라는 말이 여기에서 유래했다고 보는 견해가 지배적이다. 하피루는 이집트뿐 아니라 메소포타미아에서 강도 떼, 쫓겨난 사람들, 무법자, 달아난 노예들, 부랑인, 밑바닥 사람들을 부르는 말이었다. 곧 고유명사가 아니라 사회적으로 경멸의 뜻을 함축하고 있는 보통명사다. 고대근동의 나라들은 하비루를 도적떼처럼 경계했지만 전쟁이 났을 때는 용병으로 쓰거나 때로는 교화하여 크고 작은 일들을 맡겼다. 특별히 이집트는 시리아-팔레스티나 지역에 사는 성 밖의 무리를 '샤수(Šзsw)'라고 불렀다. 요셉의 가족은 기원전 2000년대의 하피루 또는 샤수의 일원이었을 가능성이 크다.

우리 안의 이주민들

이렇게 요셉과 그의 가족 이야기는 역사적으로 신빙성이 인정된다. 다만 언제 어느 도시에 살았는지 구체적으로 특정할 수는 없다. 첫째 성경은 실증주의적으로 접근하는 논문이나 보고서가 아니라, 그 시대를 살았던 사람들의 총체적인 삶과 영적 체험을 전승하는 거룩한 문서다. 한마디로 근대적 의미의 사실보다는 고대적 의미의 진리를 전달하는 책이다.

요셉 이야기에는 어떤 의미가 담겨 있을까. 요셉과 그의 가족 이야기 그리고 이어지는 이집트 탈출 사건에는 한 사회의 가장 가난하고 억압당하는 사람들에 대한 메시지가 담겨 있다. 그들은 먹고 살기 위해 말도 통하지 않는 낯선 땅에 온 이주 노동자 가정이었다. 이집트 이주는 결코 자발적이지 않았다. 요셉은 형제들에 의해 팔려왔고 그 가족들도 기근을 피해서 이주할 수밖에 없었다. 이주 과정도 순탄치 않았다. 요셉은 온갖 어려움과 모험을 무릅써야 했고 가족들도 다르지 않았을 것이다.

신은 그런 가정을 선택했다. 그들의 신은 성 밖의 조상들이 섬기던 신이었으며 가난한 가정에게 자비와 복을 내려주는 신이었다. 아브라함의 하느님, 이사악의 하느님, 야곱의 하느님은 성 밖의 가난한 가정과 깊은 인연을 맺었고 결국은 큰 복을 내려주었다. 이런 신을 믿으며 그들은 암울한 현실을 버텨냈다. 비천한 처지였지만 내면의 자부심은 높은 집단이었다. 그들은 스스로를 세상의 질서와는 다르게 살아가는 사람들이라는 신념을 가지고 살았을 것이다. 야훼는 그런 가난한 사람의 내면을 지켜주는 최후의 보증이었다.

타지의 동생

요셉 이야기는 타지에 팔려 간 동생이 온 집안을 구했다는 의미도 있다. 이 점은 오랫동안 성리학적 세계관으로 살아온 우리 민족에게는 다소 생소한 것이다. 우리 문화에서는 고향을 지키는 맏이가 중요하지 않은가. 가족과 가문의 가치가 예만 못한 것이 현실이지만, 그래도 고향에서 가업을 잇고 종갓집을 지키는 큰아버지의 이미지는 한국인의 몸과 마음에 크게 자리잡고 있나. 그런 전통적 가치에 첫째성경의 이야기는 큰 도전이다. 그런 유교적 가치에 따르자면 인간은 고향이라는 '중심'과 맏형이라는 '위'를 가치에 두어야한다. 중앙과 위를 섬기고 살아야 한다는 가치는 '충(忠)'과 '효(孝)'라는 단어로 압축된다. 무릇 사람은 태어나면서 죽을 때까지 임금과 아버지를 섬기고 사는 존재라는 것이다.

하지만 요셉 이야기는 타향이라는 '변방'과 막내라는 '아래'를 바라보도록 시선을 유도한다. 이렇게 정반대로 맞서는 시선을 느끼지못하면 첫째성경을 이해하는 일은 불가능할 것이다. 첫째성경을 전공한 평신도 신학자로서 첫째성경 본문을 해설하는 성직자의 설교나 관련 책들을 접할 기회가 많았다. 그런데 드물지만 이런 기본적시선의 다름을 느끼지 못하는 해설을 들을 때가 있어서 아쉬움이컸다.

우리 주변에도 많은 이주 노동자들이 있다. 조금만 눈을 돌려보면 곳곳에서 우리와 함께 일하고 함께 살아가는 이주민을 찾아볼수 있다. 때로는 외모나 관습, 문화가 달라 낯설고 불편하게 느낄 때도 있다. 그런데 이들은 어쩌면 멀리 떨어져 있는 고향의 희망인 사람들이다. 한국에 오기 위해 상당한 희생과 대가를 치러야 했을 수도 있고 그 한 사람을 여기로 보내기 위해서 온 가족이 노력했을 수도 있다. 이미 고향의 가족에게 경제적으로 상당한 역할을 하는 사람일 수도 있다.

우리 한국 역시 같은 과정을 겪었다. 일제강점기 조선인들은 강제 이주를 당했고 1960년대 이후 외화 벌이를 위해 독일, 미국, 일본 등으로 떠난 많은 노동자들이 있었다. 그때는 자신의 가족이 파견 나가서 큰돈을 벌고 있다는 것을 은근히 자랑하던 시대였다. 때로는 외국에 나간 가족이 보내온 선물에 가슴 설레기도 했고, 국내로 들어와서 펼쳐놓는 이야기보따리에 미지의 세계에 대한 상상과 동경을 가지기도 했다. 그래서인지 지금도 유럽과 북미의 발달된 경제, 행정, 정치 체제 등을 동경하는 지식인들이 있다.

과거를 잊는다는 것

하지만 사람들은 고통스러웠던 과거를 잊는 습성이 있다. 이스라엘 역시도 그랬던 것 같다. 훗날 어엿한 나라를 만들고 살기 시작하자 창세기 조상 때 성 밖의 가난한 가정이었고, 이집트 종살이를 했던 힘든 시절을 잊은 것이다. 그리고 그들의 마음은 신에게서 멀어졌다. 넉넉하고 편안한 생활이 이어지자 과거의 힘든 시절도, 그 시절의 어려웠던 삶의 기억도, 그리고 가난한 백성과 동행하셨던 신도 잊은 것이다. 그것은 교만의 시작이었다. 첫째성경에는 이런 구절이 있다.

> 너희 마음이 교만해져, 너희를 이집트 땅 종살이하던 집에서 이끌어

내신 주 너희 하느님을 잊지 않도록 하여라. (신명기 8장 14절)

이 말은 영적으로 깨달음을 준다. 교만이란 무엇인가. 교만에 대해 추상적인 정의를 내릴 수도 있지만 쉽고 간단하게 말할 수도 있다. 교만이란 한마디로 과거의 어려웠던 처지를 잊는 것이다. 과거에 힘든 상황에서는 신에게 도와달라고 울부짖던 사람들이 나중에 형편이 나아져 살 만해지자 신을 잊었다. 그게 교만이다. 지금 우리는 외국인 노동자에게 어떤 태도를 보여야 할까. 타인을 대하는 태도를 내 교만함을 판단하는 척도로 삼아야 하지 않을까.

우리는 더 높고 더 중앙에 있는 것에 집중하고 있다. 앞서기 위해, 더 많이 차지하기 위해 무한경쟁에 휩싸여 있다. 이런 경쟁은 불안을 낳는다. 더 좋은 직장을 얻고 번듯한 집을 사고 누구나 인정할 만한 위치에 서기 위해 자신을 혹사하고 타인을 끌어내린다. 그리고 자신이 어느 정도의 서열인지를 늘 점검한다. 서열화된 사회에서 자신의 자리가 어디든 그곳은 위태로울 수밖에 없다. 치열한 경쟁사회에서 모든 자리는 임시적이다. 언제든 더 나은 부품으로 교체될 수 있다. 성경은 밖과 아래로 시선을 향하라고 말한다. 위와 중앙만을 볼 것이 아니라 작은 사람을 소중하게 여기고 소외된 변방에서 희망을 발견하는 전복의 시선을 권한다.

만일 요셉 이야기를 현대에 다시 쓴다면 어떤 이야기가 될까. 세상은 강대국들과 세계적인 기업들이 움직이고 있다. 그래서 사람들은 그렇게 크고 강한 조직에서 한자리 차지하고 싶어한다. 그리고 그런 나라와 기업의 일에 관심이 많다. 강대국 최고 지도자나 글로벌 기업 수장의 사소한 일상이 뉴스거리가 되기도 한다. 고대근동 세계에서도 사람들은 이집트, 히타이트, 밋탄, 아시리아, 바빌로니아 등의 큰 나라에 관심을 기울였을 것이다. 그런 나라의 임금과 영웅들의 이야기가 고대근동에 흔하다. 물론 그렇게 힘 있는 중앙에서 자기 역할을 잘 수행하는 것도 무척 중요한 일이다. 하지만 성경은 가난한 이주민 노동자의 가정사를 들려준다. 하비루 또는 샤수의 가정에 하느님이 함께하셨다고 전한다. 싱경은 위와 숭심만 쳐다보지 말라고, 시선을 아래와 변방에 두라고 우리를 이끈다.

사회에서 주류에 속하지 못한 사람들이 써내려가는 역사가 있다. 지금은 보잘것없고 초라해 보이지만 신은 그런 사람들을 통해서 일하실 것이다. 그건 인간이 아니라 신이 허락하는 것이다.

7

모세

나의 밖을
향한 시선

모세의 방식은 참여적이고 실천적이었다.
개선하고 조금씩 고치는 것도 아니었다.
오히려 새로운 차원의 질서,
신적인 해결책을 상상하고 수용하기를 원했다.
모세의 등장으로 히브리인들은 하나로 모였고
그때부터 성장해갔다.
그들은 내면의 한계를 깨달았고
그들 모두는 밖을 바라보았다.
이집트 사회의 벽을 넘는 길,
그동안 당연하다고 생각해왔던 것들을
근본적으로 바꾸는 길을 함께 상상하고
실천하기 시작했다.

첫째성경의 주인공은 신이다. 그런데 신을 제외하면 첫째성경에서 가장 영향력 있는 인물은 누구일까? 바로 모세라고 할 수 있다. 모세는 첫째성경에 나오는 여러 인물들 가운데 가장 많은 분량을 차지한다. 창세기가 끝나면 탈출기가 시작되는데, 모세가 태어나는 기록이 있는 탈출기 초반부에서 지도자로 활약하는 레위기와 민수기, 유언이 담긴 신명기까지 모세의 삶이 기록되어 있다. 이렇게 첫째성경의 첫 다섯 책을 '오경(五經)'이라 하는데 그의 이름을 따서 '모세오경'이라 부른다. 창세기를 모세 이야기의 전사(前史)라고 본다면 그야말로 모세오경은 그의 생애로 빼곡하다.

이스라엘의 지도자들은 모두 그의 후계자라 할 수 있다. 그를 이은 여호수아는 물론이고 여호수아를 잇는 판관과 임금, 예언자까지 모두 모세의 후계자이다. 그러므로 모세는 신과 인간 사이의 중개자요 이스라엘 지도자의 조상이기도 하다. 모세오경 이후에도 첫째성경은 계속해서 '모세의 토라(Torah)', 곧 모세의 가르침을 소환하기 때문에 사실상 첫째성경 내내 언급되는 인물이다. 결국 첫째성경에서 모세만큼 영향력이 큰 인물은 없다고 봐도 틀리지 않다.

모세는 태어나자마자 시련을 겪었고 이집트 탈출과 광야 유랑이라는 어마어마한 사건을 짊어졌다가 쓸쓸하게 인생의 마침표를 찍었다. 하지만 그의 인생 내내 신이 친밀하게 동행했기에 고단하지만 복된 삶이었다고 할 수 있다.

특별한 탄생과 이집트 탈출

모세는 태어나기도 전부터 고난이 준비되어 있었다(이하 탈출기 2장). 새로 등극한 파라오는 이집트에 정착한 히브리 백성의 수가 많아지는 것을 염려하여 사내아이를 모두 죽이기로 한다. 백성의 대가 끊어질 수도 있던 절체절명의 상황이었다. 그런데 종살이하던 히브리 남성들은 모두 무력했다. 이집트 남성들은 파라오의 명에 따라 아기를 죽이려고 했다. 아기 모세는 어느 쪽에도 기댈 수 없었다.

모세의 출생 배경에서 구원자 역할은 여성들의 몫이었다. 특히 모세의 누이 미르얌의 기지와 용기가 돋보였다. 미르얌은 왕골 상자를 가져다 역청과 송진을 바르고 그 안에 아기 모세를 뉘어 나일강 강가 갈대 사이에 놓고는 멀찍이 서서 지켜보았다. 마침 목욕하러 강가에 나온 파라오의 딸이 왕골 상자를 발견하고 아기를 불쌍히 여겨 키우기로 한다. 그때 숨어 있던 미르얌이 나와 유모를 구해 오겠다고 말하고 모세의 어머니를 불러오게 된다.

히브리 여성들과 이집트 여성들은 아기 모세를 살려내는 데 저마다 역할을 했다. 한쪽은 무기력하고 다른 한쪽은 적대적이었던 남성들과 달리 여성들이 기지와 용기와 따뜻한 마음을 발휘한 이 장면은 여성신학에서도 중요한 부분일 것이다. 한편 모세의 출생 이야기는 기원전 2250년경 메소포타미아에 최초의 제국, 아카드를 건설한 사르곤 대제의 그것과 비교할 수 있다. 모세는 평범하지 않은 인생을 살게 될 운명이 확실했다.

이집트 궁궐에서 자라난 모세는 어느 날 이집트 사람 하나가 자기 동포인 히브리 사람을 구타하는 장면을 목격한다. 젊은 모세는 의협심이 넘치는 강골이었나 보다. 그는 그 이집트인을 때려죽이고 모래 속에 묻었다. 하지만 이 사건은 결국 탄로가 났다. 파라오는 모세를 죽이려 했고 모세는 두려운 마음에 광야로 도망쳤다.

광야에서도 그는 의협심을 발휘해 여인들에게 행패를 부리는 목동들을 혼내주었다. 여인들 중 한 명이었던 치포라의 아버지 미디안 사제는 딸을 도와줘 고맙다며 모세에게 음식을 대접했다. 그는 모세가 비범한 청년임을 알아보았다. 치포라와 결혼한 모세는 광야에서 장인의 양을 치는 목자가 되었고 게르솜이라는 아들도 낳았다. 그 사이 히브리인들을 괴롭히던 파라오는 죽었다. 그렇게 세월이 지났다.

모세는 신에게 특별히 선택된 삶을 살았다. 그의 신은 모세가 그저 광야의 목자로 살게 두지 않았다. 어느 날 그는 가시덤불에 불이 붙었는데도 덤불이 타서 없어지지 않는 이상한 광경을 목격했다. 모세는 넋이 나간 듯 가시덤불 가까이 다가갔고 거기서 그의 신을 처음 만났다. 신이 그에게 직접 나타난 것이다. 그의 신은 고난을 당하는 백성을 불쌍히 여겼다. 신은 모세에게 백성을 데리고 이집트를 나가라고 명령했다. 모세는 두려워 신에게 이런저런 질문을 하며 머뭇거리지만 결국 신의 명령대로 다시 이집트로 들어갔다. 창세기의 요셉은 살기 위해서 이집트로 들어가 정착했고, 탈출기의 모세는 백성들을 데리고 나오기 위해 이집트로 들어갔다. 둘의 상황은 대조적이다.

모세는 파라오를 찾아가 백성들과 함께 이집트를 떠나게 해달라고 요청했다. 파라오는 그의 요청을 거절하고 더욱 핍박을 가했다. 모세는 파라오에게 거듭 청하면서 한편으로는 백성을 규합했다. 이 일은 이집트 사회에 큰 이슈가 되었으며, 그는 정치적 갈등의 중심에 섰다. 결국 모세의 신이 열 가지 재앙을 내리자 백성들은 이집트를 빠져나올 수 있었다. 그리고 광야에서 고대하던 야훼 하느님을 만나 십계명을 받았다. 그러나 고생은 여기서 끝나지 않았다. 백성은 광야에서 40년을 더 보내야 했다.

시나이 반도의 카타리나 수도원(Saint Catherine's Monastery). 이 수도원에 있는 가시덤불은 모세가 신에게 계시를 받은 바로 그 불붙은 가시덤불이라는 전승이 내려온다. 물론 역사적 사실과는 거리가 있겠지만 오늘날에도 수많은 순례객이 방문한다. 이 수도원은 이밖에도 역사상 최초의 은둔자운동에 속하고, 고대의 사본 등이 많이 발견되었기에 역사적으로나 종교적으로 무척 중요한 곳이라고 할 수 있다.

'떨기나무'와 '애굽'과 '유태인'이라는 말

여기서 잠깐 성경 용어 몇 개를 짚고 넘어가자. 첫째는 '떨기나무'다. 개신교 성경과 가톨릭 성경은 하느님이 모세에게 '불붙은 떨기나무'에서 나타났다고 옮겼다. 언젠가 하느님이 처음으로 나타나신 떨기나무가 과연 어떤 나무일까 궁금해 찾아본 적이 있다. 국어사

모세 : 나의 밖을 향한 시선   149

전을 보니 '키가 작고 원줄기와 가지의 구별이 분명하지 않으며 밑동에서 가지를 많이 치는 나무', 곧 관목(灌木)을 뜻한다고 되어 있었다. 영어 성경은 이 나무를 '부시(bush)'로 옮겼는데, 1983년 개봉해 흥행을 거둔 영화 〈부시맨〉으로 알려진 산(San)족은 칼라하리 사막의 '덤불숲에 사는 사람들'이라 해서 붙여진 별명이다. 관목은 덤불을 말한다. 우리는 보통 나무라고 하면 뿌리가 있고 중심 줄기가 곧게 뻗어 그 위로 가지와 잎이 무성한 모습을 연상한다. 이런 나무는 교목(喬木)이라 하고 '큰키나무'라는 우리말 이름이 있다. 관목은 나무줄기가 없는 나무, 곧 땅에서 그냥 잔가지가 뻗는 나무로서 '작은키나무'라고 한다. 개나리나 진달래는 관목이고 소나무나 사과나무는 교목이다. 하느님은 키가 작은 덤불에 오셨다.

그런데 '떨기나무'라는 말은 너무 낯설다. 순우리말이라는 점은 좋은데 직관적으로 덤불을 연상하기는 힘들다. 주일학교에서 어린이들이 그림을 그리면 불붙은 큰키나무를 그리곤 한다. 일부 어린이 성경 삽화에도 불이 붙은 교목을 볼 수 있을 정도다. 이를 '덤불'이라고 하면 그런 오해를 줄일 수 있을 것이다. 덤불도 순우리말일뿐더러 누구나 쉽게 그 나무의 실체를 인식할 수 있는 장점이 있다. 그런데 그냥 덤불이 아니라 '가시덤불'이 더 정확하다. 가시덤불은 첫째성경과 신약성경의 신비를 이어주는 핵심 개념이기 때문이다.[1]

---

1) 이 점은 다음 책에서 상세하게 설명한 적이 있다. 주원준, 《구약성경과 신들》, 184~202쪽.

둘째는 '애굽'이라는 용어다. 이는 이집트(Egypt)의 중국식 표기 '애급(埃及)'에서 유래했다. 그런데 '티끌 애(埃)'와 '미칠 급(及)' 자를 쓰는 이 이름이 수상쩍다. 나는 중국어를 거의 모르지만 혹시 중국이 주변 나라를 오랑캐라고 부른 것처럼 애급이라는 명칭에도 '티끌 수준'이라는 비하의 뜻이 담긴 듯해 달갑지 않다. 발음대로 '이집트'라는 쉽고 편하고 공식적인 이름이 일상에서 이미 널리 쓰이는데 케케묵은 '애급'이라는 이름을 굳이 고집해 쓸 필요가 있을까? 게다가 '애급'도 아닌 '애굽'이라는 말은 출처도 분명치 않은 엉터리 말이니 만큼 이제는 고쳐야 할 것이다.

내친김에 '유태인(猶太人)'이라는 용어도 거론해야겠다. 이 이름도 중국식 표기에서 비롯되었는데 '원숭이 유(猶)'에 '클 태(太)'를 쓰니 역시 먼 나라 이민족을 비하하는 느낌을 지울 수 없다. 왜 이렇게 오해를 살 만한 고약한 이름을 붙이고 고집스럽게 사용하는지 모르겠다. 이런 생각을 하는 과정에서, 어쩌면 중화(中華)란 너무도 위계적이고 차별적이어서 국가와 인종을 초월하는 만인의 보편적 구원 같은 것을 찾기 힘들지도 모르겠다고 생각한 적도 있다.

본디 이 말은 야곱의 열두 아들 중 '유다'(창세 29, 35)로부터 시작된다. 유다는 훗날 12지파 가운데 하나인 유다 지파의 조상이 되며, 더불어 이들이 세운 나라의 이름(國名)이 되었고, 이 나라의 민족이나 종교를 지칭하는 이름도 여기서 나왔다. 영어(Jew), 독일어(Juden), 프랑스어(Juifs) 이름도 모두 뿌리가 같다. 유다를 조상으로 삼는 부족, 국가, 민족, 종교를 가리키는 말이니 유다 부족, 유다국, 유다 민족, 유다교 등으로 쓰는 것이 적절할 것이다.

탈출의 길, 함께 가는 여정

히브리인들이 이집트에서 탈출한 사건을 엑소더스(exodus)라고 한다. '밖으로 나가는 길', 곧 탈출(脫出)이라는 뜻이다. 억눌리고 구속된 상태에서 빠져나가 문제를 해결하는 것이다. 곧 문제의 해결책이 '외부'에 있다는 의미다. 실제로 모세는 하느님의 뜻을 따라 이집트 사회 안이 아니라 밖으로 나가서 해결책을 찾았다. 동양적 사고와는 다르다고 느끼는 지점이다.

흔히 유교나 불교 등 동양의 종교는 스스로 내면의 깊은 깨달음을 얻는 '자력구원'의 원리를, 그리스도교나 이슬람 등은 절대자의 선택에 따른 '타력구원'의 원리를 따른다고 설명한다. 단순히 이런 구분을 기계적으로 적용할 수 없다고 생각한다. 물론 동양 종교에서 내면의 힘과 깨달음에 초점을 두는 경향은 분명해 보인다. 내 안의 참된 자각을 통해 진정하고 본질적인 해결책을 찾을 수 있다고 전제한다. 하지만 자력구원이나 타력구원이나 어떤 높은, 궁극적인 수준에서는 같아지는 것이 아닐까. 바깥을 정확하게 보려면 내면이 강해야 한다. 내면의 깊은 것을 꿰뚫어 보는 사람, 내면의 참계를 극복한 사람만이 밖을 있는 그대로 볼 수 있다. 그래서 나를 내려놓고 안팎을 직시해야 한다. 그래야 소아(小我)에서 대아(大我)로 나아갈 수 있다.

탈출기는 분명 밖을 보게 한다. 이집트는 고대근동에서 가장 풍요로운 땅이었으며 '종살이의 안락함'이 보장된 곳이었다. 모세의 신은 모세에게 분명 그 땅을 완전히 떠나야 한다고 명령했다. 그의 신은 이집트 사회 내에서 계급 간의 화해를 시도하지 않았다. 양쪽이 한발씩 양보하자는 식의 잠재적 절충안을 내지도 않았고, 조금만 참으면 언젠간 다 지나간다는 식의 '내면적 권유'도 하지 않았다. 하느님의 해결책은 근본적이었다. 인간의 상상을 완전히 초월하는 것이었다. 그것은 백성이 처한 맥락에서 완전히 빠져 나가는 것을 의미했다. 기존의 질서에서 벗어나 완전히 새로운 질서를 건설해야 한다는 것이다. 그렇게 밖으로 나가기 위해서는 무엇보다 강한 내면이 필요하다. 아브라함의 이야기에서 보았듯 모든 것을 두고 떠난다는 것은 누구에게나 힘든 도전이고 결단과 용기가 필요하다. 그것은 신적인 길이었다.

모세의 방식은 참여적이고 실천적이었다. 그는 인식이나 깨달음에 머무르지 않았다. 백성들을 모아 파라오에 대항했고 밖으로 나가야 한다고 당당하게 요구했다. 정치적 갈등을 일으키는 선택이었다. 그리고 백성들에게도 과감한 결정을 요구했다. 개선하고 조금씩 고치는 것도 아니었다. 오히려 새로운 차원의 질서, 신적인 해결책을 상상하고 수용하기를 원했다. 모세의 등장으로 히브리인들은 하나로 모였고 그때부터 성장해갔다. 그들은 내면의 한계를 깨달았고 그들 모두는 밖을 바라보았다. 이집트 사회의 벽을 넘는 길, 그동안 당연하다고 생각해왔던 것들을 근본적으로 바꾸는 길을 함께 상상하고 실천하기 시작했다.

파라오를 이긴 광야의 신

탈출기의 주인공은 모세가 아니라 모세가 섬기는 신이다. 야훼는 독특한 신이었다. 창세기에서 우리는 신전 없이 유랑하는 가난하고 작은 백성의 신을 보았다. 탈출기에서 이 신은 백성을 위해 내려와 직접 싸운다. 모세가 백성들을 데리고 이집트를 떠나는 것을 이집트의 파라오가 막자 모세의 신은 아홉 가지 재앙을 내렸다. 나일강이 핏물로 변하고, 개구리와 모기와 등에가 들끓고, 가축병과 종기가 퍼지고, 우박이 쏟아지고, 메뚜기 떼가 땅을 뒤덮고, 사흘 동안 어둠이 지속되었다. 그리고 마지막 열 번째 재앙이 예고되었다.

> "이날 밤 나는 이집트 땅을 지나면서, 사람에서 짐승에 이르기까지 이집트 땅의 맏아들과 맏배를 모조리 치겠다. 그리고 이집트 신들을 모조리 벌하겠다. 나는 주님이다." (탈출기 12장 12절)

이 싸움은 모세와 파라오의 대결이 아니라 모세의 신과 이집트 신들의 대결이었다. 이집트에는 수많은 신들이 존재했다. 얼마나 많은지 일일이 세기도 힘들 정도였다. 태양신 레(Re), 수도의 신이자 창조신 프타(Ptah), 테베의 아문(Amun) 등이 그런 많은 신들을 대표했고, 결정적으로 파라오는 그 자체가 신이자 인간 중 가장 높은 존재였다. 그렇게 파라오는 이집트의 신과 인간을 대표했다. 야훼는 인간 파라오를 이겼을 뿐만 아니라 이집트의 수많은 신들과의 싸움에서 승리한 것이었다.

이집트는 고대근동에서 가장 화려한 문명을 피웠다. 경제든 군사력이든 인구든 학문이든, 모든 면에서 주변을 압도하는 제국이었다. 더구나 이집트 신왕국은 이집트 역사에서 가장 빛나는 시기였고 그 정점에 람세스 2세가 자리해 있다. 당시 이집트 파라오는 대국의 가장 높은 신이었다. 그에 비하면 야훼 하느님의 외적 조건은 초라해 보일 뿐이다. 변방의 신이자 광야의 신이었고 변변한 도시나 신전도 갖지 못한 신이었다. 그를 믿는 백성은 이름 없이 광야를 떠돌다가 간신히 이집트에서 종살이하며 연명을 하고 있었다. 그런데 그 작은 신이 파라오를 이기고, 그것도 압도적 승리를 거두었다니! 당대의 '상식적'인 세계관을 가진 사람이라면 무척이나 놀랄 만한 일이었다.

이 사건은 그래서 큰 의미가 있다. 이렇게 작고 약한 백성의 신이 당대 최고 제국의 신을 꺾었기 때문이다. 작은 백성은 용기백배했을 것이다. 우리는 종으로 태어난 민족이 결코 아니구나, 우리는 보잘것없지만 하느님의 선택으로 큰 백성이 되겠구나! 이집트 탈출 사건이 성공하자 이 가난하고 작은 백성의 눈에는 눈물이 맺히고 주먹에는 힘이 들어갔을 것이다. 놀라운 해방을 체험한 백성은 이후 고대근동 세계는 물론이고 세계사에서 매우 인상적인 역할을 한다. 만약 이집트 탈출의 신, 야훼 하느님의 유일성과 독특함을 찾는다면 바로 이 지점을 놓쳐서는 안 된다.

모세의 신은 독특하게도 '아래'와 '변방'으로 찾아왔다. 이집트 탈출이 시작될 즈음, 불붙은 가시덤불의 형상으로 나타나 모세에게 하신 말씀을 들어보자. 하느님 스스로 가난한 사람의 목소리를 듣고 내려오셨던 것이다.

> "나는 이집트에 있는 내 백성이 겪는 고난을 똑똑히 보았고, 작업 감독들 때문에 울부짖는 그들의 소리를 들었다. 정녕 나는 그들의 고통을 알고 있다." (탈출기 3장 7절)

본디 고대근동의 신들은 위계가 엄격했다. 이집트의 신들은 물론이고 메소포타미아의 신들도 마찬가지였다. 최고신의 반열에 드는 아누, 엔릴, 에아 등은 인간은 물론이고 작은 신들마저 만나기 힘든 존재였다. 메소포타미아의 신화를 보면 큰 신들이 왕족이라면 작은 신들은 그저 평민처럼 나온다. 그러니 인간이 그런 큰 신을 만

©주원준

모세가 하느님의 계명을 받은 시나이 산으로 알려진 게벨 무사(Gebel Musa) 사진이다. 유다교, 그리스도교, 이슬람의 성지(聖地)로서 오늘날에도 수많은 순례객이 방문한다.

나는 것은 꿈도 꾸지 못할 일이었다. 최고의 현인 아트라하시스도 꿈에서 엔키의 가르침을 간신히 얻을 수 있었을 뿐이다. 고대근동 사람들은 머나먼 위에 존재하는 신들을 바라보며 살았다.

고대근동 세계의 신들 가운데 고통스러워 울부짖는 작고 보잘것없는 종들의 소리를 듣고 불쌍히 여기는 신은 야훼가 유일할 것이다. 야훼 하느님의 독특함은 바로 여기에 있다. 그저 가엾이 여기는 것에 그치지 않고 신음하는 백성을 위해 직접 역사하여 함께 싸우기까지 했다. 야훼는 모세를 시켜 백성을 위로하고 고통받는 현실에서 완전히 빠져나오는 길을 제시했고 그 길을 함께 걷기 시작했다. 가난한 사람들의 역사적 사건에 참여하여 완전히 새로운 질서를 만들었으며 고대근동 종교의 방향을 완전히 역전시킨 신이다.

중개자 모세의 마지막

모세는 첫째성경에서 백성과 하느님을 잇는 첫 중개자였다. 중개자의 운명은 요동쳤다. 신과 백성이 한마음일 때 그는 승승장구했다. 그러나 백성이 하느님을 거역할 때는 곤란에 처했다. 백성의 죄 때문에 그는 하느님께 거듭 머리를 조아려야 했고, 하느님의 분노와 꾸짖음을 전달하면 백성들에게 불평을 들어야 했다. 중개자는 자칫 양쪽에 끼여 가장 힘든 처지에 놓인다.

모세가 하느님께 언제나 순종만 한 것은 아니었다. 불붙은 가시덤불에서 하느님을 처음 볼 때부터 그는 머뭇댔다. 광야에서 누이 미르얌과 형님 아론과 갈등하기도 했다. 안락한 이집트를 그리워하기도 했고, 백성들은 불평하며 그런 모세의 지도력에 의심을 품기도 했다. 모세에 대한 도전은 곧 하느님을 향한 도전과 같았다. 모세는 중개자로 충실했지만 한 인간으로서는 견디기 힘든 적이 많았다. 그는 하느님 앞에서 어린아이처럼 감정을 드러내 보였다.

그래서 모세가 주님께 여쭈었다.

"어찌하여 당신의 이 종을 괴롭히십니까? 어찌하여 제가 당신의 눈
밖에 나서, 이 온 백성을 저에게 짐으로 지우십니까? 제가 이 온 백성
을 배기라도 하였습니까? 제가 그들을 낳기라도 하였습니까? 그런데
어째서 당신께서는 그들 조상들에게 맹세하신 땅으로, 유모가 젖먹
이를 안고 가듯, 그들을 제 품에 안고 가라 하십니까?" (민수기 11장
11~12절)

모세는 80세에 이집트에서 탈출했고 광야를 40년 동안 떠돌았으
며 광야 살이 마지막에는 120세가 되었다. 그리고 바로 모세오경의
마지막 권인 신명기에 그가 남긴 유언이 담겼다. 한 권 전체가 유언
집 형식으로 짜여 있다. 신명기는 기록된 날짜가 정확히 쓰여 있는
드문 책이다. 신명기가 쓰인 이날은 이집트를 벗어나 새로운 땅으
로 들어서기 직전, 광야의 시대가 마무리되는 날이다. 그리고 모세
가 죽음을 맞이한 바로 그날이다.[2] "탈출 40년 11월 1일"(신명 1, 3).

이날 그는 늙은 몸으로 드디어 평생을 염원하던 '젖과 꿀이 흐르
는 땅' 앞에 서게 된다. 모세는 하느님께 단 한 가지 소원을 빈다. 이
제 늙어 기력이 다해가지만 제발 저 요르단 강을 건널 수 있게 해달
라고⋯⋯. 저 강만 넘으면 바라던 땅에 들어서는 것이다. 한 발만 밟

---

2) 주원준, 거룩한 독서를 위한 구약성경 주해 5《신명기》, 바오로딸, 2016. 47쪽.

도메니코 페티(Domenico Fetti),
<불타는 떨기나무 앞에 있는
모세>, 1614.

고 죽어도 여한이 없었을 것이다. 평범하지 않은 유년을 보내고 이
집트 탈출의 주역이 되었으며 최초의 중재인으로 평생을 살았던 풍
운아였다. 하느님과 친밀했던 모세는 신이 그의 청을 들어주시리라
희망했을 것이다. 그는 신에게 간절히 기도하며 두 가지 청을 올린
다. 강을 건너게 해주소서, 땅을 보게 해주소서.

"부디 저를 건너가게 해 주시어, 제가 요르단 긴너편에 있는 저 좋은

땅, 저 아름다운 산악 지방과 레바논을 보게 하여 주십시오."(신명기 3장 25절)

그의 신은 모세의 간곡한 부탁을 끝내 거절한다. 그래도 그가 올린 두 개의 기도 가운데 하나만은 들어주었다. 약속의 땅을 바라볼 수는 있었지만 들어가는 것은 끝내 허락되지 않았다.

"너는 내가 이스라엘 자손들에게 주는 땅을 멀리 바라보기만 할 뿐 들어가지는 못한다."(신명기 32장 52절)

모세가 목적지를 눈앞에 두고도 그곳에 들어갈 수 없었던 결정적 이유는 백성들의 죄 때문이었다. 그의 신은 약속의 땅이 멀리 바라다보이는 느보 산에서 땅에 들어갈 수 없는 이유를 설명했다(신명 32, 49~51). 야속하기도 하고 어찌 보면 너무하다는 생각이 들 정도인데, 이때 모세의 태도는 굉장히 인상 깊다. 모세는 신에게 곧잘 항변도 하고 감정을 숨김없이 드러냈지만 이때만큼은 침묵한다. 그는 신의 결정을 수용하고 죽음을 맞이했다.

신명기의 마지막 구절은 모세라는 한 인간의 위대함과 업적을 묘사하고 있다. 신명기 연구로 이름이 높은 브라울릭(Georg Braulik, OSB) 신부는 이를 모세의 묘비문이라 보았다.[3] 결국 모세오경은 모세의 묘비문으로 끝나는 셈이다.

이스라엘에는 모세와 같은 예언자가 다시는 일어나지 않았다. 그는 주님께서 얼굴을 마주 보고 사귀시던 사람이다. 주님께서 그를 보내시어, 이집트 땅에서 파라오와 그의 모든 신하와 온 나라에 일으키게 하신 그 모든 표징과 기적을 보아서도 그러하고, 모세가 온 이스라엘이 보는 앞에서 이룬 그 모든 위업과 그 모든 놀라운 대업을 보아서도 그러하다. (신명기 34장 10~12절)

성공과 유산

모세가 숨을 거둔 곳은 가나안 땅이 한눈에 보이는 느보 산이다. 성지순례 코스로도 유명한 곳이다. 독일 유학 중에 나는 지도교수님과 이 산을 오른 적이 있다. 뮌헨 교구 신부인 지도교수님은 바로 이느보 산에서 미사를 드리자고 했는데, 그날 강론이 무척 인상적이었다. 내 마음과 몸에 오래 남은 이 강론의 취지를 함께 나누고자 한다. 강론 주제는 '이상적 인간의 성공과 유산'에 관한 것이었다.

'이곳 느보 산에서 생을 마친 모세를 보라. 인간은 결국 마지막에는 신에게 모든 것을 맡겨야 한다. 우리는 모두 성공을 꿈꾸며 열심히 살아간다. 평생을 쏟아부어 이루고 싶은 가치가 있고, 그것을 위

---

3) 주원준, 《구약성경과 신들》 525쪽.

해 노력한 삶은 아름답다. 성취한 사람들은 그만큼 감사한 삶을 산 것이다. 그러나 누구든 마지막을 자기 손으로 이루는 사람은 없다. 첫째성경의 가장 위대한 인간 모세마저 바로 이 자리에서 그 땅을 보았을 뿐, 들어가지 못했다. 이렇게 스스로에게 물어보자. 내 성공 뿐 아니라 유산에 대해서 생각해본 적이 있는가. 이루고 싶은 것이 무엇이고 그것을 남길 준비를 하고 있는가.'

부지런하기로는 둘째가라면 서러운 한국인들은 열심히 살았고 민주화와 경제발전이라는 두 마리 토끼를 동시에 잡아내면서 단시 간에 성공한 나라를 일구었다. 경제와 기술은 물론이고 문화와 학 문에서도 열심히 성취하고 있다. 그런데 우리는 당대의 성공만 생 각하며 살아가는 건 아닐까. 우리는 과연 세대를 넘는 유산을 충분 히 고려하는 것일까. 첫째성경에서 가장 위대한 인물조차 마지막 선을 넘지 못했다. 그의 신은 이미 신명기가 시작할 때 후계자를 정 해두라고 말했다. 그저 후계자에게 책임을 넘기는 것에 그쳐서는 안 된다. 그에게 힘과 용기를 북돋아주어야 한다. 네가 원하는 그곳, 네가 평생을 바쳐 가고 싶었던 곳에 너는 들어가지 못한다. 대신 네 후계자가 성취할 것이다.

너는 여호수아에게 책임을 맡겨라. 그에게 힘과 용기를 북돋아 주어 라. 그는 이 백성 앞에 서서 건너갈 사람이며, 이 백성에게 네가 보는 땅을 상속 재산으로 나누어 줄 사람이다. (신명기 3장 28절)

모세의 최후는 어떤 성취감이 느껴지면서도 쓸쓸한 느낌이 든다. 이를 두고 베네딕토 16세 전임 교종도 "모세오경 마지막 권의 이 대미(大尾)에는 이상하게도 우수 같은 것이 서려 있다"[4]고 말했다. 나는 베네딕토 16세의 이 글을 읽으면서 깊이 공감하면서도 조금 이상한 마음도 들었다. 그는 세계적으로 매우 유명한 신학자다. 이성적이고 논리적으로 명료함이 넘치는 분이다. 한마디로 그의 글에는 '똑떨어지는 분명함'이 있다. '이상하게도 우수 같은 것이 서려 있다'는 식의 표현을 쓰다니, 매우 이례적이었다.

그런데 그런 감정은 그의 은퇴와 관련 있지 않을까 생각해보았다. 베네딕토 16세는 가톨릭 교회 역사상 매우 드물게 스스로 은퇴를 택했다. 그는 2013년 2월 10일에 갑작스레 퇴위를 발표했다. 한 달도 남지 않은 2월 28일 20시에 바티칸의 교종의 지위는 공석이 된다고 못박았다. 그리고 그를 이은 프란치스코 교종은 21세기 가톨릭 교회에 새 바람을 불어 넣고 있을 뿐 아니라 가톨릭 교회의 장벽을 넘어서 세계인들에게 큰 영감을 주고 있다.

21세기 새로운 바티칸은 베네딕토 16세의 은퇴에서 시작되었다. 그리고 가톨릭 교회는 역사상 최초로 두 명의 교종이 바티칸에서 평화로이 공존하는 시대를 맞았다. '은퇴 교종(Pope Emiritus)'이라는

---

4) 요제프 라칭거(Joseph Ratzinger), 《나자렛 예수1(*Jesus of Nazareth*, 2007)》, 박상래 옮김, 바오로딸, 2012. 29쪽.

용어가 다시 떠올랐다. 베네딕토 16세는 은퇴 교종으로서 프란치스코의 시대를 여는 데 큰 역할을 했고, '은퇴 교종의 처신'을 몸소 보이다가 2022년 12월 31일 선종하셨다. 새 시대를 열었을 뿐 아니라 새 시대에 합당한 새로운 관례까지 스스로 만든 것이다. 어쩌면 우리는 앞으로 두 명의 교종이 아니라 세 명의 교종이 공존하는 광경을 볼 수 있을지도 모른다. 나는 혹시 그가 '뜻밖의 은퇴'를 결심하게 된 배경에 모세의 죽음에 대한 성경적 성찰이 영향을 주지 않았을까 추측해보았다.

당대의 성공은 유산으로 전승될 때 비로소 완성된다. 자신의 여호수아, 곧 후계자를 지니지 못한 사람은 그가 이룬 성취가 무너지는 광경을 바라볼 수밖에 없다. 왜냐하면 인간은 모두 죽음을 맞기 때문이다. 죽음을 넘어 '나'를 남기는 방법은 유산을 남기는 것이다. 그래서 우리는 인생을 겸손하게 성찰해야 한다. 나는 무엇을 어디까지 이룰 수 있는지 그리고 나의 유산은 무엇이고 누구에게 힘을 북돋아 줄지를 생각해야 한다.

성공과 유산은 다르다. 성공은 내가 열심히 노력하면 어느 정도는 이룰 수 있다. 곧 내가 통제할 여지가 있지만 유산은 다르다. 그것은 죽음 이후에 존재하는 것으로 철저히 내 외부에 있다. 나는 절대로 그것을 통제할 수 없다. 그래서 성공이 인간적이라면 유산은 신적이다. 성공이 미완성이라면 유산은 완성이다. 어쩌면 모세는 절반의 청만 들어주신 신을 통해 이 점을 깨달았을지 모른다. 그는 궁극적 해결책이 내 밖에 있음을 마음 깊이 깨닫지 않았을까. 그래서 그의 침묵이 빛난다.

유산은 다음 세대에 속한다. 우리 사회에서 다음 세대를 짊어질 2030세대는 희망을 품기 쉽지 않다. 언젠가부터 3포세대(연애, 결혼, 출산 포기)라는 말이 나오더니 해가 갈수록 5포세대(3포+내 집 마련, 인간관계), 7포세대(5포+꿈, 희망), 드디어는 n포세대라는 말로 자기 세대를 규정하게 되었다. '이번 생은 망했다'는 말을 유행처럼 사용하는 데까지 왔다. 게다가 세계사에서 보기 힘들 정도의 기록적인 출산율 저하는 우리가 당대의 성공만을 위해 살아왔을 뿐 미래의 유산을 보장할 어떠한 실효적 조치도 하지 않았음을 분명히 드러낸다. 다음 세대에게 '용기와 힘을 북돋아주는 일'이 무엇인지, 다음 세대가 가능이나 한 것인지 모세가 우리에게 지금 묻고 있다.

8

삼손

영웅은
전복한다

위대하고 비범한 인물도 결국은
인간적 한계를 고스란히 드러낼 수밖에 없다.
삼손 같은 영웅조차 신에게 충실할 때
힘을 발휘할 수 있었다.
영웅이 가진 힘은 바로 자기 안에 존재하는
신의 힘이었다. 영웅도 한 명의 인간일 뿐이다.
인간의 위대함에서 신이 빠지면,
곧 성스러움이 빠지면 힘을 잃는다.

첫째 성경에서 '히어로(hero)'라는 말이 가장 어울리는 인물은 누가 뭐래도 삼손이다. 그는 힘이 센 장수였을 뿐 아니라 다면적이고 입체적인 인물이었다. 지혜가 뛰어났고 개방적이었으며 상당히 에로틱한 사건도 곧잘 일으켰다. 그의 이야기는 통쾌하고 전복적이며 종교적 의미도 강하다. 삼손 이야기를 소재로 수많은 예술 작품이 창작되었다. 특히 생상(Saint-Saëns)의 오페라 〈삼손과 데릴라(Samson et Delila, 1868)〉와 같은 제목을 한 세실 B. 드밀 감독의 영화(1949)가 유명하다. 예술 작품 속에 등장하는 삼손의 모습은 고대 영웅의 모습 그대로다. 근육질의 몸에 털이 많고 긴 머리카락을 지녔다. 맨손으로 사자를 때려잡는 삼손은 길가메쉬와도 흡사하다. 우리는 삼손의 이런 '상남자 영웅' 이미지에 익숙하다.

하지만 성경을 조금 깊이 읽어보면 삼손이 그저 평범하고 전형적인 영웅이 아니었음을 알 수 있다. 그의 인생은 굴곡이 많았다. 때로는 선악의 경계를 넘나드는 것처럼 보이기도 한다. 요즘 말로 하면 전통적 영웅(classical hero)이 아니라 개인적 사연도 많고 때로는 일탈도 저지르는 다크히어로(dark hero)나 안티히어로(anti hero)에 가까워 보인다. 합법의 테두리 안에서 활동(?)하는 반듯한 모범생 같은 슈퍼맨(Superman)이 아니라 때론 거친 욕설도 하고 술과 성을 탐닉하고 장난기 가득하고 가벼운 반칙(?)도 서슴지 않는 아이언맨(Iron Man)에 가까워 보인다. 첫째성경 판관기(判官記) 13~17장에 삼손의 이야기가 들어 있다. 일부 개신교 성경은 아직 옛말을 사용하여 사사기(士師記)라고 부르는 책이다. 그의 진짜 이야기는 어떠한지, 고대근동의 신화적 관점과 현대인의 시각에서 어떤 해석을 할 수 있는지 살펴보자.

비범한 탄생

삼손 이야기는 크게 삼손의 탄생과 세 여인과의 에피소드로 간추릴 수 있다. 삼손의 탄생은 비범했다. 아버지 마노아는 원래 자식이 없었는데 어느 날 마노아의 아내에게 천사가 나타나 "보라, 너는 임신할 수 없는 몸이어서 자식을 낳지 못하였지만, 이제 잉태하여 아들을 낳을 것이다"(판관 13, 3)라고 말한다. 이 같은 서사는 아브라함, 사무엘, 예수의 탄생 비화와 비슷한 면이 있다. 결국 삼손은 신이 점지해준 아들로 태어났다.

천사는 "앞으로 조심하여 포도주도 독주도 마시지 말고, 부정한 것은 아무 것도 먹지 마라"(판관 13, 4)고 한 뒤, "아기의 머리에 면도

칼을 대어서는 안 된다"(판관 13, 5)고 명한다. 왜냐하면 "그 아이는 모태에서부터 이미 하느님께 바쳐진 나지르인이 될 것"이고, "이스라엘을 필리스티아인들의 손에서 구원해 내기 시작할 것"(판관 13, 3~5)이기 때문이었다. '나지르(nāzir)'는 '바치다', '헌신하다'라는 뜻에서 파생한 말이다. 독특한 방식으로 신께 바쳐진 사람, 서원 등을 통해 스스로를 신에게 봉헌한 사람, 가톨릭의 수도자나 불교의 승려처럼 엄격한 계율을 지키며 평생 종교적 가치에 스스로를 헌신하는 사람을 의미했다. 나지르인이 지켜야 할 규정은 엄격했다. 삼손은 털을 깎아서도 안 되고 아무 음식이나 함부로 먹을 수도 없었다. 삼손을 임신할 때부터 어머니도 그런 규율을 지켜야 했기에 삼손의 어머니도 (여성 나지르인이 존재했다면) 나지르인일 가능성을 배제할 수 없고 아버지 마노아도 그렇다. 삼손의 부모는 아들을 점지해 준 천사를 극진히 모셨다(판관 13, 15~23). 삼손은 독특한 종교적 가문에서 태어나고 자란 인물이었다.

나지르인은 '포도주도 독주도', 곧 어떤 술도 먹지 못한다. 첫째성경의 민수기를 보면 나지르인이 지켜야 할 규정이 자세히 나온다(민수 6, 1~21). 그 가운데 "포도주로 만든 식초와 독주로 만든 식초를 마셔서는 안 된다"(민수 6, 3)는 규정이 있다. 첫째성경의 시대에 술은 쉽게 쉬었고, 그렇게 쉬어버린 술을 식초로 재사용했다. 그러니 술과 식초를 동등하게 취급한 것임을 알 수 있다. 게다가 민수기를 보면 나지르인은 아예 "어떤 포도즙도 마셔서는 안 되고, 날포도도 건포도도 먹어서는 안 된다"(민수 6, 3)고 했는데 발효된 음료뿐 아니라 자연적으로 발효될 수 있는 날포도와 건포도마저 입에 대지 말라는 것이었다. 나지르인은 엄한 계율을 지키며 살아가는 철저한 종교인이었다.

그런데 삼손의 이름이 독특하다. 삼손의 히브리어 이름 '심숀(Šimšōn)'은 태양신 샤마쉬(Šamaš)와 관련이 깊다. 그의 이름은 '태양신의 높은 것' 정도로 해석할 수 있는데, '태양신의 아들'이라는 뜻으로 이해하기에 충분하다. 그런데 히브리인들은 하나의 신만 믿었기에 그들에게 태양신이란 없었다. 실제로 이 이름은 이스라엘인에게 매우 드물다. 삼손은 이스라엘의 대표적 판관 가운데 한 명이었는데도 훗날 이스라엘인 가운데 삼손의 이름을 딴 이가 없다. 첫째성경에는 삼손과 같은 이름이 나오지 않는다. 만일 삼손이 히브리인이 아니라 아시리아나 바빌로니아 사람이라면 그쪽 기준으로는 퍽 괜찮은 이름이었을 것이다. 히어로들이 흔히 갖는 '히어로 이름(hero name)', 곧 '슈퍼맨'이나 '배트맨' 같은 이름이라는 인상도 받는다. 어쨌든 그의 이름은 무척 특이하다. 그래서 삼손의 이야기는 다른 나라의 신화를 깊이 참조한 이야기로 보이기도 한다. 첫째성경에서 이렇게 외국 이름의 냄새(?)를 진하게 풍기는 이름이 많은데, 욥기의 주인공 욥도 그렇다.

하여튼 첫째성경의 모든 인물이 그렇듯 삼손은 중층적이고 다면적이다. 삼손은 이스라엘이 40년간 필리스티아의 지배를 받던 시기에 태어났다. 그는 애초부터 난세를 구할 운명이다.

선을 넘는 사랑과 전투

삼손의 인생에는 세 명의 여인이 있었다. 그의 첫 여인은 팀나의 필리스티아 여인이었다. 그녀와 사랑에 빠진 삼손은 부모에게 결혼을 허락해달라고 청했지만 그의 부모는 그녀를 탐탁지 않게 여겼다. 이스라엘 사람이 아닌 이민족의 여자라는 점이 마음에 들지 않던 것이다. 그러나 삼손은 거듭 청했고 결국 허락을 얻어냈다(판관 14, 1~4). 그는 처음부터 이스라엘의 경계를 넘나드는 사람이었다.

사랑을 위해서 사회적 장벽과 관습을 쉽게 넘어서는 그에게서 개방적인 상남자의 모습을 엿볼 수 있다. 그가 부모와 함께 팀나로 가던 길이었다. 아마 혼담을 마무리하려고 나섰을 것이다. 그런데 갑자기 힘센 사자 한 마리를 만났다. "삼손은 손에 아무 것도 가지지 않은 채, 새끼 염소를 찢듯이"(판관 14, 6) 으르렁대는 사자를 찢어 죽였다. 어머니도 아버지도 모르게 순식간에 해치웠다. 그렇게 시간이 흐르고 이제는 혼례를 올리러 다시 팀나로 향했다. 그런데 같은 장소에서 "그 사자 시체에 벌 떼가 모여 있는데 꿀도 고여 있었다"(판관 14, 8). 그는 그 '사자의 꿀'을 먹었다.

개방적인 삼손은 필리스티아의 "젊은이들이 하는 풍속대로"(판

루카스 크라나흐(Lucas
Cranach the Elde),
<사자와 싸우는 삼손>,
1520~1525.

관 14, 10) 결혼을 치르고 잔치를 베풀었다. 그는 이레 동안 열리는 혼
인 잔치에서 '속옷 30벌과 예복 30벌'을 걸고 수수께끼를 냈다. 사
흘이 지나도록 답을 찾지 못한 필리스티아인들은 삼손의 아내를 협
박해 답을 알아냈다. 그의 아내가 울며 "들볶는 바람에"(판관 14, 17)
삼손은 아내에게 수수께끼를 풀이해주었다. 필리스티아인늘은 결

국 답을 맞췄다.

이 이야기에서 삼손은 고대의 현자(賢者) 같다. 고대 세계에서 지혜를 다루는 사람은 보통 사람이 겪기 힘든 체험을 하고 그것을 나름대로 해석하여 문제를 만들고 풀이했다. 삼손은 올바른 현자였지만 필리스티아인들은 반칙을 썼다. 그들은 삼손의 지혜를 올바르지 못한 방법으로 해결한 것이다. 삼손은 자기 아내와 내통한 반칙에 분노했다. 그래서 필리스티아의 다른 도시 아스클론으로 내려가 30명을 죽이고 그 옷을 벗겨서 내기에 이긴 사람들에게 주었다. 그리고 삼손의 아내는 그날 들러리를 섰던 필리스티아인의 아내가 되었다(판관 14, 19~20). 경계를 넘어 사랑과 화해를 이루려던 무명의 현자 삼손의 계획은 실패했다.

삼손의 사랑은 여기서 끝나지 않았다. 그는 첫사랑을 잊지 못했다. 그는 아내를 다시 찾아갔다. 그런데 장인이 그녀가 이미 다른 이와 결혼했다고 말하자 더욱 낙담했다. 그는 여우 300마리를 잡아 꼬리에 횃불을 달고는 필리스티아인들의 곡식밭으로 내보냈다. "이렇게 하여 그는 곡식 가리뿐 아니라 베지 않은 곡식과 포도밭과 올리브 나무까지 태워 버렸다"(판관 15, 5). 삼손의 분노는 이해가 되지만 그의 방법은 어쩐지 미숙하다. 그는 필리스티아인의 분노를 유발했다. 그러자 이번에는 필리스티아인들이 팀나 여인과 삼손의 장인을 "불태워 버렸다"(판관 15, 6). 그러자 삼손은 "너희가 이런 식으로 한다면 좋다. 내가 너희에게 원수를 갚기 전에는 결코 그만두지 않겠다"(판관 15, 7)고 하며 필리스티아인들을 닥치는 대로 쳐 죽였다. 삼손은 거칠 것이 없었다. 죽고 죽이는 일이 거듭되었다.

결국 필리스티아인은 단단히 무장하여 쳐들어왔다. 그들은 삼손을 내놓으라고 요구했다. 그러자 동료 유다인들이 삼손을 질책했다. "자네는 필리스티아인들이 우리를 지배한다는 것을 알지 않나? 그런데 어째서 우리에게 이런 일을 하였단 말인가?"(판관 15, 11) 그들은 삼손을 포박해 건네주었다. 동족에게 인정받지 못하는 삼손은 아직 진정한 영웅으로 성장하지 못했다. 그런데 그는 자신을 묶은 밧줄을 간단히 풀고 당나귀 턱뼈로 필리스티아인 천 명을 죽여버렸다. 물론 '천 명'은 상징적인 숫자일 것이므로 닥치는 대로 죽였다는 의미로 이해하면 될 듯하다. 삼손의 신은 물이 솟아나게 하여 삼손의 갈증을 해소해주었다(판관 15, 18~19). 그의 백성은 그를 버렸지만 그의 신은 그에게 힘이 되어주었다.

삼손의 두 번째 여인은 '가자의 창녀'였다(판관 16, 1). '창녀(zōnâ)'라고 흔히 옮기는 이 말은, 최근 연구에서는 다른 종교의 여사제를 폄하하는 말이었을 것으로 판단하는 경향이 있다. 종교 간 대화가 활발히 이루어지는 현대적 맥락에서는 '다른 종교의 여사제' 정도로 이해하는 것이 좋을 듯하다. 어쨌든 두 번째 여인도 필리스티아 여성이었고 이번에는 종교적 색채가 더 강했다. 그러니까 삼손이 결혼한 세 여성 모두 필리스티아인이라는 공통점이 있다. 이번에도 필리스티아인들은 그를 잡아 죽이려 했지만 삼손은 이들을 피해 탈출했다.

삼손의 이야기를 현대인의 감수성으로 어떻게 이해할 수 있을까? 일반적으로 고대의 이야기를 이해하기는 쉽지 않지만 삼손 이야기는 정도가 좀 더 심한 편이다. 이해하기 힘든 측면이 너무 많다. 일단 이야기 자체가 복잡하고 다면적이다. 영웅 전설 같기도 하고 복수극 같기도 한데 지혜의 요소도 섞여 있다. 때로는 막장 치정극으로 치닫는다. 그는 사체와의 접촉이 금지된 나지르인임에도 사자의 사체에 고인 꿀을 먹었고, 개인적인 분노와 복수로 사람들을 죽였다. 이 이야기에서 수천의 사람이 왜 죽임을 당했는지 의문이고, 어떻게 보면 극히 사소한 일로 죽고 죽이는 일이 거듭되는 점도 곤혹스럽다. 그래서 삼손이 있든 없든 그저 이런 싸움이 끊이지 않았을 것이라는 생각도 들고, 동족마저 그의 편을 들지 않았다는 점도 수긍이 된다. 삼손의 인생은 고해(苦海)에서 떠돈 것 아닐까. 그래서 삼손은 어둡고 축축한 도시에서 정의를 세우려 하지만 때로 선악을 넘나드는 다크히어로 같은 인상을 준다. 늘 올바른 방법으로 승리하는 전통적이고 반듯한 영웅과는 거리가 멀어 보인다.

동족들이 삼손을 잡아 필리스티아인들 손에 넘기는 장면은 흔히 다른 예언자들과 비교 해석되기도 한다. 그에게서는 동족에게 배척당한 협객(俠客)을 넘어 첫째성경에 등장하는 비슷한 부류의 사람들, 곧 동족들의 손에 고통을 당한 예언자들이 떠오른다. 특히 동족에게 버림을 당했지만 그의 신이 끝없는 힘을 주었다는 점에서 삼손에게서 예수의 모습이 겹친다.

세 번째 여인, 들릴라

마지막으로 운명의 세 번째 여인, 소렉 골짜기에 사는 들릴라(d'līlâ)가 등장한다. 들릴라라는 이름은 '명예', '칭찬', '빛나다'라는 뜻을 가진 아카드어 '달릴루(Dalilu)'와 관련 있는 듯하다. '빛나는 여인'이라는 뜻의 이름을 가진 그녀는 '태양의 아들'을 상대하기에 적절한 인물이었을 것이다. 일부에서는 '밤의 여인'이라고 보기도 하는데, 삼손을 파멸로 이끈 악녀(femme fatal)에 어울리는 그럴듯한 해설로 힘을 얻지만 언어적으로는 거의 맞지 않는다. 들릴라는 아름다운 여인으로 흔히 묘사되지만 사실 성경에는 들릴라의 외모에 대해서는 언급이 없다. 그저 삼손이 사랑하게 되었다라고만 쓰여 있을 뿐이다(판관 16, 4).

    삼손이 다시 필리스티아의 여자와 사랑에 빠졌다는 정보를 입수한 필리스티아 제후들은 재빨리 움직였다. 그들은 삼손의 사랑을 얻은 여인에게 거액을 주고 삼손의 "그 큰 힘이 어디서 나오는지"(판관 16, 4) 알아내려고 했다. 이를 보면 이제 삼손은 퍽 유명한 영웅이 된 것 같다. 그들은 삼손을 사전에 제압하려 시도했다. 꼬임에 넘어간 들릴라는 삼손에게 세 번을 묻고 삼손은 세 번의 대답을 한다. 판관기 16장의 이 장면은 특별히 재미가 있고 가장 에로틱하기도 하다. 들릴라와 삼손 단 둘이 친밀하게 나누는 대화와 행동이 이어지기 때문이다.

들릴라는 삼손에게 "당신의 그 큰 힘이 어디에서 나오는지, 어떻게 하면 당신을 묶어서 꼼짝 못 하게 할 수 있는지 말해 주세요" 하고 물었다(판관 16, 6). 그러자 삼손이 "마르지 않은 싱싱한 줄 일곱 개로 묶으면, 내가 약해져서 여느 사람처럼 된다오"(판관 16, 7) 하고 대답해준다. 하지만 거짓이었다. 삼손을 마르지 않은 싱싱한 줄 일곱 개로 묶었지만 삼손은 그 줄들을 손쉽게 끊어버렸다. 두 번째 대답은 "한 번도 쓰지 않은 새 밧줄로 묶으면" 된다고 했고(판관 16, 11) 세 번째는 "내 머리털 일곱 가닥을 베틀 날실로 땋아 말뚝에 대고 벽에 박아 놓으면" 된다고 했다(판관 16, 13). 모두 거짓말이었다. 삼손은 멀쩡했다. 그러자 들릴라는 "마음은 내 곁에 있지도 않으면서, 당신은 어떻게 나를 사랑한다고 말할 수 있어요?"(판관 16, 15)라면서 삼손을 날마다 들볶고 졸랐다. 그러자 삼손은 진실을 들려주었다. 출생의 종교적 코드, 나지르인이 여기서 다시 나온다.

그래서 삼손은 자기 속을 다 털어놓고 말았다. "내 머리는 면도칼을 대어 본 적이 없소. 나는 모태에서부터 하느님께 바쳐진 나지르인이기 때문이오. 내 머리털을 깎아 버리면 내 힘이 빠져나가 버릴 것이오. 그러면 내가 약해져서 다른 사람처럼 된다오." (판관기 16장 17절)

게오르그 펜츠(Georg Pencz), <삼손과 들릴라>, 1526~1536.

결국 삼손이 들릴라의 무릎에서 잠든 사이 '일곱 가닥으로 땋은 그의 머리털'이 잘렸다. 그러자 삼손의 신이 잠시 삼손을 떠난 것처럼 보였다. 그에게서 힘이 떠났다. 필리스티아인들은 그를 손쉽게 붙잡아 끔찍한 일을 저질렀다. 두 눈을 후벼낸 다음 청동 사슬로 묶어 감옥에서 연자매를 돌리게 했다. 그들은 자신들의 신에게 제물을 바치고 잔치를 벌였는데 거기에 삼손을 불러내 재주를 부리게 했다. 힘이 빠진 영웅은 모욕을 당했다. 가장 가까운 사람의 배신으로 크나큰 고통을 겪는다는 이야기는 예수의 서사와도 통하니, 이런 면에서 삼손은 예수의 예형(豫型)이다.

이 복잡한 이야기는 맨 처음의 종교적 주제로 완선히 돌아온다.

이 다면적 영웅은 본디 나지르인이었고 그가 지닌 엄청난 힘의 원천은 하느님이었다. 마지막 고통의 한가운데에서 삼손은 각성했다. 그는 하느님께 부르짖었다. 다시 한 번만! "주 하느님, 저를 기억해 주십시오. 이번 한 번만 저에게 다시 힘을 주십시오"(판관 16, 28).

각성한 그는 다시 행복한 삶을 허락해달라고 청하지 않았다. 오히려 스스로 죽기를 원했다. "필리스티아인들과 함께 죽게 해 주십시오"(판관 16, 30). 난세를 구할 자신의 운명을 수락하고 그는 죽었다. 그 잔치에 참석했던 필리스티아인들도 모두 그와 함께 죽었다. "그리하여 삼손이 죽으면서 죽인 사람이, 그가 사는 동안에 죽인 사람보다 더 많았다"(판관 16, 30). 그는 아버지 곁에 묻혔으니, 이스라엘의 마지막 판관이 죽었다. 12명의 판관 중 마지막 판관은 이렇게 스스로를 제물로 바친 종교인이었다.

이처럼 삼손 이야기는 다양한 요소가 들어 있다. 난세에 비범하게 태어나 독특한 운명을 부여받았다. 외계인 같은 힘을 지닌 영웅은 사자를 맨손으로 죽이고, 적들과 싸워 이기고, 사랑을 하고 배신을 당하고, 파멸에 이르렀다가 결국 자신의 소명을 깨닫고 백성을 구원한다. 지혜문학인 삼손 이야기는 흥미진진한 영웅담이면서 선정적인 묘사도 뒤섞여 있고, 무엇보다 종교적 주제가 뚜렷하다. 하느님은 성경을 통해 분명 교회의 일반적인 설교보다 훨씬 재밌게 말씀하신다.

영웅도 인간일 뿐이다

삼손 이야기에는 고대근동 신화의 영웅담을 참조한 듯한 요소가 다분하다. 그런데 이스라엘인들은 자신들의 영웅 삼손이 다른 민족의 영웅보다 더 위대하고 신이 정한 운명을 더 충실히 살았다고 말하고 싶었던 듯하다. 우선 삼손의 힘의 비밀, 곧 일곱 가닥으로 땋은 머리털이 학자들의 흥미를 끌었다. 고대 이집트에서는 어린이가 변발을 하는 관습이 있었고 고대 수메르에서는 성인 남자의 머리를 완전히 밀어버린 도상이 출토된다. 하지만 아카드인들은 언제나 머리숱이 풍성하게 묘사된다. 이와 관련된 모티프는 아마 아카드적인 전승과 관련이 있으리라. 과연 고대근동의 영웅 가운데 라흐무, 길가메쉬, 엔키두 등 아카드어 문학의 힘 센 영웅들은 여섯 가닥으로 땋은 머리 모양을 했다. 그런데 삼손은 일곱 가닥으로 머리를 땋았으니 메소포타미아의 다른 영웅들보다 더 큰 힘을 지녔다는 것을 강조하는 상징이라 할 수 있다.[1] 히브리인들은 자신들의 마지막 판관이 가장 힘이 셌다는 이야기를 후대에 물려주었다.

삼손은 분명 반듯한 영웅은 아니었다. 그는 나지르인이었지만 종교적 계율을 엄격히 지키는 모습을 별로 보여주지 않는다. 오히려 금기였던 동물의 사체를 만졌고, 부모의 뜻을 거슬러 필리스티

---

1) M. Görg, "Simson 1. Biblisch", *Lexikon für Theologie und Kirche(LThK)*, Bd. 9, 2000. p.611.

메소포타미아 신화에 등장하는 라흐무(왼쪽, British Museum)와 길가메쉬(오른쪽, Louvre Museum) 상이다. 메소포타미아의 영웅들은 양쪽 세 갈래로 머리를 땋아, 모두 여섯 가닥의 머리 모양을 하고 있는 경우가 많다. 이를 삼손의 일곱 갈래 머리와 연결해 이해할 수 있다.

아 여자와 결혼했고, 이방인의 잔치에 참석해 먹고 마셨으며, 이웃 종교인 여성과 거리낌없이 동침하는 등 선을 넘나드는 모습을 자주 보였다. 또한 그는 속고 속았으며 복수에 복수를 거듭했다. 삼손이 사는 세상은 어지러운 세상이었다. 이스라엘인들에게는 아직 임금이 없었고 필리스티아인들과 화평을 이루지 못했다. 난세의 삼손은 안정된 가정을 이루지도 못했다. 사랑하는 여인은 그를 거듭 배신했다. 그는 비록 작은 백성의 판관이었지만 길가메쉬보다 더 큰 힘을 지녔다. 하지만 강한 힘을 지닌 것만 빼면 철저히 한 인간의 이야기에 가깝다.

이 점 때문에 삼손 이야기는 신과 인간의 관계를 더욱 성찰하게 한다. 히브리 사람들의 이야기인 첫째성경의 다른 점이 여기에 있다. 첫째성경은 언제나 신과 인간의 충실한 관계에 대한 이야기로 귀결이 된다. 노아 이야기도 그렇고 카인 이야기도 그렇고 바벨탑 이야기도 그렇고 요셉과 포티파르의 아내 이야기도 모두 메소포타미아의 다른 신화와 유사한 점이 많다. 고대근동 세계에서 다양한 영향을 받았음이 확실하지만, 결국 핵심 메시지는 신과 인간은 다르고 인간은 한계를 넘어서기 위해 궁극적으로 신에게 귀의해야 한다는 것이다. 위대하고 비범한 인물도 결국은 인간적 한계를 고스란히 드러낼 수밖에 없다. 삼손 같은 영웅조차 신에게 충실할 때 힘을 발휘할 수 있었다. 영웅이 가진 힘은 바로 자기 안에 존재하는 신의 힘이었다. 영웅도 한 명의 인간일 뿐이다. 인간의 위대함에서 신이 빠지면, 곧 성스러움이 빠지면 힘을 잃는다.

한판 뒤집기

삼손 이야기는 작은 백성이 만든 뒤집기 한판승이었다. 삼손의 승리는 필리스티아에 억눌려 살던 작은 이스라엘 백성의 승리였다. 첫째성경에는 이렇게 전복의 서사가 주는 통쾌함이 있다. 이집트 탈출의 해방을 이룬 모세도, 장수 골리앗과 싸워 이긴 소년 나윗노,

카르멜 산에서 바알의 예언자 450명을 홀로 상대하여 대승을 거둔 엘리야도 한 방을 터뜨리는 통쾌함과 전복의 서사를 담고 있다. 그들은 모두 궁지에 몰린 작은 백성을 구한 영웅들이었다. 세상의 질서가 크고 견고해 보이지만 하느님이 소외되고 억눌린 자들과 함께 세상의 질서를 뒤집는 사건이 첫째성경에는 즐비하다. 늘 작은 백성으로 살아야 했던 이스라엘 백성들은 그들의 초라한 식탁 위에서 '과거 우리에게도 이런 영웅이 있었다'고, 그러니 '앞으로 모든 역경을 이겨낼 수 있을 것'이라고 서로 위로하고 자긍심을 함께 나누었을 것이다.

구원자는 세상의 질서를 뒤집어 바로잡는 사람이다. 종교는 가난하고 힘들고 억눌린 사람들에게 복음을 전한다. 그리스도교는 하느님의 시선으로 세상을 보라고 말한다. 그것은 세상의 질서를 상대화하는 어떤 인식 체계와 실천 체계다. 그런 종교는 '침묵하고 제자리를 지키자'고 말하지 않는다. 역전승의 코드를 숨기지 않는다. 우리는 언젠가 도래할 저 너머, 근본적으로 다른 세계를 향한 삶을 지향해야 할 것이다. 그것을 실천해 나가는 사람이 진정한 종교인이라 할 수 있다. 그래서 그리스도인은 그런 전복적 서사를 이야기할 수 있어야 한다. 오직 순종하고 받아들이는 것만이 능사는 아니다. 권력과 자본을 상대화하고 내면을 크고 충만하게 해야 한다. 그런 사람이 외부를 정확하게 바라보고 전복의 서사를 써내려 갈 수 있다. 삼손 이야기에는 눈먼 영웅이 비로소 내면을 성찰하면서 세상을 뒤집는, 그런 전복적 서사가 담겨 있다.

하지만 지상의 삶을 사는 모든 이들 중 완전한 사람은 없다. 제아무리 대단한 영웅이라도 신의 힘을 얻어야 한다. 오직 신의 힘을 따르기 위해서는 인간적으로 대단해 보이는 것, 이를테면 거대 자본과 권력 등도 상대화해서 볼 줄 알아야 한다. 그래서 자본과 권력이 만든 세상의 질서에 몸을 맡기느냐, 아니면 신을 섬기고 모든 인간적 질서에서 자유로워지느냐는 갈림길에 서게 된다. 성공하기 위해서 노력하는 것, 그 자체는 문제가 아니다. 그러나 자신의 중심과 심지를 세우고, 자신이 무엇을 섬기는지를 늘 염두에 두는 것이 중요하다. 삼손은 나지르인이자 구원자였던 자신의 운명에서 자주 이탈했다. 그래서 결국 삶이 비참해졌다. 하지만 마지막 순간에 자신을 희생하여 이루어야 할 것을 이루었다. 나는 어떤 영웅인가. 이 세상의 질서를 상대화하고, 전복적 서사에 동참하고 있을까?

9

다윗

실수를 딛고
일어서라

다윗의 위대함은 그가 쌓은 훌륭한
업적에 있는 것이 아니라
한 번도 좌절하지 않았다는 점에 있다.
쓰러졌다가 일어서고,
마음을 다잡았다가 또 잘못을 저지르고,
실패하고는 다시 세상과 싸우기를 반복했다.
그는 상처를 겁내지 않고 도전하는 일에
삶을 바쳤다.

* 이 글은 다음의 원고를 바탕으로 하였기에 많은 문장이 겹칩니다. 〈청년이여, 다윗의 용기를!〉, 《가톨릭
평론》 8호(2017. 3-4), 119~126쪽.

다윗은 첫째성경의 슈퍼스타라고 할 수 있다. 신의 사랑과 은총을 한몸에 받았고 강력한 임금으로서 40여 년간 이스라엘을 다스렸다. 어릴 적부터 두각을 드러낸 다윗은 외모도 출중했고 예술에도 조예가 깊었으며 전쟁에서도 업적을 쌓았다. 사무엘기 상·하권에서 그의 생애를 다루고 있고 시편의 저자이기도 하며 후대의 기록에도 '다윗 왕실' 등의 표현으로 자주 등장하니, 아마 첫째성경에서 분량으로 따지면 모세 다음일 것이다. 어린 목동 다윗이 장수 골리앗을 쓰러뜨린 사건은 미술가들의 단골 소재였고, 특히 미켈란젤로의 〈다비드〉상은 완벽한 인간으로서 다윗을 형상화했다. 그러면 첫째성경에 등장하는 다윗의 진짜 모습은 어떨까. 실수를 딛고 일어서는 그의 모습을 직시하자.

상반된 평가의 인물

다윗은 정말 흠 없고 완벽했을까? 신의 뜻대로 반듯하게 살았던 성

미켈란젤로의 다비드 상
(Louvre Museum).

웅(聖雄)이었을까? 다윗은 모든 면에서 완벽한 인물 같지만 사실 '역사의 다윗'에 대해서는 학자에 따라 의견이 엇갈린다. 고대근동 전제왕정의 임금이었던 그는 왕위를 차지하기 위해서 수단과 방법을 가리지 않았다. 뛰어난 정략가였고 모략에도 능했다. 게다가 자신의 장수였던 우리야의 아내 밧 세바를 빼앗고 우리야를 죽음으로 몰아넣는 과정은 막장 치정극 같은 느낌도 든다. 결국 아들 압살롬이 반란을 일으켜 도망쳐야 했고 부자지간에 피비린내 나는 전쟁을 치렀다. 전통적으로 다윗은 높은 평가를 받아왔지만 이제는 다윗에 대한 부정적인 시각이 존재함을 부정할 수 없다. 한 인물에 대한 평가는 이렇게 시대에 따라 달라진다. 이제는 다윗을 무조건적으로 칭송하는 설교나 글은 찾아보기 힘들다.

그런 면에서 2012년 타계한 이탈리아 밀라노 교구의 저명한 성서학자 카를로 마리아 마르티니(Carlo Maria Martini) 추기경의 말은 조금 뜻밖이라고 볼 수 있다. 《예루살렘 밤의 대화(Jerusalemer Nachtgespräche, 2008)》는 루마니아 몰디브에서 소외받은 아이들을 돌보는 일에 인생을 바치고 있는 게오르크 슈포르실(Georg Sporschill) 예수회 사제와 마르티니 추기경이 청년들의 물음에 서로 대화하며 화답한 내용을 담은 책이다. 인생의 황혼기에 접어든 추기경이 활력 있는 젊은 사제와 청년들의 다양한 궁금증, 곧 정치, 종교, 경제, 문화, 성 등의 사회 이슈에 대해 자신들의 구체적인 삶의 체험을 바탕으로 답하고 있다. 여기서 현대 젊은이의 표상으로 다윗을 소개한 것이다.[1]
마르티니 추기경은 어떤 면에서 다윗과도 비슷한 인물이었다. 거의

---

1) 마르티니 · 슈포르실 대담, 《예루살렘 밤의 대화》, 최수임 옮김, 2010, 분도출판사.

모든 면에서 뛰어났다. 말도 잘하고 글도 잘 쓰고 경륜과 학식도 풍부했던 그는 교황 후보에도 자주 오르내렸다. 사람들의 삶과 무관해진 가톨릭이 보편적 선으로부터 괴리되었다며 보수화하는 가톨릭 교회에 대해서 비판하고 변화를 적극적으로 수용해야 한다고 강조한 진보적인 성서학자였다. 소설 《장미의 이름》으로 유명한 움베르토 에코(Umberto Eco)와의 대담집 《무엇을 믿을 것인가(*In cosa crede chi non crede?*, 1996)》라는 책을 내기도 했는데, 세계적 지성과 면 대면으로 대담을 할 수 있는 성직자는 마르티니 추기경 이후 찾아보기 힘들다. 외모도 준수했다. 마르티니 추기경의 미사에는 언제나 여성 신자들이 구름처럼 몰린다는 풍문 아닌 풍문이 있을 정도였다. 그를 보면 신은 공평하지 않다는(?) 생각까지 든다. 그런 마르티니 추기경이 《예루살렘 밤의 대화》에서 다윗이야말로 현대의 청년들에게 매력적인 인물이라고 말한다.

> 다윗은 자신의 잘못을 뉘우치고 회개했습니다. 그는 자신의 실패와 패배에서 배웠습니다. 내가 다윗에게 끌리는 이유는 그가 성공만이 아니라 불화와 비방과 인생의 시련을 겪으면서도 위대한 용기를 보여주었다는 점입니다. 그는 상처를 겁내지 않고 싸웠으며, 하느님께서 주신 사명을 위해 삶을 바쳤습니다.[2]

2) 같은 책, 96쪽.

추기경은 다윗이 가진 다양한 면모에 주목했다. 돌멩이 하나로 장수를 무너뜨리는 용기와 실천력이 있었고 악기 연주와 춤추기를 잘했으며 말솜씨도 좋았다. 한마디로 청춘 스타 기질이 다분한 매력적인 인물이었다. 게다가 잘생긴 외모를 지녔다. 반면에 실수도 많이 하고 잘못도 많이 저질렀다. 어떨 땐 찌질한 성격까지 내보인다. 다윗은 세상을 흠 없이 살다간 완벽한 사람도 아니었고 조용히 자기 자리를 지키면서 묵묵히 살다 간 순종적 인물도 아니었다. 오히려 현실을 살아가는 우리처럼 이러저러한 단점을 지닌 사람이었다. 재주가 많고 뛰어난 스타들도 화려한 삶 이면에는 보통 사람과 같이 시련을 겪지 않는가. 다윗이 지닌 장점은 그때마다 주저앉지 않고 다시 일어나 성장했다는 것이다. 이런 점이 청년들에게 더욱 매력적으로 보일 수 있다.

슈퍼스타의 탄생

다윗의 이야기는 사무엘기 상권과 하권에 걸쳐 무척 길고 자세히 기록되어 있다. 스타성이 다분한 다윗은 첫 등장부터 예사롭지 않았다. 그는 신의 선택을 받은 소년이었다. 이스라엘의 임금 사울이 신의 뜻에 벗어나자 신은 사무엘을 시켜 한 아이를 가려 뽑았다. "볼이 불그레하고 눈매가 아름다운 잘생긴 아이였다"(1사무 16, 12). 신의 선택을 받은 그 순간부터 "주님의 영이 다윗에게 들이닥쳐 그날부터 줄곧 그에게 머물렀다"(1사무 16, 13). 다윗은 악기도 잘 다루어 임금의 눈에 띄었다(1사무 16, 14~23). 다윗은 묵묵히 자기 자리를 지키는 스타일이 아니었다. 그는 처음부터 주목받는 아이였다.

　필리스티아인들이 쳐들어오자 사울 임금이 출정했다(1사무 17). 적장(敵將) 골리앗이 전열 앞에 나와 자기와 겨룰 수 있는 사람이 있다면 나오라고 으스대었다. 싸워서 지면 종이 되어 섬기라며 조롱했다. 무장한 거인 골리앗이 두려워 누구도 도전하지 못하고 있을 때였다. 때마침 전쟁에 나가 있던 형들에게 음식을 가져다주기 위해 왔던 어린 다윗이 이 광경을 목격하고는 자기가 골리앗과 싸우겠다고 나섰다. 사울은 처음에는 말렸지만 사자와 곰에게서 양 떼를 지킨 것처럼 저 필리스티아 사람을 쓰러뜨리겠다고 당당하게 말하는 다윗에게 자신의 갑옷과 칼을 내주었다. 사울과 다윗은 이렇게 처음에는 협조적이었다. 무장을 해본 적이 없던 소년 다윗은 불편한 갑옷을 벗고 돌멩이 다섯 개와 무릿매를 들고 골리앗 앞에 섰다. "볼이 불그스레하고 용모가 아름다운 소년"에 지나지 않은 다윗을 보고 골리앗은 이렇게 말했다. "이리 와라. 내가 너의 몸을 하늘의 새와 들짐승에게 넘겨주겠다"(1사무 17, 44).

　이로써 영웅 탄생의 모든 조건이 갖춰진 셈이다. 싸움의 승패가 걸린 상황, 이때 나타난 곱상하게 생긴 소년, 어린 소년 앞에 서 있는 거대한 장수…… 다윗은 이렇게 답했다.

귀스타브 도레(Gustave Doré), <다윗이 골리앗을 죽이다>, 1866.

"너는 칼과 표창과 창을 들고 나왔지만, 나는 네가 모욕한 이스라엘 전열의 하느님이신 만군의 주님 이름으로 나왔다. 오늘 주님께서 너를 내 손에 넘겨주실 것이다. 나야말로 너를 쳐서 머리를 떨어뜨리고, 오늘 필리스티아인들 진영의 시체를 하늘의 새와 들짐승에게 넘겨주겠다. 그리하여 하느님께서 이스라엘에 계시다는 사실을 온 세상이 알게 하겠다. 또한 주님께서는 칼이나 창 따위로 구원하시지 않는다는 사실도, 여기 모인 온 무리가 이제 알게 하겠다. 전쟁은 주님께 달린 것이다. 그분께서 너희를 우리 손에 넘겨주실 것이다." (사무엘기 상권 17장 45~47절)

다윗은 평소에 쓰던 무릿매와 개울가에서 주운 돌멩이 하나로 골리앗의 이마를 한 방에 맞춰 쓰러뜨렸다. 그리고 다윗은 단숨에 이스라엘의 영웅이 되었다. 소년 장군 디윗의 탄생이었다. 데뷔하자마자 슈퍼스타로 등극한 셈이었다.

골리앗을 꺾고 그의 머리를 들고 돌아온 다윗은 사울 왕실의 마음도 사로잡았다. 사울의 아들 요나탄도 그의 딸 미칼도 다윗을 지극히 아꼈다. 왕자인 요나탄은 그를 자기 목숨처럼 사랑하며 우정을 다졌고(1사무 18, 3~4), 공주 미칼은 다윗을 사랑하여 결국 다윗은 사울 임금의 사위가 되었다(1사무 18, 17~30). 이후 사울은 그에게 군대를 통솔하는 직책을 맡겼고 다윗은 가는 곳마다 승전했다. 다윗은 청년 장군으로 성장하여 왕자의 신임을 얻고 부마가 되었으니 승승장구하는 인생이었다.

다윗은 음악에도 뛰어났다. 비파를 잘 타서 궁으로 불려가 임금의 기분을 풀어주었고 임금이 되고 나서도 춤을 추거나 시를 읊었다. 그는 대중의 마음을 훔쳤다. 이스라엘의 여인들은 다윗을 향해 춤을 추며 노래를 불렀다. "사울은 수천을 치시고 다윗은 수만을 치셨다네"(1사무 18, 8). 인기가 높았고 사람들의 마음을 사로잡는 재주가 다분했던 다윗은 대중 정치가로서의 소질도 있었다. 그래서 결국 사울은 그를 경계하게 되었고 언젠가는 제거해야겠다고 마음먹는다.

이제 사울 임금과의 대결 구도가 펼쳐진다. 이 구도는 다윗에게 절대적으로 불리했다. 다만 왕자와 공주가 다윗의 편이었고 사람들에게도 지지를 받았다. 다윗은 자주 위험에 빠졌다. 하지만 그때마다 그를 절묘하게 도와주는 사람이 나타났다. 요나탄 왕자는 부왕이 그를 죽이려 할 때 그를 살려주었다(1사무 20). 한편 사울은 점점 잔인해져갔다. 다윗을 도와주었다는 이유로 사제들마저 모두 죽일 정도였다(1사무 21~22). 다윗은 급기야 이스라엘을 떠나 필리스티아로 도망갔는데 거기서도 임기응변으로 목숨을 건졌다. 침을 질질 흘리며 미친 척을 하기도 했다(1사무 21, 11~16).

분명히 다윗은 사람을 끌어당기는 재주가 있었다. 어디를 가든 자기편을 만드는 묘한 매력을 가지고 있었다. 필리스티아인들과도 비교적 잘 지냈다. 그리고 가난한 사람들의 지지를 받았다. "또한 곤경에 빠진 이들, 빚진 이들, 그밖에 불만에 찬 사람들이 모두 다윗에게 모여들었다. 다윗이 그들의 우두머리가 되었는데, 그 수는 사백 명가량 되었다"(1사무 22, 3). 성경에서 400은 대표적인 상징수다. 사울 임금에 배척을 받은 다윗 장군을 따르는 무리가 매우 컸다는 뜻이다.

희한하고 기막힌 방법으로 위기를 탈출하고 기회를 잡는 다윗의 이야기를 보면, 그 자체로 흥미진진할 뿐만 아니라 신이 그를 선택해 도와주고 있다는 느낌을 받게 된다. 반면에 〈톰과 제리〉의 고양이 톰처럼 번번이 다윗을 잡는 데 실패하는 사울은 점점 미쳐갔다. 급기야 임금은 도사나 법사 같은 점쟁이에게 의존하게 되었다. 그 일로 그는 신의 분노를 샀다(1사무 28). 그리고 죽었다(1사무 31). 여기까지가 슈퍼스타 다윗 드라마의 전반부라고 할 수 있다. 어린 시절 혜성처럼 등장한 소년 장군은 청년 장군으로 성장했고, 너무나 인기가 높았던 나머지 임금의 미움을 사서 도망자가 되었다. 하지만 신이 늘 그를 지켜주었기에 그의 모험담은 성공으로 치달았다.

마르티니 추기경은 성경에 나오는 성인이 어떤 사람인지 묻는다. 성경에서 말하는 성인이 늘 순종하고 순응하며 살아가는 사람일까? 사실 성경이 전하는 위대한 삶은 그렇지 않은 경우가 더 많다. 인생의 굴곡이 심한 사람들, 때때로 죄를 짓고 사고도 치는 사람들, 흠결이 많고 역경에 자주 쓰러지는 사람들이다. 성경은 성전 한구석에서 늘 조용히 기도하고 침묵하는 사람들의 이야기를 즐겨 적지 않는다. 오히려 좌충우돌하는 인생을 즐겨 기록한다. 카인과 아벨, 노아, 아브라함, 요셉, 모세, 삼손 같은 이들 모두가 그런 인생이었다. 무슨 이런 인생이 다 있나 싶을 정도로 굴곡이 많은 이들이었지만 그들은 어려울 때마다 신을 찾는 사람들이었다.

막장으로 치닫는 임금과 왕실

사무엘 예언자도 사울 임금도 요나탄 왕자도 다 죽었다. 다윗은 혼자 남아 헤브론에서 임금에 올랐다. 임금이 된 후에도 사울의 잔당들이 이스보셋을 내세워 도전했으나 물리쳤다(2사무 2~4). 다윗은 명실공히 이스라엘의 임금으로서 왕권을 튼튼하게 세웠다. 그는 전쟁을 치르지 않고 여부스인들에게서 예루살렘을 얻었는데, 여기에는 다윗 특유의 지략과 친화력도 작용한 듯하다(2사무 5). 주님의 계약궤를 예루살렘으로 옮겼지만 성전을 짓지는 못했다(2사무 6~7). 그는 여러 전쟁에서 승리하여 임금으로서 안정된 왕권을 누렸다. 그러나 다윗은 곧 나락으로 떨어졌다.

그렇게 되는 대표적인 사건이 밧 세바와 불륜을 저지른 일이었다. 이 사건은 막장 드라마에 가깝다. 어느 날 "저녁때에 다윗은 잠자리에서 일어나 왕궁의 옥상을 거닐다가, 한 여인이 목욕하는 것을 옥상에서 내려다보게 되었다. 그 여인은 매우 아름다웠다"(2사무 11, 2). 벌써 이 장면부터 그저 우연이라고 보기에는 아무래도 수상하다. 다윗은 신하를 통해 그녀가 전장에 나가 있는 우리야 장군의 아내라는 사실을 이미 알고 있었다. 그런데 그 사실을 알고 나서도 그녀를 왕궁으로 불러들였다. 밧 세바는 임신을 했다. 그런데 다윗은 갑자기 우리야를 전장에서 불러 "군사들의 안부와 전선의 상황도 물었다"(2사무 11, 7). 그리고 집에 가서 아내와 쉬라고 했다. 우리야가 아내와 잠자리를 한다면 우리야는 임신한 아이가 우리야의 아이라고 믿을 것이 분명했다.

지략가 다윗의 어두운 면이 드러났다. 하지만 우리야 장군은 이미 눈치를 챈 듯하다. 장수가 전쟁 중에 편하게 집에 들어가는 법은 없다며 부하들과 밤을 보냈던 것이다. 그러자 다윗의 행태는 더욱 막장으로 치닫는다. 다윗은 자신의 복심(腹心)이라고 할 수 있는 요압 장군에게 전투 중에 우리야 장군을 죽이라고 명령했다. "우리야를 전투가 가장 심한 곳 정면에 배치했다가, 그만 남겨 두고 후퇴하여 그가 칼에 맞아 죽게 하여라"(2사무 11, 15)라는 편지를 우리야의 손에 들려 요압에게 보냈다. 다윗은 이제 히어로(hero)가 아니라 빌런(villain)이었다. 우리야가 죽고 애도 기간이 끝나자 다윗은 밧 세바를 궁으로 불러들여 아내로 삼았다.

이야기는 흡인력을 더해간다. 주인공이 이렇게 망가지고 바닥으로 떨어질 때 더욱 앞으로 이야기가 어떻게 전개될지 궁금해진다. 다윗은 의심할 여지없는 큰 죄를 지었다. 요즘의 법률을 적용한다면 위력에 의한 강간과 증거인멸, 살인교사까지 더해져 중형을 받아 마땅할 것이다. 성경도 이 사건을 냉정하게 기록한다. 다윗을 변호하는 구절은 없다. 다윗의 신도 다윗이 죄를 저질렀다는 점을 분명하게 말하고 있다.

"그런데 어찌하여 너는 주님의 말씀을 무시하고, 주님이 보기에 악한 짓을 저질렀느냐? 너는 히타이트 사람 우리야를 칼로 쳐 죽이고 그의 아내를 네 아내로 삼았다. 너는 그를 암몬 자손들의 칼로 죽였다. 그러므로 이제 네 집안에서는 칼부림이 영원히 그치지 않을 것이다. 네가 나를 무시하고, 히타이트 사람 우리야의 아내를 데려다가 네 아내로 삼았기 때문이다." (사무엘기 하권 12장 9~10절)

　이번에는 다윗과 밧 세바 사이에서 난 첫아이가 큰 병에 걸리고 말았다. 다윗은 7일간 단식하며 죄를 고백하고 아들을 살려달라며 밤새워 기도했지만 소용이 없었다. 그는 아들을 잃었다. 이때도 다윗은 이해하기 힘든 행동을 한다. 신하들은 아들을 잃은 임금이 상심할까 봐 걱정을 하고 있는데 오히려 다윗은 아무렇지도 않은 듯 기도를 올리고 목욕을 하고 몸에 기름을 바르고 옷을 갈아입고 음식을 먹었다. 신하들이 의아해하며 물었다. "임금님께서 어찌 이런 행동을 하십니까? 왕자님이 살아 계실 때에는 단식하고 우시더니, 이제 왕자님이 돌아가시자 일어나시어 음식을 드시니 말입니다"(2사무 12. 21). 신하들의 물음에 다윗은 '아이를 살릴 희망이 있을 때는 주님께 간청했지만 이제 아이가 죽었으니 신의 뜻을 확실히 알았고, 내가 아이를 다시 만날 날은 내가 죽는 날뿐'이라고 말한다. 그리고 다윗은 조금은 뻔뻔하게도 밧 세바와 다시 잠자리를 하여 솔로몬을 낳았다.

　다윗은 인간이고 삶과 죽음은 신의 영역이다. 어쩔 수 없는 상황과는 화해해야만 했다. 그는 신이 허용하신 결과를 있는 그대로 겸허히 수용했다. 전통적으로는 다윗의 태도를 믿음으로 이해했지만 마르티니 추기경의 영감을 받아들이면 '한 인간이었던 다윗의 결정'으로 이해하게 된다. 다윗도 한 인간에 불과했다. 잘못을 저질렀고 그 잘못을 뉘우쳤고 그 벌을 받아들였다. 아무리 힘들어도 삶은 또 그렇게 흘러가는 법이다. 악인에게도 성인에게도 내일의 태양은 뜬다. 이런 인간 다윗의 모습에서 조금은 안도감이 느껴지기도 한다. 흉내낼 수조차 없이 너무 완벽해 보이는 성인이 아니라 그저 어쩔 수 없는 한 인간에 불과한 모습도 있구나 하는 생각이 들어서다.

하지만 막장 드라마는 여기서 끝이 아니다. 다윗의 아들 암논이 이복동생 타마르를 좋아하다가 그만 강제 추행을 저질렀다. 암논 왕자는 야비한 방법을 썼다. 아프다고 거짓말을 해서 병문안을 온 공주를 추행한 것이다. 더욱 악질인 점은 성폭행 후에 갑자기 타마르가 '지독히 미워져' 밖으로 내쫓아버렸다. 지금과는 여권(女權)이 많이 다른 시대였다. 공주는 "안 됩니다! 저를 내쫓는 것은 조금 전에 제게 하신 행동보다 더 나쁜 짓입니다"(2사무 13, 16)라며 항의를 해보았지만 소용이 없었다. 결국 타마르의 오빠 압살롬 왕자가 이복형 암논 왕자를 죽이고 멀리 달아났다.

다윗은 늙었다. 암논 왕자를 죽인 압살롬 왕자가 미웠지만 이제 왕위를 이을 왕자는 압살롬밖에 없었다. 자식을 이기는 부모는 없다고 했던가. 다윗은 압살롬과 화해하는 듯했지만 이번에는 압살롬이 문제였다. 그는 실권자가 되었다. 그리고 늙은 부왕이 엄연히 살아 있는데 스스로 임금에 올랐다. 반역이었다(2사무 15, 10). 그는 아버지를 쫓아내고 왕궁을 차지했으며 아버지의 후궁까지 차지했다(2사무 16, 22). 부왕의 후궁이라면 어머니뻘이 될 텐데 막장도 이런 막장이 없다. 다윗은 인간의 밑바닥을 보여주었고 그의 아들들은 막장극의 또 다른 주인공이었다. 왕실은 썩었다.

다윗은 늙었어도 지략은 여전했다. 그는 도망치면서 압살롬의 왕국에 첩자를 심었다. 에겔 사람 후사이(2사무 15, 32)는 압살롬을 꼬드겨 몰락하게 만들었다. 압살롬의 충신 아히토펠은 자살했다. 다윗은 아들의 반란을 진압하고 왕궁에 복귀했다. 왕위를 다시 차지했지만 아들도 죽고 왕궁은 불안했다(2사무 18~19). 뒤이어 세바의 반란이 일어났다(2사무 20). 반란은 진압되었지만 늙은 다윗 곁에는 사람이 없었다.

다윗은 끝까지 신의 분노를 살 만한 일을 저지른다. 자신의 통치 말년에 이스라엘의 인구 조사를 실시한 것이다(2사무 24). 인구 조사가 죄가 되는 것은 이스라엘의 독특한 신학 때문이다. 이스라엘은 독특한 종교를 지닌 나라였다. 그 나라를 실질적으로 이끄는 분은 그들의 야훼 하느님이었다. 임금은 하느님의 지상 대리자로서, 때로는 중개자로서 백성을 다스리는 존재였다. 그러므로 이스라엘의 인구를 속속들이 아는 것은 오직 하느님뿐이었다. 인간은 그 영역에 접근하면 안 되었다. 하지만 다윗은 그 선을 넘었다. 인구 조사라는 행위 자체보다는 그 동기가 문제였던 것이다. 하느님은 다윗과 그의 왕국에 벌을 내리셨고, 이번에도 다윗은 곧바로 신에게 잘못을 빌었다. "제가 이런 짓으로 큰 죄를 지었습니다. 그러나 주님, 이제 당신 종의 죄악을 없애 주십시오. 제가 참으로 어리석은 일을 저질렀습니다"(2사무 24, 10). 많은 백성이 죽었고 다윗도 결국 죽었다.

용기가 더 좋은 세상을 만든다

다윗은 일생 동안 잘한 일도, 잘못한 일도 많았다. 마르티니 추기경은 왜 청년들에게 이런 다윗을 모델로 삼을 만하다고 말했을까? 다윗은 신의 선택과 보호를 받으며 여러 성취를 이루었고 결국 왕조를 개척했으며 기틀을 다졌다. 거룩한 임금으로 추앙받았던 다윗이지만 불륜을 저질렀고 가정은 난장판이 되었다. 모략과 살인도 서슴지 않았다. 이런 점을 보자면 도무지 다윗을 성인으로 받아들이기 힘들다. 한때는 승승장구했지만 형편없이 몰락한 인물일 뿐이다. 그런데 마르티니 추기경은 이렇게 말한다.

> "다윗은 자신의 잘못을 뉘우치고 회개했습니다. 그는 자신의 실패와 패배에서 배웠습니다. 내가 다윗에게 끌리는 이유는 그가 성공만이 아니라 불화와 비방과 인생의 시련을 겪으면서두 위대한 용기를 보

여주었다는 점입니다. 그는 상처를 겁내지 않고 싸웠으며, 하느님께
서 주신 사명을 위해 삶을 바쳤습니다."[3]

다윗은 여러 모로 완벽한 인간형인 듯 보였지만 흠결이 많았다.
추악한 죄를 지었지만 곧 사죄하고 잘못을 인정했다. 그리고 자신
의 사명을 잊지 않고 끝내 이루어냈다. 다윗은 불화와 비방과 인생
의 시련을 겪으면서도 위대한 용기를 보여주었다. 다윗의 위대함은
그가 쌓은 훌륭한 업적에 있는 것이 아니라 한 번도 좌절하지 않았
다는 점에 있다. 쓰러졌다가 일어서고, 마음을 다잡았다가 또 잘못
을 저지르고, 실패하고는 다시 세상과 싸우기를 반복했다. 그는 상
처를 겁내지 않고 도전하는 일에 삶을 바쳤다.
　다윗의 인생을 보면 많은 아쉬움이 남는다. 대단한 결과를 이루
기도 했지만 인생의 여로에서 인간적인 한계도 가감 없이 드러냈
다. 어떤 상황에서 좀 더 정의로운 선택, 좀 더 나은 방법을 택했으
면 어땠을까 하는 순간이 많다. 그것은 우리 인생에서도 마찬가지
다. 마르티니 추기경은 다윗의 삶에서 "좀 더 신중했더라면 하는 결
단"도 많았지만, "아무 결단도 내리지 않는 것보다 잘못된 결단이
라도 내리는 편이 낫다"며 "과감히 뛰어드는 게 중요"하다고 말한
다. 우물쭈물하다가 기회를 놓치거나 이것저것 재다가 아무것도 못

3) 같은 책, 96쪽.

하는 것보다 일단 뛰어들라는 조언이다. 좌충우돌하면서 실패도 하고 잘못된 길로 접어들기도 하고, 그러다가 다시 길을 찾아가는 용기 있는 도전을 청년들에게 제시한다.

다윗은 좌충우돌형 인간이었다. 일단 뛰어들고 나서 잘했으면 인정을 받고 잘못했으면 다시 새로운 길을 찾았다. 다윗 이야기는 이 시대를 살아가는 청년들에게 용기를 가지고 과감히 도전하라는 메시지를 던지고 있다. 우리는 흔히 성경에서 전하고 있는 메시지를 신에게 의존하고 순종하는 것으로 잘못 이해하기 쉽다. 이것이 종교가 매력을 잃어가는 원인 중 하나다. 마르티니 추기경은 다시 이렇게 말한다.

"사람들이 아무것도 생각하지 않거나 목적 없이 살아가는 것이 나는 더 괴롭습니다. 나는 생각하는 사람을 좋아해요. 이 점이 가장 중요하고, 믿느냐 믿지 않느냐는 그다음 문제지요. 깊이 생각하는 사람이 진보합니다. 나는 그 사실을 믿습니다."[4]

깊이 생각하고 실천으로 옮기는 것이 중요하다는 말이다. 다윗에 대한 평가는 부정적인 측면과 긍정적인 측면을 모두 가지고 있지만, 확실한 것은 그가 좌절하지 않았다는 점이다. 언제나 다시 일

4) 같은 책, 90쪽.

어섰다. 그리고 신은 그런 다윗을 축복했고 그의 도전에 늘 함께했다. 우리 사회에서 청년들은 쉽지 않은 상황에 처해 있다. 청년들이 꾸는 꿈은 가시권 밖에 있고 돌파구를 찾아가는 길도 견고한 구조물로 막혀 있다. 위대한 임금이 아니라 나약하고 초라한 한 인간으로서 다윗이 전해주는 이야기가 청년들에게 용기를 줄 수 있기를 바란다. 먼 훗날 이런 다윗에게서 구세주가 탄생했다.

종교는 내면만을 추구하도록 할까. 사람들을 고요하게 하고 순종적으로 만들고 운명을 받아들이게 만드는 것일까. 아니면 세상에 뛰어들어 신과 함께 무언가를 용감하게 시도하는 삶을 권장할까. 끝으로 마르티니 추기경의 말을 한 번 더 인용하면서 이야기를 마치고자 한다.

"용감한 사람이 실수합니다. 하지만 더 중요한 것은 용감한 사람만이 더 좋은 세상을 만들 수 있다는 사실입니다. 용감한 사람들은 진정한 친구를 얻고, 하느님께서 선사하시는 권능을 체험합니다."[5]

5) 같은 책, 92쪽.

10

유딧

나라를 구한
여성 영웅의
이야기

유딧 이야기가 침략 당한 경험이 있는
약소국의 서사라는 점을 놓친다면
유딧은 그저 치명적 팜므 파탈에 머문다.
하지만 주의 깊게 들여다보면
임진왜란 중에 행주치마에 돌을 날라
산성을 쌓은 아낙네들이 겹치기도 하고,
진주 관기官妓로서 왜군 장수를 안고
남강으로 투신한 논개가 엿보이는가 하면,
일제강점기 열일곱의 나이로 독립운동을 주도했던
유관순 열사가 떠오르기도 한다.
그때 그 사회에서 가장 약한 존재로 생각되던
여성이 상황을 역전시켰다.

열 번째 이야기의 주인공은 한 여성이다. 과부였고 아름다운 여성으로 알려져 있으며 홀로페르네스 장군의 목을 자른 유딧이다. 서양의 수많은 화가들이 유딧을 소재로 삼았다. 대개 침상에서 장군의 머리를 자르는 순간이나 잘린 머리를 들고 있는 모습을 형상화

했다. 유딧 이야기는 중세부터 르네상스를 거쳐 현대에 이르기까지 상당히 인기가 많다.

구스타프 클림트(Gustav Klimt)가 그린 〈유딧과 홀로페르네스(Judith and the Head of Holofernes)〉는 대중적으로 널리 알려져 있다. 화려한 금빛 색채와 관능적 아름다움을 지닌 여성의 몽환적 눈빛이 매혹적인 작품이다. 여기서 유딧은 파멸적이고

구스타프 클림트, <유딧과 홀로페르네스>, 1901.

유딧 : 나라를 구한 여성 영웅의 이야기

운명적인 여성, 즉 팜므 파탈(Femme fatale) 이미지로 묘사되었다. 가슴을 드러낸 채 유혹의 눈빛으로 관람자를 응시하는 듯한 유딧의 모습에 넋을 잃고 빠져들다 보면 그녀가 목을 잘라 들고 있는 홀로페르네스 장군의 머리를 지나칠 수도 있다.

이보다 앞선 바로크 시대의 화가 젠틸레스키(Artemisia Gentileschi)의 〈홀로페르네스의 목을 베는 유딧(Judith slaying Holofernes)〉은 장군의 목을 베는 장면을 생생하게 묘사한다. 어릴 적 성폭행을 당하고 힘겨운 법정 싸움을 해야 했던 젠틸레스키는 여성이 사회에 진출하기 무척 어려웠던 시대에 이름을 알린 화가였다. 그림에서 하녀와 함께 홀로페르네스를 제압하는 유딧은 세상에 맞서 공동체를 구하는 주체적인 여성의 모습인데, 여기에 화가 자신을 투영했다고 볼 수 있을 것이다. 이렇게 유딧 이야기는 본디 유다인들의 종교적 이야기였지만 때로는 시대 상황이 반영되거나 때로는 개인적인 상처가 투영된 작품으로 다시 태어났다.

안타깝게도 개신교 성경에는 유딧기가 없다. 첫째성경 시대에 고대 이스라엘인들은 히브리어를 사용하다가 유배에서 귀환한 이후에는 아람어를 일상어로 사용했고 기원전 2세기경부터는 그리스어를 사용했다. 그래서 첫째성경 대부분의 책은 히브리어로 쓰여 있고 다니엘서 등의 일부 본문은 아람어로 작성되었다. 그리고 토빗기, 마카베오기 상·하권, 지혜서, 집회서(시락서) 등이 그리스어로 전승된다. 그리스어 성경 본문의 일부는 본디 히브리어로 작성되었

젠틸레스키, 〈홀로페르네스의 목을 베는 유딧〉, 1614~1620.

지만 원본이 소실되고 그리스어 본문만 남은 것들도 있다. 그런데 개신교와 유다교는 이 그리스어 성경을 경전으로 채택하지 않기 때문에 유딧기가 개신교 성경에는 빠져 있다. 하지만 '루터 성경'이나 '취리히 성경' 등은 그리스어 본문을 수록하는 경향이 있어 유딧기를 포함시켰다. 믿음과 실천에서 대담함을 보여준 여인 유딧의 이야기를 더 많은 사람이 접할 수 있기를 고대한다.

이스라엘의 체험과 성경

그러면 수많은 예술적 영감을 불러일으킨 유딧 이야기를 들여다보자. 시작은 다음과 같다.

> 대성읍 니네베에서 아시리아인들을 다스리던 네부카드네자르 임금
> 제십이년의 일이다. 그때에 아르팍삿은 엑바타나에서 메디아인들을
> 다스리고 있었다. (유딧기 1장 1절)

매우 구체적으로 시대적 배경과 장소를 소개하고 있지만 역사적 사실과 전혀 들어맞지 않는다. 네부카드네자르(Nebuchadnezzar)는 아시리아의 임금이 아니었다. 니네베는 신아시리아의 마지막 수도였는데 기원전 612년 네부카드네자르의 아버지 나보폴라싸르가 신아시리아를 꺾고 세계를 제패했다. 네부카드네자르는 신바빌로니아 제국의 전성기를 이끈 임금이었다. 한편 기원전 539년 메디나인들로 알려진 페르시아인들은 신바빌로니아를 꺾고 페르시아 제국의 시대를 열었다. 그러므로 유딧기의 첫 구절은 기원전 1000년대 대표적 제국인 신아시리아, 신바빌로니아, 페르시아 제국의 수백

년 역사가 묘하게 뒤섞여 있다. 게다가 아르팍삿이라는 임금은 이 세 제국의 기록에 나오지 않는다. 물론 메디아의 기록에도 없다. 이후 등장하는 지명과 인명도 마찬가지다. 홀로페르네스라는 장수의 이름도 페르시아의 기록에는 없다.

유딧기는 현대적 의미의 역사서가 아니다. 그렇다고 완전한 상상력의 산물이라고 할 수도 없다. 오히려 작은 나라 이스라엘이 겪은 수많은 침략의 역사가 한 이야기 속에 농축된 것이라고 볼 수 있다. 고대 이스라엘은 수많은 대국들에게 고통을 받아왔다. 아브라함은 성읍 사이를 떠돌던 사람이었고 이스라엘 민족은 이집트라는 대국의 압제를 뚫고 탈출한 백성들이었다. 어렵게 나라를 세운 이후에도 주변 대국들은 끊임없이 고통을 가했다. 신아시리아는 북이스라엘을, 신바빌로니아는 남유다를 멸망시키고 백성을 끌고 갔다. 페르시아는 고향으로 돌아와 조상의 전승을 지키고 살 수 있게 해주었지만 여전히 식민지 상태였다. 이 백성에게 큰 나라의 장수가 쳐들어오는 상황은 전혀 낯선 일이 아니었다.

다시 말해 유딧기는 역사적으로 수없이 거듭해 겪어서 어느덧 익숙해진 체험을 하나의 이야기로 녹여낸 결과물이라고 볼 수 있다. 그래서 일반적인 역사 이야기를 초월하는 초역사적(übergeschichtlich) 성격을 띠고, 어떤 의미에서는 역사에 대한 역사(metahistory)라고 할 수 있다.[1] 어떤 특정 시대에 벌어진 하나의 사건을 이야기하는 것이 아니라 수많은 역사적 체험을 통해 깨달은 보편적 의미에 다가

가는 이야기인 것이다. 그래서 "어떠한 가르침을 드러내 보이려고 자유롭게 구성한 이야기"라고 할 수 있고, 에스테르기도 이와 비슷한 경우라고 할 수 있다.[2]

성경에 과거형으로 쓰인 동사가 모두 역사적 팩트를 전하는 것으로 단순하게 이해하면 안 된다. 우리는 과거형 동사 안에 과거의 사실뿐 아니라 중첩된 기억이나 여러 세대를 통해 얻은 교훈과 의미를 담아낸다. 예언자들은 '먼 미래에 일어날 일'을 내다보고, '이미 완료된 과거'로 자주 표현했다(이른바 '완료된 미래'). 하나의 과거형 동사에 하나의 사실이라는 단순한 시각으로 성경을 깊이 이해하기는 힘들다. 성경의 모든 단어에 축적된 영원한 의미를 읽어야 한다. 문자 그대로 믿으려 하기보다는 문자를 통해 전달되는 신적 영감을 성찰하며 읽어야 한다. 인간의 문자가 지닌 한계를 넘어서 전달되는 신과 인간의 축적된 관계를 들여다봐야 한다. 신은 말씀을 통해 우리와 소통하신다. 단순한 문법적 패러다임 안에 신적 영감을 구속해서는 안 된다.

유딧 이야기의 주 무대는 '배툴리아(Βαιτυλουα)'라는 곳이다. 유딧기의 특징을 이 지명이 가진 뜻으로도 짐작해볼 수 있다. 고대 이스라엘 영토에서 배툴리아라는 곳을 특정하기란 거의 불가능하다. 실

1) Ernst Haag, "Judit, Juditbuch", *Lexikon für Theologie und Kirche(LThK)*, Bd. 5, 1993. p.1054.
2) 《주석성경》, 1190쪽.

제 지명이라기보다는 비유에 가깝기 때문이다. 이 그리스어 지명은 '신의 집(*bēt*ᵉ*lōa*)'을 뜻하는 히브리어를 음차한 것이고 주인공 유딧(*Iουδιθ*)은 '유다인 여성'을 뜻한다.[3] 그러니까 유딧기는 '먼 옛날 큰 나라의 장수가 이스라엘(=신의 집)을 쳐들어왔을 때 어떤 유다인 여성이 물리친 이야기'로 이해할 수 있다. 이 이야기를 듣는 고대 이스라엘 사람들은 수많은 제국들에게 고통을 받았던 자신들의 역사를 떠올렸을 것이다. 작은 나라의 백성을 선택하신 신께서 역사의 고비마다 놀라운 방법으로 개입해 역경을 돌파하고 기적적으로 살아남은 자신들의 체험을 회상하며, 이 작은 유다인 여성이 큰 제국 장수의 목을 베는 이야기에 숨죽이며 귀를 기울였을 것이다.

제국의 대군이 유다를 치다

네부카드네자르는 기원전 587년에 예루살렘을 파괴하고 이스라엘 백성을 유배시킨 장본인으로서 이스라엘 역사의 대표적 악한(惡漢)이다. 그는 메디나(=페르시아)를 쳐부수고 천하를 손에 넣고는 세상에서 가장 강한 권세를 지닌 인물이 되었다(유딧 1). 이 기록이 역사적 사실과 맞지 않다는 점은 앞에서 지적했다. 이런 서사는 역사적

---

3) 같은 책, 1190쪽.

팩트보다는 그 뒤에 숨은 신학적인 의미를 따져야 한다. 세상의 권세를 한몸에 지녔지만 신에게 순종하지 않는 '교만한 임금'의 대표자로 첫째성경에 네부카드네자르 만한 인물은 없었다. 역사의 의미가 아니라 메타 역사, 곧 '역사의 역사적 의미'로 네부카드네자르라는 이름이 쓰였다. 그는 자신에게 협조하지 않은 서쪽 지방을 벌하려고 회의를 열었다.

> 회의가 끝나자, 아시리아인들의 임금 네부카드네자르는 자기 다음으로 가장 높은 군대의 대장군 홀로페르네스를 불러 말하였다.
> "온 세상의 주인인 대왕이 이렇게 말한다. 너는 내 앞에서 물러가, 힘이 세다고 자신하는 보병 십이만과 만 이천 명의 기병을 거느리고, 내가 내린 명령에 불복한 서쪽 지방 전역을 치러 진군하여라." (유딧기 2장 4~6절)

네부카드네자르는 스스로를 "온 세상의 주인"이라고 부른다. 이는 네부카드네자르가 '교만한 임금'임을 드러내고자 한 표현이다. 홀로페르네스는 '임금 다음으로 높은 대장군'으로 나오는데, 그만큼 대제국의 힘을 상징하는 인물이라는 뜻이다. 기원전 1000년대의 제국인 신아시리아, 신바빌로니아, 페르시아의 공통점은 메소포타미아 지역을 기원으로 발원했다는 점이며, 이들에게 이스라엘이 속한 시리아-팔레스티나 지역은 '서쪽 지역'이었다. 곧 이스라엘은 수백 년간 동쪽의 제국들에 수많은 고통을 당했던 것이니, 이 표현에서도 이스라엘의 누적된 체험을 읽을 수 있다.

홀로페르네스는 "메뚜기 떼처럼, 땅의 모래처럼"(유딧 2, 20) 많은 대군을 이끌고 행군하여 닥치는 대로 죽이고 약탈했다. 모든 백성이 두려움에 떨었고 작은 백성들은 짓밟히거나 항복했다. 이제 작은 나라 유다만이 남았다. 대장군 홀로페르네스가 유다 땅에 다다랐다(유딧 3). 여기까지가 이야기의 서곡이다.

이스라엘의 백성은 두려웠지만 항전을 준비했다. 한편으로 이번에도 자신들의 신이 기적적인 방법으로 도움을 주길 바라며 열심히 기도를 드렸다(유딧 4). 홀로페르네스는 무작정 쳐들어가지 않고 정보를 모았다. 유다 땅의 작은 백성들이 자신들의 신께 기도하며 항전을 준비한다는 사실을 알게 되었다. 그는 이해할 수 없었다. 저작은 백성이 감히 제국의 군사에 맞서겠다고? 그런 용기는 어디서 나올까? 마침 이스라엘의 이웃이자 먼 친척뻘인 암몬인들의 수령 아키오르가 이스라엘의 독특한 역사를 홀로페르네스에게 들려주었다. 이때 서술되는 이집트 탈출의 역사와 광야를 떠돈 이야기, 나라를 세우고 지금까지 생존한 이야기 등은 신학적으로 훌륭하여 일독을 권하고 싶다(유딧 5, 5~21).

아키오르는 홀로페르네스에게 물러갈 것을 요구했지만 그의 지휘관들에게 묵살당하고 말았다. 홀로페르네스는 "네부카드네자르 말고 신이 또 어디 있단 말이냐?"(유딧 6, 2)고 물으며 아키오르를 협박하고 유다 진영의 수도격인 배툴리아로 넘겨주었다. 배툴리아의 주민들은 아키오르를 환영했다. 아키오르는 모든 것을 말했다. 유다인들은 아키오르를 크게 칭송하고 잔치를 베풀어주었다(유딧 6). 홀로페르네스가 한 말은 '신을 거역한 임금과 그의 장수가 교만하다'는 것을 드러낸다. 그리고 아키오르의 연설에 환호하고 그를 대접한 이야기는 아직 백성의 마음이 신을 떠나지 않았음을 의미한다. 이 전쟁의 본질이 여기서 드러난다.

홀로페르네스의 군대가 배툴리아를 포위하자 백성은 두려워 술렁댔다. 게다가 제국의 군대는 교활했다. 배툴리아의 모든 물길을 끊었고 백성은 사지에 내몰렸다.

> 아시리아의 온 군대, 그들의 보병대와 병거대와 기병대가 이스라엘 자손들을 삼십사 일 동안 에워쌌다. 마침내 배툴리아의 모든 주민이 물을 받아 놓은 그릇마다 물이 떨어지고, 저수 동굴은 바닥이 났다. 마실 물을 일정 양만 배급받았기 때문에, 그들은 단 하루도 물을 실컷 마실 수 없었다. 아이들은 생기를 잃고 여자들과 젊은이들은 목이 말라 기력을 잃어, 성읍의 길거리와 성문 통로에 쓰러졌다. 이제 그들은 힘이 하나도 없었다. (유딧기 7장 20~22절)

일부 백성은 울며 화친을 주장했다. 배툴리아 성읍을 다스리던 미카의 아들 우찌야에게 어서 항복하라고 요구했디. 우찌야는 달려

드는 백성들에게 '닷새만 더 기다려 보자'고 권유했다. "만일 닷새가 지나도 우리에게 아무런 도움이 오지 않으면, 여러분의 말대로 하겠습니다"(유딧 7, 31). 일주일도 채 되지 않는 짧은 시간에 온 백성의 운명이 걸렸다. 이제 유딧이 나설 차례였다.

여성 구원자 유딧의 활약

유딧이 이 소식을 들었다. 유딧은 과부였는데, 일찍이 남편 므나쎄가 죽자 3년 4개월 동안 과부의 옷을 입고 허리에 자루옷을 두른 채 옥상에 천막을 치고 살았다. "과부 생활을 하는 동안, 안식일 전날과 안식일, 그믐날과 초하룻날, 이스라엘 집안의 축제일과 경축일 말고는 하루도 빠짐없이 단식하였다"(유딧 8, 6).[4] 그런데 고맙게도(?) 남편이 남긴 재산이 무척 많았고 그 재산을 유딧이 계속 소유했다. 유딧은 아름다웠다. 그것도 빼어나게 어여뻤다. 평판도 좋아서 유딧을 험담하는 사람이 없었다.

유딧은 여성이었고 게다가 과부였기에 그 당시의 대표적인 사회적 약자라고 할 수 있다. 유딧은 어떤 이상적인 여인의 모습과는 조금 거리가 있는 듯 보인다. 고대 이스라엘에서 이상적인 여인이라

---

4) 이 흥미로운 축제일의 순서에 대해서 다음을 보라. 주원준, 《구약성경과 신들》, 2장.

하면 남편과 아들이 많은 집에 속하는 것이 자연스럽다. '아름답고 부유한 과부'는 뭔가 좀 '독특한 여인', '특출난 여인'이라는 면이 두드러져 보인다.

원래 이스라엘의 율법에 따르면 유딧은 재혼을 해야 했다. 신명기 법전에는 수숙혼(嫂叔婚)이라는 규정이 있다. 이 규정에 대해 해설한 적이 있는데 일부를 여기에 옮긴다.

> 형제들이 함께 살다가 그 가운데 하나가 아들 없이 죽었을 경우, 죽은 그 사람의 아내는 다른 집안 남자의 아내가 될 수 없다. 남편의 형제가 가서 그 여자를 아내로 맞아들여, 시숙의 의무를 이행해야 한다.
> (신명기 25장 5절)

> 여성이 죽은 남편의 형제, 곧 시숙(媤叔)과 혼인하는 것이므로, 서양어로는 시숙을 뜻하는 라틴어(levir)에서 시숙혼(媤叔婚. 영어 : levirate, 독일어 : Leviratsehe)이라 한다. 일부에서는 남성이 죽은 형제의 아내와 결혼하는 것이므로 수혼법(嫂婚法)이라 칭하기도 한다. 그런데 이런 용어에는 혼인하는 한쪽의 입장만이 들어 있다. 우리말의 한자어에 '수숙(嫂叔)'은 '형제의 아내와 남편의 형제'를 모두 일컫는 말로서, '수숙혼'이란 용어가 신명기의 규정에 가장 정확히 들어맞는다.[5]

---

5) 주원준, 거룩한 독서를 위한 구약성경 주해 5 《신명기》, 바오로딸, 2016. 378쪽.

222

다시 말해 '시숙혼'이나 '수혼법'이란 용어에는 남성이나 여성 일방이 주체로서 다른 성을 대상화하는 혐의가 있기에 '수숙혼'이라는 용어가 좀 더 공평한(?) 용어로 생각된다. 그런데 유딧이 수숙혼을 올리지 않았다는 말은 아마 그의 남편이 형제도 삼촌도 없는 부자라는 말이 될 것이다. 당시의 관점으로 보면 유딧은 시숙혼을 올릴 수도 없는, 곧 도와줄 시숙 하나 없는 불쌍한(?) 과부였다. 이렇게 유딧이 평생 독신을 유지하고 있던 것도 평범하지 않은 요소라고 할 수 있다.

유딧은 위기에 처한 배툴리아를 위해 행동을 취했다. 그녀는 지도자들에게 용기를 북돋고 신에게 간절히 기도를 올리는 한편 목숨을 걸고 홀로 구원자의 역할을 감당했다. 그녀는 전통적인 여성의 역할, 곧 딸이나 엄마나 아내로서의 역할을 넘어 공동체 전체를 위해 과감하게 행동하는 사람이었다.

유딧은 우찌야를 비롯한 원로들을 불러 용기를 북돋는 연설을 했다. 그녀에게서 열사의 결의가 느껴지지 않는가.

"형제 여러분, 우리가 동포들에게 모범을 보입시다. 그들의 목숨이 우리에게 달려 있고, 성소가, 하느님의 집과 제단이 우리에게 좌우되기 때문입니다. 모든 것이 그러하더라도 주 우리 하느님께 감사를 드립시다. 그분께서는 우리 조상들에게 하신 것처럼 지금 우리도 시험하고 계십니다. (…) 주님께서는 당신께 가까운 이들을 깨우쳐 주시

려고 채찍질하시는 것입니다." (유딧기 8장 24~27절)

그리고 유딧은 원로들에게 의미심장한 말을 남겼다. '오늘밤 시녀와 함께 성문을 나설 것이오. 워낙에 비밀스런 계획이라 모두 말씀드리지 못하니 양해하시오. 다만 성문에 나와서 성문을 열어주시오.' 이심전심이었을까. 원로들은 유딧에게 신의 가호를 빌었다. 여전히 닷새가 남았다. 유딧은 하느님께 빌었다.

> "그들의 교만을 보시고 그들의 머리 위로 당신의 분노를 쏟아 부으십시오. 뜻한 바를 할 수 있는 능력을 이 과부의 손에 주십시오. 제 입술의 속임수로 종을 수장과 함께, 수장을 시종과 함께 치십시오. 저들의 오만을 이 여자의 손으로 깨뜨리십시오." (유딧기 9장 9~10절)

여성의 손으로 제국의 장군을 꺾으려는 그녀의 계획은 무모함을 넘어서 차라리 황당하다는 생각이 들 정도다. 하지만 '첫째가 꼴찌 되고 꼴찌가 첫째 되는' 것이 신의 계획이다(마태 19, 30). 인간의 기준과 신의 기준은 다르다. 인간의 기준으로는 불가능한 일도 신이 돕는다면 가능하다. 작은 백성이 파라오를 꺾는 일도, 과부가 장군을 죽이는 일도 불가능하지 않다. 소년 다윗은 무릿매 하나로 거인을 꺾지 않았는가. '신이여 저를 도와주소서! 여인의 손으로 교만한 제국의 장수를 치소서!'

유딧은 화려하게 변신했다. 과부의 옷과 자루옷을 벗어던지고 가장 화사한 옷과 장신구를 걸치고 한껏 몸치장을 했다. 원로들은 약속대로 성문에 나와 성문을 열어주었다. 원로들은 유딧의 아름다움에 '몹시 경탄했다'(유딧 10, 7). 시녀 하나만을 데리고 유딧은 군사들이 대치하는 전선을 지나 적군에 다다랐다. 전초병들도 유딧의 모습에 '크게 경탄했다'(유딧 10, 14). 그들은 홀로페르네스의 천막으로 유딧을 인도했다. 온 군대가 그녀의 '아름다움에 경탄했다'(유딧 10, 19). 장군의 천막으로 유딧이 들어갔다. 홀로페르네스와 시종들은 '모두 그 미모에 경탄했다'(유딧 10, 23).

유딧은 드디어 홀로페르네스와 독대했다. 홀로페르네스는 그녀에게 왜 이곳으로 도망쳐 왔는지 물었다. 그녀는 먼저 네부카드네자르와 홀로페르네스를 한껏 칭송하며 띄웠다. 그러고는 '이스라엘 백성은 양식과 물이 바닥나 하느님이 먹지 말라고 금지한 것들을 먹기로 마음먹었고, 이 일은 하느님을 노엽게 하여 그들에게 곧 죽음이 들이닥쳐 멸망하게 될 것을 알았으므로 자신은 거기서 도망쳐 나왔으며, 이제 여기 머물면서 밤마다 골짜기에 나가 기도하며 그들이 언제 죄를 저질러서 신의 벌을 받게 될지 알아내서 알려드릴 테니 그때 군대를 이끌고 나가라'고 대답했다.

유딧의 말은 매우 교묘했지만 충분히 속뜻을 파악할 여지가 충분했다. 듣기에 따라 다를 수 있었지만 제국의 장수 홀로페르네스가 과연 그녀의 말속에 담긴 숨은 의도를 알아채지 못했을까? 그는 정말로 한 치의 의심도 하지 못했다. 이때 이미 홀로페르네스는 유딧의 아름다움에 빠져버린 듯하다. 그는 말했다. "너는 용모가 아리따울 뿐만 아니라 말도 훌륭히 잘하는구나"(유딧 11, 23). 그는 아름다운 여인 유딧을 진영에 머무르게 했다. 유딧은 적진에 잠입하는 데 성공했고 매일 밤 진영 밖으로 나가서 홀로 기도하는 특권도 확보했다. 거사를 치를 날이 다가오고 있었다. 유다인들에게 남은 시간은 닷새였고 유딧은 사흘을 머물렀다.

홀로페르네스는 나흘 째 연회를 열었는데 "장교들은 한 사람도 부르지 않았다"(유딧 12, 10). 그리고 자신의 측근인 바고아스에게 "저런 여자와 놀아 보지도 않고 그대로 돌려보낸다는 것은 우리에게 수치다. 우리가 자기를 꾀어내지 않으면 저 여자가 우리를 비웃을 것이다"(유딧 12, 12)라고 말했다. 바고아스는 유딧에게 장군의 수청을 들라고 말했고 유딧은 "제가 무엇이기에 저의 주인님을 거절하겠습니까? 그분의 눈에 드는 것은 무엇이든지 곧바로 하겠습니다. 그렇게 하는 것이 죽는 날까지 저의 기쁨이 될 것입니다"(유딧 12, 14)라고 말하며 그를 안심시켰다. 그리고 화려하게 치장을 마쳤다. 사실 홀로페르네스는 아름다운 "유딧과 동침하고픈 강렬한 욕망에 사로잡혀, 그를 처음 본 날부터 유혹할 기회를 엿보고 있었던 것이다"(유딧 12, 16). 홀로페르네스는 욕망에 눈이 멀었다. 그는 유딧을 차지할 욕심에 유딧이 주는 대로 다 받아 마셨다. "그가 태어난 뒤로 그렇게 마신 적이 단 하루도 없었다"(유딧 12, 20). 이제 기회를 봐서 그의 목을 베는 일만 남았다.

연회가 끝이 나고 그의 측근들까지 모두 천막에서 물러갔다. 유딧은 시녀에게 밖에서 기다리라고 말했다. 거나한 술자리가 끝나고 천막 안에는 홀로페르네스와 유딧만이 남았다. 누구도 그 안을 들여다보지 못할 것이다. 유딧은 마음속으로 신께 기도했다. '이 일을 성공하게 해주소서!' 유딧은 홀로페르네스의 칼을 집어 들었다.

> 그리고 침상으로 다가가 그의 머리털을 잡고, "주 이스라엘의 하느님, 오늘 저에게 힘을 주십시오" 하고 말한 다음, 힘을 다하여 그의 목덜미를 두 번 내리쳐서 머리를 잘라 내었다. (유딧기 13장 7~8절)

유딧과 시녀는 대범하면서도 침착했다. 유딧은 홀로페르네스의 목을 친 후 머리를 시녀에게 건넸고 시녀는 그것을 음식 자루에 집어넣었다. 그런 다음 두 사람은 기도하러 나가는 것처럼 유유히 진영을 가로질러 빠져나왔다. 둘은 곧장 배툴리아 성으로 갔다. 홀로페르네스의 머리를 보고 백성들은 환호성을 질렀다. '신께서 과연 닷새 안에 응답을 주셨구나!'

백성들은 홀로페르네스의 머리를 배툴리아 성에 내걸었다. 제국의 군대는 혼란에 빠졌다. 장군의 목이 없어졌다. 머리 없는 시체만이 장군의 천막에서 널부러져 있었다. 우왕좌왕하던 군대는 산길과 들길로 달아났다. 이스라엘인들은 적을 쫓아 죽였고 약탈했다. 기

적적인 대승을 거두었다. 사람들은 유딧을 칭송하며 그녀를 축복하고 춤을 추었다. 화관을 쓰고 행진을 했다. 백성들은 감사 노래를 부르며 승리의 잔치를 벌였다. 유딧은 죽을 때까지 정조를 지켰고 존경을 받았으며 죽어서는 남편 곁에 묻혔다.

약소국 여성 영웅의 계보

유딧 이야기가 침략 당한 경험이 있는 약소국의 서사라는 점을 놓친다면 유딧은 그저 치명적 팜므 파탈에 머문다. 하지만 주의 깊게 들여다보면 임진왜란 중에 행주치마에 돌을 날라 산성을 쌓은 아낙네들이 겹치기도 하고, 진주 관기(官妓)로서 왜군 장수를 안고 남강으로 투신한 논개가 엿보이는가 하면, 일제강점기 열일곱의 나이로 독립운동을 주도했던 유관순 열사가 떠오르기도 한다. 거대한 적이 쳐들어왔지만 우리나라는 너무나 약하고 어지러워 바람 앞의 등불 같았다. 그때 그 사회에서 가장 약한 존재로 생각되던 여성이 상황을 역전시켰다. 제국의 의지를 꺾고 공동체를 구한 것이다.

유딧이 치명적인 매력을 지녔다는 점은 부정할 수 없다. 하지만 첫째성경의 서사는 오히려 홀로페르네스 스스로 넘어진 점을 강조하고 있다. 대제국의 장수로서 마땅히 지녀야 할 자제심을 잃고 자기 성욕을 이기지 못해 스스로 몰락을 자초했다. 앞에서 보았듯 사실 성경 본문에는 관능적 묘사가 눈에 띄지 않는다. 그보다는 사회적 약자인 여성이 지혜와 용기, 그리고 자신이 가진 아름다움으로 공동체를 구했다는 점을 강조하고 있다.

유딧기의 이런 전복의 서사 안에는 '성(性)'과 '거룩함[聖]'에 대한 독특한 성찰이 담겨 있다. 첫 번째로 첫째성경에서 성은 질서, 생산, 위생과 밀접한 개념이다. 현대인은 성을 자극이나 쾌락으로 이해하는 경향이 있고, 평등이나 인권과 관련시킨다. 유딧 이야기의 성적 묘사는 본질적으로 신적 질서에 관한 것이다. 신적 질서는 인간 세상의 질서와 다르다. 남성 장수는 크고 강한 존재이고 여성 과부는 작고 약한 존재라는 '인간적 상식'은 고대 세계에 널리 퍼져 있다. 하지만 이 이야기에서 성과 관련된 인간적 상식은 여지없이 무너졌다. 성과 관련된 모든 것은 신에 속하는 것이다. 신은 인간이 생각하지도 못한 방법으로 뜻을 이룬다.

둘째로 유딧 이야기를 통해 거룩함이란 무엇인가에 대해서도 이야기해볼 수 있다. 종교적인 거룩함이라면 대체로 기도나 명상, 단식, 성찰 같은 것들을 생각하기 마련이다. 그런데 유딧 이야기에서는 특별히 의로움과 용기, 실천이 강조된다. 고요한 가운데 세속을 떠나 내면을 다스리는 것이 아니라 전쟁 한가운데 뛰어들어 놀라운 승리를 쟁취하는 여성이 주인공이다. 이런 점에서 유딧기는 현재에도 의미가 있다. 특히 지금은 종교의 사회적 실천이 무엇보다 중요해진 시대이기 때문이다. 사람들은 종교가 무슨 말을 하느냐보다 공동체와 이 사회를 위해서 어떤 일을 하는지를 중요하게 바라보고 있다.

첫째성경에는 이런 전복적인 여성 영웅의 계보가 있다. 먼 옛날 창세기의 할머니들이 그러했고, 모세 곁에서 독특한 역할을 수행한 미르얌도 그러했다. 예리코 성에 살았던 창녀 라합이나 페르시아에 포로로 잡혀가 왕비가 된 에스테르도 빠질 수 없다. 특히 여성 판관

드보라는 유딧과 공통적인 요소가 많다.

이스라엘에 아직 임금이 없을 때 "라피돗의 아내 여예언자 드보라"(판관 4, 4)는 이스라엘을 다스리던 판관이었다. "그가 에프라임 산악 지방의 라마와 베텔 사이에 있는 '드보라 야자나무' 밑에 앉으면, 이스라엘 자손들이 재판을 받으러 그에게 올라가곤 하였다"(판관 4, 5). 가나안 임금 야빈이 장수 시스라를 보내 쳐들어오자 드보라는 바락 장군을 시켜 맞서 싸우게 했다. 바락은 시스라를 꺾었고, 시스라는 쫓겨 헤브르의 아내 야엘의 천막으로 도망갔다(판관 4, 17). 야엘은 겁내지 않고 그를 안심시킨 후 목이 마른 그에게 우유를 건네주었다. 시스라는 지쳐서 곧 깊은 잠에 들었다. 그때를 놓치지 않고 야엘은 행동했다.

> 그러나 헤베르의 아내 야엘은 천막 말뚝을 가져와서 망치를 손에 들고 몰래 안으로 들어가, 말뚝이 땅에 꽂히도록 그의 관자놀이에 들이박았다. 시스라는 지쳐서 깊이 잠들었다가 이렇게 죽었다. (판관기 4장 21절)

드보라와 야엘과 유딧은 이렇게 공동체를 지켜낸 여성들이었다. 이렇게 여성의 손으로 적의 장수를 처단하는 이야기가 고대 유다교 문헌인 미드라쉬에 열두어 번 전하고, 기원후 6세기 비잔틴에도 비슷한 이야기가 전한다.[6] 이렇게 첫째성경과 신약성경은 물론이고 유다교와 그리스도교 전승에는 이런 독특한 여성 영웅의 서사가 꽤 많다. 그리고 그런 독특한 방법으로 역사의 물줄기를 완전히 새롭게 만든 여성 전승의 총합이자 절정이 바로 '성모 마리아'라고 할 수 있다. 가장 가난하고 소외된 여성으로서 구세주를 낳고 길렀으며 그의 구원 사업에 누구보다 깊이 동참한 여성이었다.

성모 마리아의 이야기는 신약성경에서 풍부하게 전한다. 성모의 대담한 용기와 전복의 비전은 예수를 잉태한 몸으로 사촌 엘리사벳을 방문했을 때 부른 '성모의 노래'에 들어 있다. 이 노래를 시작하는 첫 라틴어 단어를 따라 '마니피캇(Magnificat)'이라 칭하는 이 노래는 첫째성경의 모든 여성 영웅이 이룬 근본적 전복의 절정이다. 당시 사회에서 가장 약한 존재 가운데 하나인 여성의 몸으로 세상의 모든 통치자와 부유한 자를 근본적으로 상대화시키고 작은 백성의 승리를 노래한다.

여성 영웅의 서사가 확대되고 지속되길 기원하며 개인적으로도 무척 좋아하는 성경 구절을 다시 펼쳐본다. 예수의 어머니는 이런 분이었다.

그러자 마리아가 말하였다.

"내 영혼이 주님을 찬송하고

6) 《주석성경》, 1190쪽.

내 마음이 나의 구원자 하느님 안에서 기뻐 뛰니

그분께서 당신 종의 비천함을 굽어보셨기 때문입니다.

이제부터 과연 모든 세대가 나를 행복하다 하리니

전능하신 분께서 나에게 큰일을 하셨기 때문입니다.

그분의 이름은 거룩하고

그분의 자비는 대대로 당신을 경외하는 이들에게 미칩니다.

그분께서는 당신 팔로 권능을 떨치시어

마음속 생각이 교만한 자들을 흩으셨습니다.

통치자들을 왕좌에서 끌어내리시고

비천한 이들을 들어 높이셨으며

굶주린 이들을 좋은 것으로 배불리시고

부유한 자들을 빈손으로 내치셨습니다.

당신의 자비를 기억하시어

당신 종 이스라엘을 거두어 주셨으니

우리 조상들에게 말씀하신 대로

그 자비가 아브라함과 그 후손에게 영원히 미칠 것입니다.”

(루카 복음서 1장 46~55절)

11

일리말쿠

이스라엘이
참조한 도시국가
우가릿

교회와 세상은 떨어질 수 없다.
이스라엘과 고대근동 세계도 마찬가지였다.
첫째성경에 담긴 신학을 이해하고
그 탄생과 전승 과정을 이해하기 위해서는
고대 이스라엘의 울타리를 넘어야 한다.
어쩌면 신은 늘 인간의 상상력을 넘어
전진하는 존재다.

일리말쿠는 첫째성경 어디에도 등장하지 않는 인물이다. 그는 이스라엘인이 아니며 첫째성경이 주로 쓰였던 시대의 인물도 아니다. 하지만 그는 분명히 첫째성경과 관련된 사람이다. 우가릿의 경세가(經世家)였던 일리말쿠는 첫째성경을 쓰고 전승했던 고대 이스라엘인에게 적잖은 영향을 끼쳤을 것이다.

첫째성경의 탄생과 전승 방법, 속기

첫째성경은 어떻게 탄생되고 전승되었을까? 어느 날 갑자기 고대의 어떤 서기에게 신이 내려, 또는 어떤 탈혼(脫魂, ecstasy) 상태에 빠져 자기가 무슨 글자를 쓰는지도 모르게 그저 신이 조종하는 대로 성경의 한 글자씩 써 내려간 것일까? 그런 식으로 성경은 온전히 인간적 요소는 전혀 박멸된, 그래서 순전한 신의 말씀일까? 먼 옛날 그리스도교의 틀을 잡은 교부들도 그렇게 생각하지는 않았다. 교부들은 성경이 속기(續記)라는 방식으로 쓰여지고 전해 내려온다고 생각했다. 속기는 독일어 '포르트슈라이붕(Fortschreibung)'의 번역어이다. 영미권 학자들도 이 용어는 번역하지 않고 독일어 단어를 그대로 쓰는 형편이다. 이에 적절한 번역어가 마땅히 없고 이미 학계에 정착된 학술용어이기 때문이다. 이 말의 문자적 의미는 '계속해서 쓰기(ongoing writing)'이다.

거시적으로 보면 성경은 속기의 산물이다. 성경이 전승되는 방식은 속기로 잘 설명된다. 평범하고 자연스런 상상에서 시작해 보자. 아브라함의 시대에 (만일 그가 '쓰여진 성경'을 지녔다면) 성경의 부피는 퍽 적었을 것이다. 아브라함의 성경에는 탈출기 이하 모든 본문은 쓰여 있지 않았을 것이고 요셉과 야곱과 이사악의 이야기도 없었을 것이다. 아브라함이 죽고 이사악은 아버지 '아브라함의 이야기'를 기억했을 것이다. 이사악이 죽고 나서 '아브라함과 이사악의 이야기'는 아들 야곱의 기억 속에, '아브라함과 이사악과 야곱의 이야기'는 그 아들 요셉의 기억 속에 자리잡았을 것이다. 이렇게 시간이 지나며 기억은 잇달아 누적되고 확장된다. 그러므로 속기란 글로 쓰여지기 이전에, 곧 기억의 전승 단계에서 이미 시작된 것이다.

모세의 시대에 히브리 백성은 '창세기 조상들'의 기억을, 여호수아의 시대에는 '창세기 조상들과 모세'의 기억을, 판관들의 시대에는 '창세기 조상들과 모세와 여호수아'의 기억을 전승했을 것이다. 대개 이런 기억들은 상당 부분 구두로 전승되다가 다윗과 솔로몬 시대에 성전과 궁전이 건설되고 본격적으로 쓰여졌다고 가정한다. 물론 다윗과 솔로몬 이후에도 계속해서 책은 쓰여졌다. 나라가 분단되고 나서 남왕국과 북왕국은 저마다 속기를 지속하였을 것이다. 임금이 대를 이을수록 기록은 잇달아 쓰여졌고 계속 쌓여갔다. 그렇게 속기된 결과 사무엘기와 열왕기 그리고 예언서들이 우리 성경에 포함되었다.[1]

성경의 본문은 속기를 통해 탄생되고 자라났다. 그렇다면 속기를 행한 주체는 누구일까? 주로 사제, 원로, 예언자 등이 관련되었을 것인데, 이들을 '고대 이스라엘의 신학자들'로 통칭할 수 있을 것이다. 하지만 속기의 가장 직접적인 주체는 고대 이스라엘의 서기였다.

고대 이스라엘의 서기들은 일차적으로 조상들이 물려준 신에 대한 가르침과 자신들의 종교적 체험에 충실했지만, 주변 세계에 결코 어둡지 않았다. 작은 나라 이스라엘은 생존을 위해 외국의 상인과 교역을 해야 했으며 큰 나라들의 정세와 외교정책에도 민감했다. 실제로 이스라엘에서는 (고대근동의 다른 나라들처럼) 외국어가 적힌 유물이 적잖이 발견되었다. 그래서 고대 이스라엘은 (역시 고대근동의 다른 나라들과 같이) 외국어에 능통한 전문가들을 양성했을 것이다. 고

---

1) 주원준, 〈고대근동학과 구약신학 54─속기, 끊이지 않는 산고의 노력〉, 《말씀터》 144호(2022. 9-10), 21쪽.

대 이스라엘에서 탄생한 첫째성경에 다른 나라의 문헌과 병행하는 모티프가 풍부한 것은 자연스러운 일이다.

이스라엘의 신학자들이 외부의 어떤 문헌을 어떻게 읽었는지 알려주는 직접적 증거는 없다. 하지만 첫째성경이 전하는 이스라엘의 역사를 보면 야훼 종교는 바알 종교와 경쟁하고 대결한 흔적을 쉽게 찾을 수 있다. 이집트 탈출 직후부터 일부 이스라엘인들은 '프오르의 바알'을 섬겼고(민수 25), 나라를 세우기 이전에도 판관 기드온은 바알을 섬기는 사람들과 맞섰고(판관 6), 바알 신앙을 장려하는 아합 임금과 이제벨 왕비의 시대에 예언자 엘리야는 바알 사제들과 맞서 카르멜 산에서 대승을 거두었다(1열왕 18). 이렇게 바알 종교와 직간접으로 관련을 맺었기 때문에 바알 종교를 물리치려는 사람들도 바알 종교에 대해서 상당히 잘 알고 있었을 것이다. 그래서 우가릿(Ugarit)의 정치인이자 서기였던 일리말쿠(Ilimalku)가 쓴 〈바알 신화〉가 첫째성경 본문에 자연스레 영향을 끼쳤을 것이다.

바알 신화의 나라 우가릿

고대근동의 번영했던 항구이자 독자적 문자를 갖추었던 도시국가 우가릿은 1928년 이전에는 알려지지 않은 곳이었다. 발굴 과정은 극적이었다.[2] 1928년에 시리아의 라스 샴라(Ras Shamrah)라는 도시

근처에서 한 농부가 밭을 갈다가 큰 돌 하나를 발견했다. 농부는 그 돌을 치워야 되겠다고 생각하고 들어 올렸다. 그러자 3000년간 덮여 있던 지하무덤에 햇빛이 내려와 꽂혔다. 그 돌은 지하무덤의 뚜껑이었던 것이다. 영화에서나 나올 법한 일이 실제로 일어났다.

고고학자들은 그곳이 우가릿임을 바로 알아차렸다. 발굴이 시작되자 쐐기문자 토판들이 줄줄이 나왔는데, 일부 아카드어 문자가 변형된 알파벳이었고 문법이 히브리어와 비슷하기에 해독하는 데 어려움이 없었다. 물론 지금 기준으로 보면 당시의 해독은 손댈 것이 많지만, 그래도 문헌의 큰 얼개는 비교적 쉽게 알아냈다. 이 대단한 발굴은 학계에 큰 영향을 주었다.

> 우가릿 발굴이 처음부터 학계의 뜨거운 주목을 받았던 이유는 대략 몇 가지로 추려볼 수 있다. 첫째, 이 도시국가의 언어, 즉 우가릿어로 알려진 언어가 고대 히브리어와 매우 유사하고(고대 셈어 가운데 더 비슷한 것을 찾기 힘들 정도다), 둘째, 출토된 문헌들에서 언급된 신들은 바로 히브리 성서에서 자주 등장하는 것들인데, 특히 바알 신화가 비교적 잘 보존되었고(그 외에 곡식의 신 다간과 물의 신 얌 등도 등장한다), 셋째, 우가릿은 고대 중근동의 어느 유적지보다 이스라엘과 가까운 곳이다.[3]

---

2) 이 소단락의 내용은 같은 글, 21~23쪽을 참고하라.

우가릿 알파벳을 첫 글자부터 마지막 글자까지 순서대로 한 번씩 쓴 것으로 '알파벳 토판(abecedary tablet)'이라고 한다. 아마 학교 등에서 가르치기 위해 제작했을 것이다. 출토된 알파벳 토판들에 기록된 문자의 순서가 일치하기에 우리는 우가릿 알파벳의 순서를 정확히 알 수 있고, 이후 그리스어 알파벳에 영향을 끼쳤음도 확인할 수 있다.

우가릿어는 히브리어와 매우 가깝기 때문에 첫째성경을 공부하는 학생들이 반드시 거쳐야 한다. 그 필요성 때문에 우리말로 된 우가릿어 문법과 사전을 꽤 오래전에 출간했다.[4] 지금까지는 소수지만 한국에서도 우가릿어 수업이 이루어지고 있어 다행이고 감사한 일이라고 생각된다.

---

3) 주원준, 〈우가릿 신화1〉,《말씀터》 60호(2008. 9-10), 9쪽.

4) 요제프 트롭퍼,《우가릿어 문법》,《우가릿어 사전》, 주원준 개역, 한님성서연구소, 2010.

우가릿(Ugarit). 북시리아 지중해변의 항구 '미넷엘-베이다'와 그 주위에 약 15~20미터 정도 솟아오른 작은 언덕에 위치한, 라스 샴라(Ras Shamra) 일대에 있던 도시국가로 이스라엘과 가까운 곳에 위치해 있었다.

기원전 12세기의 파괴와 단절

그렇다면 우가릿은 어떤 나라일까? 우선은 이른바 '기원전 12세기의 파괴와 단절'을 알아야 한다.[5] 고대근동 세계는 기원전 35세기경부터 약 3000년 동안 수메르, 아카드, 아시리아, 바빌로니아, 이집트, 히타이트, 밋탄 등의 여러 제국과 작은 나라들이 서로 영향을 주고받는 세계였다. 그런데 시리아-팔레스티나 지역은 기원전 12세

---

5) 다음을 보라. 에릭 클라인(Eric H. Cline), 《고대 지중해 세계사—청동기시대는 왜 멸망했는가?(1177 B.C. : The Year Civilization Collapsed, 2014)》, 류형식 옮김, 소와당, 2017. ; 주원준, 《인류 최초의 문명과 이스라엘》, 253~268쪽.

기에 기존의 도시국가 체제가 멸망에 가깝게 사라지고 새로운 민족
이 새로운 질서를 세우게 된다.

시리아-팔레스타나 지역의 기존 질서가 붕괴된 계기는 크게 기
원전 1274년에 이집트 신왕국과 히타이트가 겨룬 카데쉬 대전과
그 여파, 그리고 기원전 14~12세기에 이 지역을 쑥대밭으로 만든
'바다 민족(Sea Peoples)'의 침입을 들 수 있다. 카데쉬 대전은 국제전
으로 실제로 수많은 나라가 참여했고, 전장(戰場)이었던 이 지역의
교역과 정치의 질서를 약화시켰다. 아직까지 정체가 확실히 밝혀지
지 않은 바다 민족은 이 지역이 약화된 틈을 타서 시리아-팔레스티
나 지역의 많은 도시국가를 결정적으로 멸망시켰다. 이 밖에도 기
후가 바뀌었다거나 자연재해가 일어났다는 주장도 있다.

시리아-팔레스티나 지역은 기원전 12세기 이전과 이후의 풍경
이 무척 달라졌다. 기원전 12세기 이전에 발달된 도시문화는 촌락
문화로 퇴보했고, 그 이후 시리아-팔레스티나 지역에는 페니키아
인, 아람인, 이스라엘인, 필리스티아인이 정착했다. 실제로 사울과
다윗 임금의 시대가 기원전 11~10세기경이다.

첫째성경은 '기원전 12세기의 파괴와 단절' 이후에 쓰여진 책이
기 때문에 그 이전의 세계를 거의 기록하지 않는다. 하지만 그 이후
의 이야기는 비교적 자세히 전하고 있다. 그래서 기원전 15~14세
기에 이집트와 함께 세계를 호령했던 히타이트 제국의 이야기나 시
리아-팔레스티나 지역에 번성했던 도시국가, 이를테면 아무르, 알

랄라흐, 우가릿 등의 이야기를 전혀 전하지 않는다. 그래서 기원전 12세기 이전의 정보는 첫째성경보다 현대의 고고학이나 신학이 더 정확하고 많은 정보를 가지고 있다.

우가릿의 전성기는 대략 기원전 15세기경이었다. 우가릿은 번영한 항구도시로서 부유했을 뿐 아니라 독자적 문자와 종교문화를 꽃피운 나라였다. 이스라엘 백성은 기원전 11세기경에 처음으로 나라를 세워서 사울, 다윗, 솔로몬의 초기 왕국 시대를 맞았다. 처음 나라를 세우는 백성들은 나라를 어떻게 세우고 어떻게 운영해야 하는지 주변의 역사와 경험을 참조했을 것이다. 그래서 수백 년 전에 번성했던 우가릿도 참조된 듯하다. 그것도 다른 나라보다 매우 깊이 참조된 듯한 인상이다.

독자적 문자와 문화의 나라

다른 나라들도 많은데 왜 하필 우가릿이었을까. 우가릿은 작은 나라였고 군사력은 약세였지만 경제 강국이요 문화 대국이었다. 강한 군대를 키워 전쟁으로 이웃 나라를 정복하고 세계를 제패하려는 나라가 아니라, 독자적인 문자를 쓰고 독자적인 문화 전승을 가지고 있으면서 경제력이 강한 나라였다.

그런데 우가릿은 왜 군대보다는 교역과 경제에 치중하게 된 것일까? 그것은 우가릿이 히타이트 제국에 속한 소국이었기 때문이다. 인도유럽어를 사용하는 히타이트인들은 넓은 제국을 운영하는 데 봉건제를 실시했다. 중세 유럽과 비슷한 풍경이었다. 그들은 현대의 튀르키예가 자리잡은 아나톨리아 반도 주변은 물론이고 시리아-팔레스티나 지역과 메소포타미아 북부 지역을 봉건제로 다스렸다. 이른바 '히타이트의 평화(Pax Hethitica)'는 그렇게 이루어졌다.

하지만 히타이트는 지배한 나라들 간에 일종의 균형을 추구했다. 이를테면 어떤 도시국가는 군사력을 키웠고 바로 이웃의 항구는 군사력을 허용하지 않고 교역과 경제를 살찌우는 식이다. 그래야 제국의 질서를 지키고 복종을 강요할 수 있었기 때문이다. 그래서 항구도시였던 우가릿은 무역이 왕성했고 높은 수준의 문화를 가지고 있었고 경제력도 상당했지만 군대를 가질 수는 없었다. 한편 우가릿 옆에 위치했던 아무루라는 나라에는 강한 군대를 허용했다. 히타이트 입장에서 보면 우가릿의 돈으로 아무루의 군대를 움직여야 제국을 효과적으로 운영할 수가 있었다. 작은 두 나라가 서로를 필요로 하면서 동시에 견제하게 만든 것이다.

우가릿은 대략 기원전 15세기경에 전성기를 맞았고, 12세기의 파괴와 단절 시기에 멸망했다. 그리고 이스라엘은 기원전 11세기경에 나라를 만들었다. 역사적 정황이나 뒤에서 살펴볼 문헌학적 정황으로 보아 아마 이스라엘인들이 처음으로 나라를 만들 때 참조한 나라 가운데 우가릿이 포함되었을 것으로 추측힐 수 있다. 이스라엘은 독특한 종교적 정체성을 소중하게 간직했던 나라였다. 그들이 수백 년 전에 시리아-팔레스티나 지역에서 독자적 종교를 꽃피운 경제 대국이자 문화 대국 우가릿을 깊이 참조했다는 추정은 충분히 합리적이다. 개인적으로는 이집트의 압제에서 탈출한 이스라엘인들이 이집트나 히타이트나 아시리아 같은 '또 하나의 제국'을 꿈꾸며 건국한 것으로 보기 힘들다고 생각한다. 오히려 경제와 문화가 튼튼하고 독자적 문자와 종교적 정체성을 갖춘 나라를 참조했을 것으로 보고 있다.

우가릿은 기원전 2000년대 비블로스와 함께 항구로 번영했다. 지중해와 내륙지역을 연결하는 요충지였다. 그런데 결정적으로 바다 민족의 침략으로 두 항구도시는 멸망했다. 기원전 12세기 이후 항구의 역할은 약간 남쪽의 띠로와 시돈이 맡았다. 내륙 국가였던 이스라엘은 독자적 항구를 갖추지 못했기에 띠로와 시돈과 교역이 요긴했다. 그래서 두 항구 도시는 성경에 자주 등장한다.

우가릿은 기원전 12세기에 역사에서 사라졌고 거의 3000년이 지나서 기원후 1928년에야 세상에 모습을 드러냈다. 그러므로 첫째 성경과 고대 그리스와 로마 시대는 물론 중세와 근대에도 이 나라에 대한 정보는 거의 없었다. 그래서 그리스도교 신학의 유구한 역사에서도 우가릿은 전혀 언급되지 않았다. 그래서 아직도 많은 신학교 등에서 이 도시국가에 대한 정보를 제대로 접할 수 없다. 게다가 초기 발굴 이후 현재의 우가릿학의 발전은 눈부시다. 고대근

일리말쿠는 여러 작품을 남겼는데 그 중에 '바알 신화'를 기록한 여섯 토판이 가장 유명하다(KTU 1.1-6). 사진은 그 가운데 다섯번째 토판 앞면으로서 바알(*Baal*)이 죽음의 신 모두(*Môtu*)와 크게 겨룬 다음 결국 패배하여 저승에 갇히는 장면을 묘사한다.

동 세계에 대한 문맹(文盲)과 같은 한국 신학계의 처지가 안타깝다.

　우가릿에서는 수많은 토판이 거의 3000년 넘게 묻혀 있다 고스란히 발굴되었다. 그 문헌을 거의 빠짐없이 수록한 *Keilschrifttexte aus Ugarit*(KTU)라는 책은 무려 700쪽이 넘는다. 번역과 주석이 실려 있지 않은 이 책은 원문만으로도 이 정도 분량이다. 큰 토판도 원문은 책의 한 쪽 정도밖에 되지 않지만 번역과 주석을 하면 10쪽 이상이 필요할 때도 있으니 얼마나 많은 토판이 나왔는지 가늠할 수

있을 것이다.[6]

12.5cm 높이의 청동상으로 바알의 상으로 추정된다. 본디 왼손과 오른손에 무기와 번개를 들고 있었을 것이다. 한 손을 들고 전진하는 자세는 풍우신(風雨神) 등의 전형적인 모습이다.

우가릿 문헌 중에서 〈바알 신화〉, 〈아크하투 이야기〉, 〈키르타 이야기〉를 '우가릿 3대 문학'으로 일컫는다. 문학적 완성도가 뛰어나고 문체도 화려해서 지금 이 시대에 읽어도 무척 흥미롭다. 이 3대 문학은 《고대 근동 문학 선집》이라는 책을 통해 접할 수 있다.[7] 그런데 우가릿 3대 문학이 기록된 토판 맨 뒤에는 기록자의 이름이 나온다. 거기에 새겨진 이름이 바로 일리말쿠다. 일리말쿠의 작품은 고대 이스라엘에 영향을 끼쳤을 것이다. 우가릿은 고대 이스라엘의 엘리트가 건국 과정에서 참조했을 법한 국가이고, 고대 이스라엘의 서기와 지식인들은 외국의 문물을 접했기 때문이다. 게다가 바알 종교에 예민하게 반응했던 고대 이스라엘의 신학자들은 좋든 싫든 바알 종

6) Manfried Dietrich, Oswald Loretz, Joaqiun Sanmartin, *Die Keilalphabetischen Texte aus Ugarit, Ras Ibn Hani und anderen Orten-Dritten, erweiterte Auflage*, AOAT 360/1, 2013.
7) 제임스 B. 프리처드 편집, 《고대 근동 문학 선집》, 229~352쪽.

교를 어느 정도는 알고 있었을 것이다. 실제로 〈바알 신화〉와 첫째 성경은 병행하는 구절들이 퍽 많다. 그래서 결과적으로 우리는 일리말쿠의 저작이 고대 이스라엘의 첫째성경에 수백 년 지나서 영향을 끼쳤을 것으로 추측할 수 있다.

일리말쿠는 누구인가

우가릿의 〈바알 신화〉는 매끈하고 큼직한 토판 6개에 쓰여 있다. 토판의 앞면과 뒷면에 모두 글자를 빼곡히 썼기 때문에 모두 12면 분량이다. 온전하게 보존된 토판은 몇 장 안 되지만 그래도 이야기의 전체적 얼개를 파악하는 데는 큰 어려움이 없다. 특히 마지막 여섯째 토판의 뒷면, 곧 12번째 면의 맨 뒤에 서기의 이름이 적힌 곳은 잘 보존되어 있다. 일리말쿠는 그곳에 친필로 자신을 다음과 같이 소개했다.

> 파랄라누 사제인 앗테누의 제자, 대사제, 대목자, 야르구브의 보호자
> 이시며 싸르마누의 주인이시며 우가릿의 임금이신 니크맛두의 관리,
> 슈반 사람 일리말쿠 서기관

그가 직접 남긴 상세한 정보 덕에 우리는 일리밀구의 조상을 비

교적 정확하게 그려볼 수 있다. 일단 그의 이름을 보자. '일리말쿠'라는 이름에서 '일리(*Il-i*)'는 '나의 엘' 또는 '나의 신'이란 뜻이다. 엘은 바알보다 상위의 신을 의미하는데 이 말은 그냥 '신'으로 새길 수도 있는 말이다. '말쿠(*malku*)'는 '임금'이라는 뜻이거나 '말쿠 신(神)'을 의미한다. 대개 '나의 엘은 왕이다', '나의 신은 임금이시다'는 뜻으로 해석한다. 그의 이름은 시리아-팔레스티나 지역에서 흔한 것이다.

'일리말쿠'라는 우가릿어 이름을 히브리어로 옮긴다면 '엘리멜렉(*'Elimelek*)'이 될 것이다. 실제 첫째성경에는 이 이름이 등장한다. 첫째성경 가운데 룻기라는 책의 주인공은 모압 여성 룻(Ruth)인데 그녀의 시아버지 이름이 엘리멜렉이었다(룻 1, 2~3 등). 마태오 복음서 1장 5절에 따르면 룻은 예수의 조상들 가운데 한 명이니 엘리멜렉도 예수님과 관련이 무척 깊은 분이라고 할 수 있다. 이스라엘에는 이 밖에도 '엘리-(*'Eli-*)'로 시작하는 이름이 많다. '야훼는 내 신이시다'는 뜻의 예언자 엘리야, '나의 신이 구원이시다'는 뜻의 예언자 엘리샤, '그분은 나의 신이시다'라는 뜻의 예언자 엘리후 등이 있다. 일리말쿠와 같은 이름은 그만큼 흔한 축에 들 것이다.

이제 그의 직책을 보자. 그는 '파랄라누 사제(Prln-Priest)'라고 하는데, 이게 어떤 종류의 사제인지 아직 알지 못한다. 그저 조금 특이한 사제거나 또는 다른 관직의 이름일 수도 있다. 그는 스스로를 '앗테누(*atn*)의 제자'라고 밝혔다. 자랑스럽게 스승을 밝히는 모습에서 그가 좋은 교육을 받았음을 추측할 수 있다. 하지만 아직 앗테누가 누구인지 밝히지는 못했다. 어쨌든 그는 훌륭한 교육을 받고 어엿한 사제의 한 종류로 성장했음을 알 수 있다.

그의 경력은 화려하다. 그는 '대사제'이자 '대목자'이다. 대사제는 우가릿의 주신(主神)인 바알의 신전에서 가장 높은 등급의 사제까지 올랐음을 뜻한다. 목자(牧子)는 고대 수메르 시대부터 백성을 다스리는 지위의 사람을 부르는 이름이었다. 양 떼를 돌보듯 백성을 돌보는 뜻이라는 말이다. 현대에도 교회나 성당에서 사제와 목사를 사목자(司牧者) 또는 목회자(牧會者)라고 부르는데 모두 양을 친다는 의미의 한자가 들어 있고, 고려시대와 조선시대의 목사(牧使)라는 지방관리도 마찬가지다. 대목자(rb. nqdm)는 목자 중에서도 최상위 등급이라고 볼 수 있다. 그는 종교적인 경력에서 대사제였고 정치적인 경력에서 대목자에 올랐다. 정교 일치가 당연시되던 세상에서 정치와 종교의 최고점에 선 사람이다.

그는 스스로를 "야르구브의 보호자이시며 싸르마누의 주인이시며 우가릿의 임금이신 니크맛두의 관리"로 소개한다. 야르구브와 싸르마누는 지명(地名)으로 보는데 확실히 어디를 가리키는지 알 수 없다. 우가릿 부근의 어떤 곳이었을 것으로 추측한다. 그가 섬기던 니크맛두 임금은 우가릿, 야르구브, 싸르마누의 지방을 다스렸음을 알 수 있다. 여기서 거의 모든 학자들은 이 임금이 니크맛두 2세였을 것으로 본다. 이는 역사적으로 결정적 정부다. 그는 기원전 약

1350~1315년에 우가릿을 다스린 임금으로서 기원전 15~14세기 우가릿이 전성기일 때의 인물이다. 니크맛두 2세와 동시대 인물인 일리말쿠는 기원전 12세기 인물로 추정되는 모세보다는 200여 년, 기원전 11세기경에 나라를 세운 사울과 다윗보다는 300여 년 이른 인물이다.

마지막으로 일리말쿠는 스스로를 "슈반 사람(šbny) 일리말쿠 서기관"으로 소개한다. 그의 고향 슈반도 우가릿 근처의 어떤 고장으로 추측할 뿐이다. 아마 우가릿어를 모국어로 사용하는 사람일 것이기에 우가릿에서 그리 멀지 않은 곳이라 여겨진다. 그런데 그는 스스로를 서기관이라고 밝혔지만, 이는 조금 어색한 면이 있다. 왜냐하면 지금까지 그의 직책, 곧 앗테누의 제자로서 파랄라누 사제이며 대사제와 대목자의 자리까지 오른 인물이다. 이런 경력은 전문적 서기라기보다는 경세가(經世家)로서 더 적절하지 않은가.

이상으로 일리말쿠라는 인물의 초상을 그려보자. 그는 기원전 14세기경 우가릿에서 멀지 않은 슈반에서 태어나 앗테누의 문하에서 좋은 교육을 받고 자라나 파랄라누 사제가 되었다. 그는 우가릿의 전성기를 누렸던 니크맛두 2세의 치하에서 승승장구하여 우가릿의 주신인 바알 신전을 관리하는 대사제가 되었고 정치적으로는 대목자가 되었다. 그는 종교권과 세속권을 모두 갖춘, 한 나라의 재상급 인물로서 한 시대를 주름잡은 거물일 가능성이 크다. 그래서 그는 단순히 선대의 신화를 베껴서 새로운 사본을 제작하는 전문

서기에 머무르는 인물이 아닐 것이다.

이런 점은 그가 적은 〈바알 신화〉의 성격을 말해준다. 그는 아마도 작은 나라 우가릿의 건국이념을 뚜렷이 정리하고 후대의 임금들과 관리들에게 이 나라의 정체성을 알리는 고전을 창조했을 가능성이 크다. 우가릿의 바알 신화를 보면, 이 텍스트는 단순히 종교적 내용을 넘어서 고대근동 세계의 질서를 종합적으로 보는 시선이 느껴진다. 인간과 신, 정치, 외교를 하나로 통합해 성찰하고 있다. 이렇게 통합적으로 사고하고, 독자적인 문화와 언어로 세상을 바라보는 태도가 이스라엘 신학자들에게 참고가 되었을 것이나. 첫째성경의 사고 또한 종교를 넘어서 우주의 질서, 사회적 질서, 내면의 질서를 종합적으로 통찰하기 때문이다. 분명 두 본문은 서로 깊이 관련되는 면이 있다.

일리말쿠가 전문 서기가 아니라는 주장은 〈바알 신화〉 본문에서 이따금 철자법이 어긋난다는 점 때문에 설득력을 더한다. 실제로 〈바알 신화〉 본문을 깊이 읽는 학자들은 '우가릿 맞춤법'에 어긋나는 단어나 문장을 여럿 보고한다. 나도 학생들과 함께 이 신화 본문을 읽으며 "아이고, 일리말쿠 이분 또 틀리셨네"라고 자주 오류를 찾아내곤 했다. 현대의 우가릿학은 이렇게 발전했다. 3000년의 토판에서 정서법의 오류를 찾고 잡아낼 수 있을 정도가 되었다. 〈바알 신화〉를 읽으며 새삼스레 글의 위대함을 느낄 수 있었다. 3000년의 세월을 넘어, 글자와 단어와 문장의 실수를 넘어, 행간에 흐르는 그의 생각을 읽어낼 때는 전율을 느꼈다. 〈바알 신화〉의 전문을 원문에서 직역하는 일을 마무리 짓고 있는데 곧 한국의 독자들에게 선보일 것이다.

고대근동 세계의 서기들은 곧잘 자신들의 작품에 이름을 친필로 적어놓았다. 〈길가메쉬 이야기〉에는 신-레키-운닌니(*Sîn-lēqi-unninni*)가, 첫째성경의 욥기와 유사한 〈바빌론 신정론〉에는 에사길-킨-아플리(*Esagil-kin-apli*)의 이름이 남겨 있다. 이런 서기들을 인류 최초의 작가들이라고 할 수 있는데, 일리말쿠 또한 여기에 들 것이다. 그러므로 일리말쿠는 한 나라의 재상급 인물로서 정치와 종교적으로도 성공했지만, 드물게 작가로도 이름을 남긴 인물이다. 그는 통합적이고 참여적인 지식인이기도 하다.

바알 신화와 첫째성경은 무엇이 다를까

그러면 우가릿의 〈바알 신화〉와 이스라엘의 첫째성경은 무엇이 같고 무엇이 다를까. 두 문헌은 병행 구절도 풍부하고 공통적 모티프고 많다. 하지만 가장 뚜렷한 차이점은 〈바알 신화〉는 다신교적 문헌의 특징을 잘 드러내고 첫째성경은 이스라엘의 야훼 하느님에 집중한다는 점이다. 둘째로 첫째성경은 '역사'에 대한 독특한 관점이 있다.

우가릿에서 발견된 이 부조(높이 142cm, 너비 50cm, 두께 28cm, Louvre Museum)에서 바알의 전형적인 모습을 볼 수 있다. 바알은 오른손에 무기를, 왼손에 번개 다발을 들고 있다. 바알의 발 아래는 산(山)과 물결이 있다. 산은 그가 차파누(Ṣapānu) 산의 주신(主神)임을, 물결은 혼돈을 상징하는 바다의 신 얌무(Yammu)를 물리치고 등극한 질서의 신임을 드러낸다. 바알 옆에 작은 크기로 묘사된 인물은 우가릿의 임금이다.

바알은 다신교 체제에서 우가릿의 주신(主神)일 뿐이다. 다시 말해 바알은 최고신이 아니다. 〈바알 신화〉를 읽으면, 바알을 통해 엘(=하느님)을 섬기라는 의미를 읽을 수 있다. 바알이 왕권을 차지하고 신전을 짓기 위해서 최고신 엘과 그의 아내 아세라의 허락을 구하는 모티프는 〈바알 신화〉를 지배한다. 그리고 바알은 승리를 위해서 측근 신들의 도움을 받아야 했다. 무엇이든 뚝딱뚝딱 잘도 만들어내는 장인신(匠人神) 코싸루와하시수(Koṭaru=wa=Ḥasisu)는 바알에게 무기도 만들어주고 신전도 지어주었다. 이집트 신왕국의 람세스 2세도 사랑했던 전쟁의 여신 아나투(Anatu)는 바알을 위해 가열차게 싸워주었고 바알이 죽어 저승에 갇히지 그의 시체를 들고 바알의 산으로 올라와 바알이 부활하게 해주었다. 이밖에도 전령 신 등 많은 신들이 등장한다.

〈바알 신화〉에서 이런 신들의 위계는 뚜렷하다. 가장 위에는 최고신 엘과 그의 아내 아세라가 있다. 바알은 그다음 수준의 신이다. 그리고 바알과 같은 급에서 경쟁하는 신으로 혼돈을 상징하는 바다의 신 얌무(Yammu)와 죽음의 신 모투(Mōtu)가 있다. 이밖에도 태양신 샵슈(Šapšu) 등이 조금 아래 단계로 등장한다. 앞에서 말한 코싸루와하시수나 아나투도 바알보다 아래 단계의 신이다. 그리고 그 아래 전령의 역할을 맡은 신 등 단순한 기능직의 신들이 있다.

이런 신들의 도움을 받아서 바알은 승리한다. 그래서 바알 종교의 신학, 곧 '바알 신학'은 이런 신들의 관계 안에서 바알이 승리했고 승리한 이후에도 엘과 아세라를 섬겼다는 성찰이 들어 있다. 곧 바알은 우가릿을 다스리는 신이요 전 세계의 통치자는 엘이라는 것이다. 이를 스미스는 바알의 '제한된 등극(the limited exaltation)'이라 했는데, 〈바알 신화〉의 핵심 메시지를 잘 짚었다고 평가할 수 있다.[8] 그리고 이 점이 약소국 우가릿의 재상이었던 일리말쿠의 핵심 성찰일 듯하다.

하지만 이스라엘의 첫째성경은 핵심 메시지가 퍽 다르다. 이스라엘의 야훼 하느님은 처음부터 아예 다른 신을 절대 따르지 말 것

---

8) Mark S. Smith, *The Ugaritic Baal Cycle*, Vol. 1, p.87.

을 요구한다. 후대에는 유일신론(monotheism)으로 발전하는 이 신학의 핵심은 본디 오직 이스라엘의 신만 섬기라는, 곧 유일섬김(mono-latry)의 요구였다. 그래서 이스라엘의 신학에서는 야훼보다 더 높은 신도 더 낮은 신도 없다. 야훼는 어떤 신의 도움도 받지 않고 이집트 최고의 신이자 인간인 파라오와 겨루어 승리한다. 이 점이 바알 종교와 가장 극명하게 대비되는 점이다.

너에게는 나 말고 다른 신이 있어서는 안 된다. (탈출기 20장 3절)

첫째성경의 독특한 점은 이스라엘의 신이 '역사의 신'이라는 점이다. 야훼는 언제나 인간사의 구체적인 역사에 개입하고 자신의 의지를 드러내는 신이다. 첫째성경은 이스라엘의 야훼가 언제 어디에서 어떻게 일했는지, 인명과 지명을 풍부히 전한다. 이스라엘의 신이 어떤 신이지 알려면 창세기로 시작되어 이집트 탈출 사건을 거쳐 광야 시대, 판관시대, 왕정으로 이어지는 '역사적 흐름'을 꿰뚫고 있어야 한다. 그리고 이스라엘의 신이 역사에서 이룬 일은 늘 후대에 기억되고 소환된다. 이스라엘의 예언자들은 먼 옛날 이집트 탈출 사건의 하느님을 잊지 말라고 강조하고 광야에서 일어났던 순종과 반역을 계속해서 이야기한다.

반면 바알 신화에서는 '역사'가 거의 보이지 않는다. 신들의 갈등과 협력이 의미하는 '실제 인간의 역사'가 무엇인지 알기 힘들다. 온

통 상징적인 어휘로 가득 차 있고 역사적 정황을 유추할 수 있는 언어는 모두 가려져 있기 때문이다. 사실 〈바알 신화〉의 역사적인 부분을 찾아내는 시도가 현대 학문에서 줄기차게 이어지지만 그 과정이 퍽 어렵고 만족할 만한 성과도 보기 힘들다. 가장 어려운 점은 〈바알 신화〉가 구체적인 인명이나 지명 등을 거의 언급하지 않고, 어떤 인간의 역사적 흐름도 제시하지 않기 때문이다. 야훼가 역사에 임하는 신이라면 바알은 신화적 언어에 충실히 머문다.

첫째성경을 이해하기 위하여

우가릿의 재상 일리말쿠는 첫째성경에 직접 등장하지 않는다. 그는 첫째성경이 본격적으로 쓰여지던 시대의 사람도 아니다. 하지만 〈바알 신화〉의 저자 일리말쿠를 여기에 포함시킨 이유는 첫째성경의 어떤 면을 제대로 보기 위해서다.

이스라엘은 작은 민족이었고 나라를 비교적 늦게 세웠다. 그들은 주변 세계와 끊임없이 교류했고 크고 작은 영향을 받지 않을 수 없었다. 교회와 세상은 떨어질 수 없다. 이스라엘과 고대근동 세계도 마찬가지였다. 이스라엘을 잘 이해하기 위해서는 이웃 나라들의 역사·문화적 상황뿐 아니라 서로 대화하고 교류한 흔적도 최대한 이해할 필요가 있다.

최근 그리스도교 신학은 교회의 울타리를 넘어, 인간적 한계를 넘어 활약하는 하느님에 대해서 점차 넓게 깨닫고 있다. 첫째성경 신학도 그런 추세에 발맞추어야 한다. 첫째성경에 담긴 신학을 이해하고 그 탄생과 전승 과정을 이해하기 위해서는 고대 이스라엘의 울타리를 넘어야 한다. 어쩌면 신은 늘 인간의 상상력을 넘어 전진하는 존재다.

12

엘리야

아래로부터 유일섬김이 시작되었다

엘리야는 다른 신이 있는지 없는지
존재 증명을 하지 않았다.
그는 개인과 공동체의 마음이 어디로 향하는지를
중요하게 따졌다.
엘리야는 유일신론의 핵심을
소박하고 근본적으로 지적한다.
어떤 존재를 그저 믿는 것^{believe}이 아니라
한 존재를 향해 몸과 마음을 다해
섬기는 것^{believe in}이 믿음이다.

첫째 성경에서 크게 도약한 유일신 사상은 세계사적으로 큰 사건이다. 이보다 고대 이집트의 아케나톤이 일으킨 유일신 개혁이 역사적으로는 조금 앞선다. 양자 사이에는 큰 차이가 있다. 아케나톤의 종교개혁이 임금이 주도한 '위로부터의 명령'이었다면, 고대 이스라엘의 유일신 사상은 '아래로부터의 저항운동'이었다. 아케나톤은 이념적 유일신론에 매달렸고 사제들의 은근한 저항을 받았지만, 엘리야는 실천적 유일신론을 주장하며 임금을 거스른 예언자였다.

'금수저' 임금의 개혁

신왕국 시대는 고대 이집트 역사의 절정기였고 그 중에서도 제18왕조의 파라오였던 아멘호텝 3세(*Amenhotep III*, 기원전 약 1390~1352년) 때가 최고의 시기였다. 그의 증조부 투트모세 3세와 아버지 아멘호텝 2세는 뛰어난 통치술과 압도적 무력을 앞세워 나라를 반석 위에 올려놓았다. 아멘호텝 3세 시대의 이집트는 명실공히 강성대국이

엘-아마르나에서 발견된 부조. 아케나톤과 네페르티티가 태양 원반으로 상징되는 아톤에 봉헌물을 바치는 모습이다. 태양신에서 뿜어 나오는 은총은 지상을 골고루 어루만지는 부드러운 손길로 상징된다. 아마르나 양식이 잘 드러난 부조로 평가할 수 있다.

었다. 제19왕조의 람세스 2세보다 건축물도 더 많이 세웠고 주변 나라들은 이집트를 섬겼다. 하지만 역설적이게도 이 시대는 조금 밋밋한 인상만을 남겼다. 왜냐하면 워낙 강력한 힘을 발휘했기 때문에 주변의 나라들도 내부의 반란 세력도 잠잠했기 때문이다. 태평성대였다.

이 시기에 이집트 왕실에서 새로운 사상이 태어났다. 본래 이집트의 임금은 신이었다. 게다가 하늘 아래 가장 강한 나라의 임금이었으니 더욱 강력한 신이 되는 것은 당연했다. 아케나톤의 부왕 아멘호텝 3세는 스스로 신성화에 적극적이었다. 그는 태양신 레(*Re*)가 지평선에 떠오르는 속성인 레-호라크티(*Re-Horakhty*)를 아톤(*Aton*)으로 부르며 스스로와 동일시했다. 아톤은 태양신의 속성 중 하나였지만 마치 독립된 신처럼 섬겨졌다. 아멘호텝 3세는 이 '태양 원반 (sun disk)' 형상이었던 아톤을 향해 독특한 신앙심을 표했다. 임금이 이렇게 단 하나의 신에만 몸과 마음을 쓰는 것에 다른 신관들은 거의 저항하지 않았다. 그만큼 임금의 힘이 강력한 시대였기 때문일 것이다.[1]

아멘호텝 3세의 아들 아멘호텝 4세는(기원전 1351~1337년) 더욱 많은 것을 물려받았다. 그를 역사상 최고의 금수저라고 불러도 전혀 틀린 말이 아니다. 그런데 그는 재물과 권력보다는 종교적 이상과 문학, 예술 등에 관심이 많았다. 아멘호텝 4세는 부왕의 독특한 종교적 아이디어를 더욱 밀고 나갔다. 아버지는 아톤에게 몸과 마음을 모두 바쳤지만, 아들은 세상에 신은 오직 아톤 하나뿐이며 이집트의 왕실뿐 아니라 온 세상이 바로 이 믿음을 지녀야 한다고 생각하게 되었다. 그리고 그런 생각을 실천에 옮겼다.

그의 믿음에 따르면 아톤은 유일신으로서 독특했다. 대개 큰 신들은 남성으로서 여러 아내를 두었지만 아톤은 아내 없이 혼자 지

---

1) 아멘호텝 3세 시대의 시대상은 다음을 보라. 주원준, 《인류 최초의 문명과 이스라엘》, 231~235쪽.

아멘호텝 3세의 아들은 부왕을 이어 아멘호텝 4세로 즉위했다. 그는 부왕 시절부터 강화된 아톤 신앙에 푹 빠져 이름을 아케나톤으로 바꾸고 세계 최초의 유일신 개혁을 단행했다. 그의 개혁은 단순한 종교개혁이 아니라 미술과 문학 등에서도 상당히 여파가 컸다. 하지만 위로부터의 개혁은 여러 문제점을 낳았고, 결국 남부 테베를 중심으로 아문 신관들이 저항하여 이집트는 분열되었다. 국력은 쇠했고 결국 그의 개혁은 당대에 그치고 말았다.

내는 신이었다. 이집트의 신들은 흔히 동물의 얼굴 모습을 지니고 있지만 아톤은 그저 둥근 태양 원반이었다. 아톤은 무성(無性)의 추상적 유일신이었다. 둥근 태양에서 쏟아져 내리는 손 모양의 햇살이 아톤이 내리는 은총이었다.[2]

그는 종교개혁을 밀어붙였다. 결국 아멘호텝 4세는 기존의 신전

---

2) 아멘호텝 4세 시대의 시대상과 그의 종교개혁은 다음을 보라. 같은 책, 236~242쪽.

을 폐쇄하기에 이른다. 고대 이집트는 다신교의 나라였다. 이집트의 수많은 신들은 오랫동안 인간과 공존했다. 그만큼 신전도 신관도 다양했다. 신전은 경제의 중심지였고 유일한 학교였다. 사회적 통합에도 신전은 중요한 역할을 했다. 오직 아톤만이 유일신이니 아톤의 신전만 남기고 다른 모든 신전을 폐쇄하라는 명령은 이집트의 신관들에게는 청천벽력과도 같은 소리였다. 부왕 아멘호텝 3세의 시대에는 그저 임금의 신심(信心)이 아톤 신에 기울었거니 하며 잠잠하던 신관들은 이제 본격적으로 불만을 품기 시작했다. 그런데 새 임금 아멘호텝 4세는 신전을 폐쇄하는 것도 모자라 모든 신관들이 새로운 신학을 배워야 한다고 명령했다. 기존의 일자리를 빼앗기고 재교육을 받아야 한다니! 신관들은 불만을 표출하기 시작했다.

위로부터의 유일신 개혁은 나라의 풍경도 완전히 바꿔버렸다. 아멘호텝 4세는 테베에서 북쪽으로 약 300킬로미터 떨어진 나일강 동쪽 연안에 새로운 도시를 만들었다. 아케타텐(Akhetaten)으로 이름 붙인 신도시는 새 수도가 되었다. 이념적 천도(遷都)였다. 순수한 새로운 신앙을 위해 아무에게도 방해받지 않을 곳에 새로운 도시를 세운다는 임금을 말릴 사람은 없었다. 아케타텐은 '아톤의 지평선'이라는 뜻으로 지금의 텔 엘-아마르나(Tell el-Amarna) 지역에 있기 때문에, 이 시대를 아마르나 시대라고 부른다. 임금은 자신의 호칭도 '아문(Amun) 신이 만족한 자'라는 아멘호텝(AMEN-hotep)에서 '아톤의 살아 있는 영혼'이라는 뜻을 가진 아케나톤(Akhen-ATON)으로 바꾸었다. 최초의 유일신 개혁의 임금 아케나톤은 이렇게 인류사에 탄생했다.

아케나톤이 이룬 종교개혁은 위로부터의 명령이었고 최초의 유일신 개혁이었다. 그래서 뚜렷한 정치적 영향을 끼쳤다. 우선 내부적으로는 신관들과 큰 갈등을 빚었다. 하지만 신관들은 거대한 제국의 최고 절정기를 물려받은 임금에게 소극적으로 저항했다. 아마 임금 앞에서는 머리를 숙였겠지만 지방의 수많은 신전까지 급격한 이념이 침투되지는 못했던 듯하다. 신관들은 개혁을 질질 끌었을 것이다. 실제로 이 시기에 이집트의 신전들이 폐쇄된 흔적을 찾아볼 수 없다고 한다. 임금이 수도를 옮긴 것도 미적대거나 반대하는 신관들이 없는 순수한 아톤 신앙의 공간을 창출하려고 한 것은 아닐까.

결국 나라는 양분되고 말았다. 기존의 수많은 신관들의 중심지는 남부의 테베라는 도시였다. 이집트 중왕국의 최고신 아문의 신전이 그곳에 있었다. 새롭게 등장한 아톤에게 가장 위협을 받은 신이라면 전통의 최고신 아문일 것이다. 아문은 유일신은 아니었지만 이집트의 모든 신을 거느리는 최고신이었다. 아문의 신관들은 자신들이 섬기던 아문의 지위가 흔들리는 것이 달갑지 않았을 것이다. 결국 북부의 아케타텐을 중심으로 아톤을 유일신으로 하려는 임금의 세력이, 남부의 테베를 중심으로 다신교의 신앙을 수호하려는 무리가 집결하는 모양새가 되었다. 이집트는 양분되었다. 물론 이

전부터 고대 이집트의 남부와 북부 사이에는 갈등이 존재했지만 임금의 급진적 이념으로 갈등이 더욱 심화된 것이었다.

신관들은 임금이 없는 곳에서 임금을 비판하고 저주했지만 대놓고 반기를 들지는 못했다. 그저 북부의 새 수도에서 임금이 마음껏 유일신 개혁을 진행하는 것을 지켜보고 있었다. 이집트의 수많은 신전들은 개점휴업과 비슷한 상태로 임금의 의지가 수그러들거나 죽기만을 기다렸다. 일종의 느슨한 대결과 긴장이 이어졌다. 내부의 갈등이 자라나자 외부의 적들이 조금씩 고개를 들기 시작했다. 아나톨리아 반도의 히타이트가 점차 세력을 뻗치고 있었고, 항구 도시 우가릿은 이집트로 보내던 조공을 히타이트로 보내기 시작했다. 이집트의 국력은 조금씩 쇠하고 있었다. 그리고 아케나톤이 죽었다.

아케나톤의 아들은 황금마스크로 유명한 투탄카톤(*Tutankh-ATON*)이다. 아버지 아케나톤과 그를 따르던 세력은 새 임금의 이름에 아톤의 신명(神名)을 새겼다. 하지만 다신교의 신관들은 기다렸다는 듯 기지개를 켰다. 그들은 모든 것을 과거로 돌렸다. 아톤 신의 흔적은 점차 지워졌고 이집트는 다시 수많은 신들의 나라가 되었다. 복고의 중심에는 테베의 아문 신관들이 있었다. 새 임금은 18세의 나이로 요절했는데 이 죽음에 대해서 의심 가는 구석이 없을 수 없었다. 신관들은 기다렸다는 듯 죽은 임금의 이름에 아톤의 이름을 지우고 아문의 이름을 새겼다. 요절한 임금의 이름은 투탄카문(*Tu-*

tankh-AMUN)으로 역사에 남게 되었다. 과연 이 소년 왕의 이름을 투탄카톤으로 적어야 할지 투탄카문으로 적어야 할지 늘 고민이 된다. 워낙 어린 나이에 죽어서 그의 믿음을 알 수 없으니 말이다.

혼란스런 시대를 무력으로 제압한 이는 제19왕조를 개창한 람세스 1세(*Ramses I*)였다. 그는 아케나톤의 유일신 개혁이 이집트의 분열을 가져왔다고 판단한 듯하다. 그래서 유일신 개혁의 영향을 체계적으로 지우고 공식적으로 과거의 체제로 복귀했다. 람세스는 '레의 아들'이란 뜻이니 그의 이름부터 전통의 태양신이 돌아온 것이다. 이로써 유일신 개혁은 끝을 맺었다. 아케나톤의 시도는 짧지만 강렬했다. 당시의 수많은 자료들, 아마르나 양식의 건축물이나 조각품, 아톤에 대한 찬미가 등의 문헌도 남아 있다. 아톤에게 바쳐진 '아톤 찬미가'는 첫째성경의 시편 104편에 큰 영향을 주기도 했다.[3] 아케나톤은 조각이나 미술에서도 독특한 흐름을 만들었다. 수도를 북으로 옮기고 위로부터의 총체적 개혁을 단행했던 시기는 불과 10년 남짓이었다.

아케나톤이 행했던 유일신 개혁은 이집트 역사에서 거의 잊혔다가 근대에 이르러서야 여러 발굴과 연구로 그 면면이 드러났다. 따라서 중세의 학자들이나 그리스도교 교회는 이 개혁에 대해 자세히 알지 못했다. 근대에 이르러 새롭게 알게 된 아케나톤의 독특한

---

3) 제임스 B. 프리처드 편집, 《고대 근동 문학 선집》, 615~621쪽.

면모는 학문적으로 새로운 시각과 해석을 낳기도 하고 예술적으로도 상상력을 자극하기에 충분했다. 지그문트 프로이트(Sigmund Freud)는 아케나톤과 같은 시기에 활동했던 모세가 몰락한 아톤교를 재건하려 했던 이집트인이었을 것이라고 가정하고, 그가 히브리인들을 이끌고 이집트를 탈출하여 야훼를 섬기는 유일신교를 가나안에 재건했다고 주장했다. 크리스티앙 자크(Christian Jacq)의 소설《람세스(*Ramses*, 1995~1997)》에는 람세스 2세의 절친한 친구로 등장하는 모세가 지하에 숨어든 아톤 신도들의 영향을 받아 람세스와 대적하는 것으로 그려진다. 지금도 아케나톤의 개혁은 여전히 흥미롭다.

'흙수저' 엘리야

기원전 14세기 아케나톤의 유일신 개혁은 아들 대에서 이미 쇠락하기 시작했고 람세스 1세 시대에 역사에서 서서히 지워져갔다. 람세스 2세 시대에 히브리인들은 이집트를 탈출했고 이어 고대 이스라엘이 건국되었다. 지정학적 요충지에 건설된 약소국은 튼튼하지 못했다. 건국하고 나서 사울과 다윗과 솔로몬의 3대만 통일왕국을 유지했을 뿐이다. 나라는 곧 남과 북으로 분단되었다. 북왕국에서 활약한 예언자 엘리야는 이 나라의 독특한 믿음인 유일신 믿음을 확립하는 데 큰 역할을 했다고 평가된다. 그는 기원전 9세기경 아합 임금 대에 활약했으니, 아케나톤과 엘리야는 대략 500년 정도 떨어진 사이다.

엘리야는 작은 나라의 흙수저 출신이었다. 엘리야는 왕족이 아니었다. '티스베 사람 엘리야'라고 성경에 나오니(1열왕 17, 1), 수도 예루살렘 출신도 아니었다. 그가 귀족 출신이었는지도 확실치 않다. 티스베는 요르단강 동편의 작은 성읍이라고 하니(토빗 1, 2) 만일 귀족 출신이라 하더라도 중앙의 힘 있는 귀족이 아니라 지방 귀족 출신이거나 혹은 평민이었을 것이다. 한편 '티스베(הַתִּשְׁבִּי)'라는 히브리어는 '남의 땅에 거주하는 외부자'로 새길 가능성도 있다. 그렇다면 '티스베 사람 엘리야'는 '거류민 엘리야'라는 뜻이 된다. 평생 한곳에 정착하지 못하고 이곳저곳을 떠돌며 예언 활동을 한 '떠돌이 예언자 엘리야'에 잘 맞는 이름이다. 아케나톤은 강성대국의 임금으로 아내와 자식을 여럿 두었지만, 엘리야는 개인사도 거의 알려져 있지 않다.

엘리야는 저항 예언자의 시초였다. 그런데 왜 엘리야는 아합 임금에 반기를 들었을까? 엘리야를 알려면 우선 아합을 알아야 한다. 아합은 흔히 가장 타락한 임금이요 야훼 신앙에서 가장 벗어난 임금으로 알려져 있다. 이스라엘 고유의 야훼 신앙을 억누르고 바알 숭배를 도입한 악인(惡人)으로 이스라엘의 역사에 전한다. 그런데 성경을 잘 읽어보자. 아합은 야훼 신앙을 일방적으로 억누르지만은 않았다.[4] 그가 야훼 신앙을 존중한 정황은 성경 곳곳에 드러난다.

몇 가지 예만 들어보자. 이를테면 이웃 나라 아람 임금 벤 하닷이 이스라엘에 쳐들어왔을 때였다. 성경은 이렇게 전한다.

> 그때에 한 예언자가 이스라엘 임금 아합에게 와서 말하였다.
> "야훼(=주님)께서 이렇게 말씀하십니다. '이렇게 큰 무리를 본 적이 있느냐? 오늘 내가 그들을 너의 손에 넘겨주리니, 너는 내가 야훼(=주님)임을 알게 될 것이다.'" (열왕기 상권 20장 13절)

이어서 야훼의 예언자는 임금에게 구체적인 지시를 전달한다. 전쟁을 언제 어떻게 시작해야 하는지, 누구를 선봉으로 세워야 하는지 등을 알려준 것이다. 아합 임금은 예언자가 전한 야훼의 지침을 그대로 수행한 결과 대승을 거두었다.

> 저마다 닥치는 대로 적을 쳐 죽였다. 마침내 아람군이 도망치게 되자, 이스라엘군이 그들을 뒤쫓았다. 아람 임금 벤 하닷은 말을 타고 기병들과 함께 빠져 나갔다. 그러자 이스라엘 임금도 나가서, 말과 병거를 쳐부수고 아람군을 크게 무찔렀다. (열왕기 상권 20장 20~21절)

---

4) 오므리 왕조의 종교 정책은 다음을 보라. 주원준, 〈고대근동학과 구약신학 22－고대이스라엘의 종교사 : 분단시대의 종교 7〉, 《말씀터》 112호(2017. 5-6), 19~25쪽.

큰 패배를 당한 이웃나라의 임금은 이대로 물러서지 않았다. 그는 절치부심하여 복수를 준비했다. 그래서 다음해에 더욱 큰 군대를 이끌고 다시 쳐들어왔다.

> 해가 바뀌자, 벤 하닷은 아람군을 소집하여 이스라엘과 싸우려고 아펙으로 올라갔다. 이스라엘 자손들도 소집되어 양식을 지급받고는 그들을 치려고 나아갔다. 이스라엘 자손들은 아람군 앞에 진을 쳤으나, 들판을 가득 메운 아람군에 비하면 마치 작은 두 염소 떼 같았다.
> (열왕기 상권 20장 26~27절)

그런데 이번에도 아합 임금은 야훼의 예언자가 전해준 지침에 충실했고 대승을 거두었다. 이렇게 아합은 야훼의 예언자가 전해준 말씀에 곧잘 순종했다. 아합이 야훼의 예언자를 존중했다는 점은 그가 엘리야와 갈등할 때 더욱 잘 볼 수 있다. 사실 엘리야는 아합의 종교정책을 거세게 비판했다. 그런데도 아합은 엘리야를 계속해서 만나주었다. 고대근동의 왕권은 절대적이었다. 임금을 공개적으로 비판하는 예언자가 존재했다는 사실 자체가 믿기 힘들 정도인데, 임금이 그런 저항 예언자를 계속 만나준다는 것은 더욱 놀랍다. 성경을 읽어보자. 엘리야는 아합의 면전에서 임금과 왕비 이제벨을 비판했다.

신아시리아 제국의 샬만에세르 3세(Šulmānu-ašarēd III, 기원전 858~824년)의 이른바 '검은 오벨리스크(Black Obelisk)'의 일부로, 아시리아 임금 앞에 이스라엘의 임금이 절을 하는 장면이다. 북이스라엘의 오므리 왕조는 치열한 국제전의 한복판에서 부국강병을 위해 야훼와 바알을 함께 섬기는 이른바 이원적 종교 정책을 취했다. 그의 시대에 나라는 부강했으나 엘리야는 그의 정책을 비판했고 '오직 야훼만 섬길 것', 곧 유일섬김을 주장했다.

아합 임금이 엘리야에게 말하였다.

"이 내 원수! 또 나를 찾아왔소?"

엘리야가 대답하였다.

"또 찾아왔습니다. 임금님이 자신을 팔면서까지 주님의 눈에 거슬리는 악한 짓을 하시기 때문입니다. '나 이제 너에게 재앙을 내리겠다. 나는 네 후손들을 쓸어버리고, 아합에게 딸린 사내는 자유인이든 종이든 이스라엘에서 잘라 버리겠다.'" (열왕기 상권 21장 20~21절)

언론의 자유가 보장된 현대의 민주공화정이라도 이런 식으로 최고 권력자를 비판하려면 상당히 용기를 내야 한다. 고대근동의 절대왕정 시대, 북이스라엘의 임금이었던 아합은 엘리야를 '내 원수'라고 부르면서도 그를 거듭 만나주고 그의 비판을 듣는다. 물론 아합 임금은 바알 숭배를 장려한 임금이라고 할 수 있지만, 야훼 신앙을 일방적으로 탄압했다고 생각하기는 힘들다.

아합 시대에 북이스라엘은 강성했다. 그는 부강한 나라를 22년 동안 다스린 임금이었고, 부국강병에 관심이 많았다. 이런 점에서 그는 고대근동 세계의 평범하고 정상적인 임금이라고 할 수 있다. 실제 그의 시대에 이스라엘은 강성했는데 아시리아의 쿠르크(Kurkh) 석비에도 이름이 기록되었을 정도로 이스라엘은 역사적 비중이 큰 나라가 되었다.[5]

부국강병은 아합 임금의 종교정책을 잘 설명하는 키워드다. 독일의 신학자 알브레흐트 알트(Albrecht Alt)는 아합은 야훼를 버리고 바알을 믿은 인물이 아니라, 야훼도 바알도 믿자는 주장을 폈고, 그 이유는 부국강병을 위해서였다고 설명한다. 한마디로 야훼를 믿는 사람들도 끌어안고 바알에 관심을 보이는 사람들도 모두 포용하는 이원적(dualistic) 종교정책을 폈다는 것이다.[6]

---

5) 이 석비에 대해서 다음을 보라. 주원준, 《인류 최초의 문명과 이스라엘》, 283~284쪽.

6) A. Alt, "Ahab", *Religion in Geschichte und Gegenwart(RGG)*, Bd. I, p.190.

아합이 보기에 야훼와 바알은 기능이 달랐다. 야훼는 이스라엘의 정체성에서 매우 중요한 신이었고, '만군의 주님'이라 불릴 정도로 전쟁신의 면모가 강했다. 적어도 아합과 그의 주위에서는 그렇게 평가한 것 같다. 하지만 바알은 그와 반대로 풍요와 치유의 신이었다. 바알은 풍우신(風雨神), 곧 비바람의 신으로서 건조한 기후에 비를 내리는 요긴한 신이었다. 바알로 말미암아 곡식이 풍성하게 여물고 가축이 새끼를 많이 낳았다. 바알은 또한 아픈 사람을 낫게 해 주는 치유의 신이었다.

아합은 두 신에게 의지하는 나라를 만들고자 한 것이다. 이런 다신교적 정책은 고대근동에서 일반적이었다. 다른 나라들도 그런 식으로 나라를 운영했다. 어쩌면 아합은 주위의 크고 작은 나라들과 외교와 교역을 진흥시키려면 국제적인 표준, 곧 '글로벌 스탠다드'를 준수해야 한다는 판단을 했을지도 모른다. 한마디로 아합은 야훼도 믿고 바알도 믿는 이원적 종교정책을 폈다. 각기 다른 신의 영역에서 그 신에게 충실하자는 것이다. 다른 말로 하면, 나라의 절반쯤은 야훼를 믿고 또 절반쯤은 바알을 믿자는 것이다.

바알을 숭배하는 자들은 이런 다신교적 종교정책을 쉽게 받아들였다. 다양한 신이 저마다 특정한 영역을 책임지는, '신들의 분업' 시스템은 고대근동 다신교 체제에서 일반적인 것이었다. 인간의 생로병사를 예로 들면, 출생의 신, 혼인의 신, 노화의 신, 죽음의 신 등이 따로 있고, 질병과 관련해서도 치통의 신, 위통의 신, 정신병의 신 등이 따로 있고, 자연현상에 대해서도 비바람의 신, 바다의 신, 기근의 신, 강의 신, 해의 신이 모두 따로따로 존재했다. 이렇게 영역을 나눠 관장하는 신이 있었기 때문에 바알은 풍요와 치유를 맡고, 야훼는 전쟁을 맡으면 되는 것이었다. 바알을 섬기는 자들은 세상은 그렇게 지속되고 운영되는 것이라 믿었다.

하지만 엘리야 예언자는 이 점을 받아들일 수 없었다. 아합과 이제벨의 종교정책, 즉 야훼와 바알이 공존하는 이원적인 신앙, 신들의 분업 또는 영역과 기능을 나눈다는 생각 자체를 신앙의 위기이자 일탈로 판단했다. 그는 분명히 유일신 신앙을 지녔다. 그런데 그의 동료 예언자나 사제들은 그와 믿음의 결이 달랐던 듯하다. 다른 야훼 예언자들과 사제, 대사제들은 아합 임금의 이원적 종교정책을 수용한 것이다. 그러므로 그는 야훼의 예언자들 사이에서도 외로웠을 것이다. 왜냐하면 야훼 신앙을 지녔다 해도, 유일신 신앙이 무엇인지 그 진면목을 깨닫는 자들은 너무도 적었던 까닭이다. 유일신 신앙은 흙수저 출신의 저항 예언자 엘리야의 마음에 존재했다. 실제로 그를 편드는 야훼 예언자가 없었다. 그는 이렇게 외쳤다.

엘리야가 백성에게 다시 말하였다.
"주님의 예언자라고는 나 혼자 남았습니다. 그러나 바알의 예언자는 사백오십 명이나 됩니다." (열왕기 상권 18장 22절)

그가 "바알의 예언자"라고 말한 동시대의 예언자 가운데 일부 야훼의 예언자가 속해 있다는 것이 내 느낌이다. 그들은 야훼의 예언자나 사제라고 해도 신들의 분업과 기능화를 받아들이는 사람들, 곧 다신교의 체제에 순응하는 사람들이었던 것이다. 그렇다면 그들은 이름만 야훼 예언자요, 진정으로 야훼 신앙을 이해한다고 할 수 없는 사람들이었다. 엘리야는 그들 모두를 "이제벨에게서 얻어먹는 바알의 예언자 사백오십 명과 아세라의 예언자 사백 명"(1열왕 18, 19)으로 퉁친 것 같은 느낌이다.

요약하면, 아합 임금은 '야훼도 섬기고 바알도 섬기자'는 이원적 종교정책을 추진했다. 하지만 엘리야는 그렇게 '주님(=야훼)을 절반만 섬기는 나라'를 받아들일 수 없었다. 엘리야에게 '반(半)야훼'는 '반(反)야훼'와 다르지 않았다. 유일신 신앙이란 오직 야훼 하느님만 섬기고 모든 것을 야훼 하느님께 바치는 것을 의미했다. 야훼와 바알을 모두 섬기면 그 나라는 어떤 나라일까? 그런 백성을 야훼의 백성이라 할 수 있을까? 엘리야는 그렇지 않다고 생각했다. 하느님 백성인 이스라엘은 야훼도 섬기고 바알도 섬기는 존재가 아니었다. 그에게 하느님 백성은 오직 하느님만 섬기는 백성이 되어야 했다.

엘리야의 주장은 사실 지금도 굉장한 도전이다. 어떻게 보면 상당히 원칙적인 주장이라고 할 수 있다. 이에 비해 아합 임금의 주장은 상당히 현실적이라고 할 수 있다. 아무리 교회나 성당이 예수의 복음을 믿는다고 해도, 어떻게 순전히 복음의 정신만으로 살 수 있겠는가? 모두가 어찌 자발적으로 가난하게 살 수 있으랴? 하느님의 사업을 하기 위해서는 돈과 권력이 필요하지 않은가? 교회가 살찌는 것이 그리 나쁜 일이기만 할까? 이런 물음은 교회 안팎에서 또는 내 마음의 내면에서 쉽게 들을 수 있다. 나라를 운영해야 했던 아합 임금도 이런 질문에 굴복하지 않았을까 추측한다. 성경에는 나오지 않지만 이 맥락에서 상상력을 조금 발휘해보자. 아마 아합 임금과 그를 따르는 왕궁의 사제들은 '우린 야훼 신앙을 절대 탄압하지 않아요' 하고 주장했을 법하다. 야훼를 믿는 사람들은 그 영역에서 마음껏 자유를 누리라고 했을 것이다. 다만 다른 신이 영역을 존중하라고 하지 않았을까. 그들은 엘리야 예언자를 너무 원칙적이고 세상을 모르고 꽉 막히고 비현실적인 사람으로 취급하며 공격하지 않았을까.

오직 야훼만 섬겨라

이렇게 '오직 야훼만 섬겨라'는 엘리야의 주장을 모노라트리(mono-latry), 곧 '유일섬김'이라 한다. 모노(mono-)는 '하나', '단일(單一)'이라는 뜻이고, 라틴어로 라트리아(-latria)는 '섬기다', '공경하다', '예배하다'는 뜻이다. '모노라트리'를 지금까지 종교학 등에서 대개 '일신경배(一神敬拜)' 또는 '일신숭배(一神崇拜)'로 번역했는데, 개인적으로 이 번역이 엘리야의 뜨거운 마음과 신학을 잘 전달하지 못하는 것 같아서 늘 불만이었다. 위키피디아 사전 등에는 "일신숭배는 다수의 신이 존재한다는 것을 인정하지만 그 여러 신들 중 오직 특정한 신만이 숭배를 받을 가치가 있다고 보고 그 신만을 일관되게 숭배하는 것"[7]으로 설명한다. 이런 설명은 객관적이지만 건조하다. 책상물림의 고뇌나 관찰자의 시선만이 있을 뿐이다.

엘리야는 일생을 바쳐 하나의 믿음에 목숨을 걸고 뛰어들었다. 오직 야훼 한 분만 섬기라는 엘리야의 믿음은 아래 성경 구절에 잘 드러난다.

> 이스라엘아, 들어라!
> 주 우리 하느님은 한 분이신 주님이시다.
> 너희는 마음을 다하고 목숨을 다하고 힘을 다하여 주 너희 하느님을 사랑해야 한다. (신명기 6장 4~5절)

엘리야의 주장은 '오직 한 분만 섬겨라'라는 말로 요약할 수 있다. 그의 이런 믿음은 '유일섬김'으로 옮기는 게 더 나아 보인다.[8] 엘리야는 다른 신이 있는지 없는지 존재 증명을 하지 않았다. 다만

---

7) https://ko.wikipedia.org/wiki/일신숭배
8) 다음을 참조하라. 주원준, 〈고대근동학과 구약신학 18—고대이스라엘의 종교사 : 분단시대의 종교 3〉, 《말씀터》 108호(2016. 9-10), 19~23쪽.

하느님 백성인 이스라엘은 오직 야훼 하느님만을 믿고 섬기라고 주장한 것이다. 분석하거나 증명하기보다는 마음과 몸을 다해서 종교적 투신을 강조했다. 그는 개인과 공동체의 마음이 어디로 향하는지를 중요하게 따졌다. 그의 주장은 아직 선명한 '유일신론(唯一神論, monotheism)'의 모습을 갖추지는 못했다. 하지만 엘리야는 유일신론의 핵심을 소박하고 근본적으로 지적한다. 다른 신의 존재를 논구하는 것이 유일신론의 핵심일까? 어쩌면 다른 신의 존재를 따지기보다 지금 몸과 마음을 다해 하나뿐인 하느님을 따르라는 것이 유일신 믿음의 핵심일 것이다. 어떤 존재를 그저 믿는 것(believe)이 아니라 한 존재를 향해 몸과 마음을 다해 섬기는 것(believe in)이 믿음이다. 엘리야는 가장 핵심을 파고든다.

엘리야의 입장에서 아합의 정책, 곧 여러 종교를 섞어버리는 것을 종교혼합주의(syncretism)로 볼 수 있다. 종교혼합주의에 대해서는 다양한 입장이 있어 쉽게 말하기 어려운 면이 있다. 다만 엘리야라는 선명한 유일섬김 입장에서 성찰해보면, 종교혼합주의란 자칫 이것저것 마구 섞어버려서 정체성을 흐리게 만들 수 있다는 점을 걱정하는 것 같다. 무차별적으로 혼합하다 보면 반드시 지켜야 할 뿌리마저 놓치게 될 수 있을 것이다. 다른 종교의 좋은 점을 받아들이는 대화의 과정은 참된 실천과 깊은 성찰을 통해 차근차근 이루어져야 할 것이다. 티베트의 영적 지도자 달라이 라마도 종교혼합주의를 경계하는 말씀을 남겼다고 한다. 하나의 종교 전통을 깊이 이

야콥 데 비트(Jacob de Wit) 판화, 페테르 파울 루벤스(Peter Paul Rubens) 그림, <엘리야의 승천>, 1705~1754. 불 병거를 타고 승천하는 엘리야. 성경에 따르면 엘리야는 불 병거와 불 말이 나타나 회오리바람에 실려 하늘로 승천했다고 전한다(2열왕 2,1~18). 고대 이스라엘의 독특한 현상이었던 저항 예언의 시작이자 유일신 신앙이 발전하는 데 큰 역할을 한 엘리야의 믿음을 '유일섬김'으로 요약할 수 있다.

해하고 충실한 사람만이 다른 종교에 더욱 열려 있고 있는 그대로 포용할 수 있을 것이다. 엘리야는 아합이 부국강병이라는 현실적 목표를 이루기 위해 애쓰다가 어떤 선을 넘어버렸다고 판단한 것 같다.

아래로부터의 유일섬김

이렇게 인류 최초의 유일신 신앙과 관련된 두 인물을 살펴보았다. 두 인물은 모두 친구가 적었다. 동시대 누구도 그들을 제대로 이해할 수 없었다. 그래서 그들은 모두 정치적인 갈등을 일으켰다. 유일신 신앙은 그 등장부터 세상사의 한복판에서 계층적이고 사회적인 갈등을 피할 수 없었다.

하지만 이집트와 이스라엘의 유일신 개혁은 그 성격이 굉장히 달랐다. 이집트에서의 유일신 개혁은 절정기의 파라오가 위로부터 밀어붙인 총체적 계획이었지만, 이스라엘은 엘리야라는 변방의 예언자가 혈혈단신 임금에 저항한 주장이었다. 강성대국 이집트의 절대군주 아케나톤은 강력한 권력으로 주도적이고 공세적인 개혁을 단행했고 예술과 문화에 이르기까지 손을 댔다. 그는 자신만의 순수한 신앙의 공간을 창조하고 수도를 옮겨버렸다. 작은 나라 이스라엘의 소수파 예언자였던 엘리야는 자기 목숨 하나 건사하기도 힘들었기에 첫째성경의 기록 외에는 아무것도 남기지 못했다. 파라오의 유일신 개혁에 다신교의 신관들은 침묵하거나 소극적 저항에 머물렀다. 하지만 아합 임금은 엘리야라는 작은 저항 집단을 결국 가혹하게 탄압했다.

아케나톤과 엘리야의 개혁의 가장 큰 차이는 '위로부터의 명령'이냐 '아래로부터의 저항'이냐 하는 점이다. 이 점은 후대의 유일신교에서 계속 되풀이되는 것 같다. 아래로부터 일으킨 유일섬김 개혁은 가난한 이스라엘 백성을 통해서 유일신론으로 발전하여 전 세계로 확산되었다. 하지만 아케나톤의 위로부터의 명령은 역사에서 금방 사라졌다. 이후 역사에서도 유일신교적 믿음을 위로부터 강요할 때는 부작용이 많았던 것 같다. 그리스도교가 지배했던 유럽에서도, 제국주의의 식민정책에서도 그런 면을 찾아볼 수 있을 것이다.

하지만 유일신론이 아래로부터 저항의 근거가 되어 해방을 지향할 때는 역사에서 순기능을 낳았던 것 같다. 흑인 노예의 해방이나 식민지의 독립운동에서, 그리고 우리나라의 순교자들이나 최근의 민주화운동 시기에 유일신교는 큰 힘을 발휘했다. 단 한 분이신 하느님이 내 편이고, 가난하고 힘든 사람들 편이라는 믿음은 사회적인 진보와 해방을 이루는 데 큰 힘이 되었다.

그래서 엘리야와 아케나톤으로 대변되는 두 개의 유일신 믿음은 지금도 우리에게 의미가 있다. 과연 지금 유일신교는 위로부터 어떤 생각이나 문화를 강요하고 주입하는 곳일까? 아니면 아래에서 힘없고 가난하고 억압받는 사람들에게 힘을 주고 그들을 참된 해방으로 이끄는 곳일까? 여성, 이주민, 생태, 평화, 장애인, 성적 소수자 등의 다양한 이슈에서 유일신교는 어디에 서 있고 어떤 것을 지향하는지 성찰해야 할 것이다.

그리고 유일신 믿음의 핵심인 유일섬김을 생각해보자. 유일신론은 다른 신이란 없다는 것이고, 그러니 당연히 그 하나의 신을 믿어야 한다는 논리다. 자칫 유일신론은 다른 신의 존재 여부나 그 존재의 증명 등에 머리를 쓰기 쉽다. 난해한 탁상공론으로 이어지기 쉽다는 말이다. 그러나 다른 신의 존재나 특징에는 별 관심을 두지 않으면서, 지금 몸과 마음을 다하여 오직 한 분만 섬기라는 권유인 유일섬김은 오히려 유일신 믿음의 핵심을 찌른다. 현대인은 이런 본질적인 짧은 권유에 더 공감한다. 유일신 믿음의 핵심은 유일섬김이다. 엘리야의 성찰은 현대에 더 빛날 것 같다.

13

예레미야

저항 예언자의
절묘한 역사

기록의 대역전은 이렇게 일어났다.
우선 하느님의 뜻만을 믿고 전하는
저항 예언자들이 상당한 규모로 존재해야 했고,
그다음에는 나라가 망해야 했으며,
나라가 망했는데도 민족의 종교적 정체성이
소멸되지 않아야 했다. 오히려 희망과 믿음을
잃지 않고 끊임없이 비판적으로 성찰하고 깨닫는
백성이 존재해야 했다.
그리고 유배가 끝난 후 나라를 재건할 때
새로운 주류로 선택되고, 그 이후에는
그 새로운 정체성이 지속되며 전승되어야 했다.

맞서야 하는 민족들의 예언자

고대 이스라엘의 예언자들이 지닌 독특함은 저항하는 사람이었다
는 점에 있다. 이스라엘의 하느님과 백성은 인류 역사에서 유일한
역사를 만들었다. 이 점을 모르면 고대 이스라엘 예언자들의 진면
목을 볼 수 없다. 대표적 예언자인 예레미야의 생애가 이를 잘 드러
낸다. 그는 아나톳 사제 가문으로 태어나 요시야 임금 13년에 예언
활동을 시작했다. 예레미야서 첫째 장은 그를 이렇게 소개한다.

> 벤야민 땅 아나톳에 살던 사제들 가운데 하나인 힐키야의 아들 예레
> 미야의 말. 유다 임금 아몬의 아들 요시야 시대, 그의 통치 십삼 년에
> 주님의 말씀이 예레미야에게 내렸다. (예레미야서 1장 1~2절)

요시야는 기원전 640년에 즉위했으니 그의 통치 13년이면 기원
전 628년경이다. 기원전 7세기에 아나톳에서 살던 사제 가문의 자
손에게 어느 날 하느님의 말씀이 내렸다. 그의 신은 이렇게 말했다.

"민족들의 예언자로 내가 너를 세웠다." (예레미야서 1장 5절)

이 말씀은 의미가 깊다. 그는 이스라엘 한 민족만을 위한 예언자가 아니라 만백성의 구원을 위한 예언자였다. 모세도 엘리야도 이스라엘 백성을 위한 예언자였다. 일찍이 이런 국제적 스케일의 예언자는 이스라엘에 없었다. 예레미야와 동시대를 살며 보편적 유일신 신앙을 고백한 이사야가 그와 비슷한 수준의 국제적 시각을 보여줄 뿐이었다. 그의 신은 모든 민족을 위한 예언이 무엇인지 구체적으로 설명한다.

"보라, 내가 오늘 민족들과 왕국들을 너에게 맡기니, 뽑고 허물고 없애고 부수며 세우고 심으려는 것이다." (예레미야서 1장 10절)

"오늘 내가 너를 요새 성읍으로, 쇠기둥과 청동 벽으로 만들어 온 땅에 맞서게 하고, 유다의 임금들과 대신들과 사제들과 나라 백성에게 맞서게 하겠다. 그들이 너와 맞서 싸우겠지만 너를 당해 내지 못할 것이다. 내가 너를 구하려고 너와 함께 있기 때문이다. 주님의 말씀이다." (예레미야서 1장 18~19절)

그가 살던 시대에 세계의 패권이 교차되었다. 신아시리아 제국의 전성기를 이끌던 앗슈르바니팔 임금이 기원전 627년에 죽었고,

칼데아인 나보폴라싸르(Nobopolassar, 기원전 626~605년 재위)가 바빌론의 왕위에 올라 제국을 급속히 확장했다. 결국 신아시리아는 기원전 612년 니네베가 함락되면서 끝을 맞았다.[1] 예레미야는 이렇게 국제 정세가 급변하던 시대에 작은 나라에서 임금을 모시고 살아야 할 운명이었다. 오래된 왕국들이 허물어지고 부서지며 새로운 민족들이 일어나는 시대에 그는 온 땅에 맞서야 했다. 게다가 조국의 임금과 신하들과 동료 사제들과도 맞서야 했다. 그는 철저히 외로운 운명을 살아야 했다.

이스라엘의 예언자는 그저 주술사가 아니었다. 앞날의 길흉화복을 점치는 일이 아니라 지금 여기의 백성에게 신의 정의와 사랑을 전해야 했다. 그는 신의 말을 전하는 사람이었다. 이런 예언자는 이스라엘에만 있었다. 고대근동 세계의 다른 지역, 곧 고대 이집트와 고대 메소포타미아에는 이런 종류의 예언자가 전해지지 않는다. 고대근동 세계는 넓었고 수많은 민족이 살아가고 있었다. 다양한 언어와 문화, 자연 조건 속에서 민족과 언어의 수도 다양했고 그만큼 예언자들의 성격도 서로 달랐다.

---

1) 주원준, 《인류 최초의 문명과 이스라엘》, 292~293쪽.

이집트의 사후예언

이집트의 예언자들은 어떤 이들이었을까. 보통 이집트의 사제나 예언자를 '신관(神官)'으로 옮겨 쓴다. 고대 이집트의 신학에 따르면 이집트에서 가장 높은 인간이자 가장 높은 신은 파라오였다. 이집트 영토 곳곳에 존재하는 신전은 하나같이 파라오의 명령으로 설립되었고 그곳에서 일하는 사람들도 모두 파라오가 파견한 존재였다. 그러므로 파라오는 세속적 행정을 위해서는 신하와 장수 등을 두고, 영적으로는 신관을 통해서 다스렸다.

그래서 사제 개인의 창의성이나 카리스마보다는, 정해진 대로 주문을 외고 전통의 양식에 흐트러짐 없이 의례를 바치는 것 등이 훨씬 중요했다. 이집트 사제의 첫째 임무는 하루도 거르지 않고 자기 신전에서 모시는 신께 제물을 바치고 의례를 행하는 것이었다. 그럼으로써 파라오의 왕국 전체에 마아트의 순리가 스며들도록 돕는 역할을 했다. 이렇듯 이집트 신전의 근본적 존재 근거는 '임금의 파견(royal mission)'이고, 모든 사제들은 임금의 관리에 가까웠다. 그래서 일부에서 이집트의 사제들을 '신관(神官)' 또는 '제관(祭官)'이라고 번역하는데, 이 번역어는 이집트 사제의 본질을 잘 드러내는 적절한 번역어라고 할 수 있다.[2]

이렇게 이집트의 신관들은 기본적으로 관리(官吏)의 성격이 강했기 때문에 카리스마에 의존해 예언하는 것과는 전혀 다른 예언 관행이 존재했다. 미래의 일을 예언하는 것이 아니라 이미 일어난 사건을 사후에 합리화하는 예언이었다. 권력 투쟁을 뚫고 새로운 임금이 나오면 그는 이미 저 먼 과거에 이미 예언되어 있던 인물로서, 그가 권력을 쟁취한 사건은 예언의 실현이라는 식이니 결국 먼 과거의 예언을 조작하는 것이다.

1876년 이집트학자 골레니시체프(Vladimir Golenishchev)가 발견한 〈네페르티의 예언(The Prophecies of Neferti)〉이 대표적인 예다. 이 예언서에는 기원전 26세기 이집트 고왕국에 속하는 4왕조의 스네페루(Sneferu) 임금 당시에 발생한 예언이 담겨 있다.[3] 수백 년이 지나서 질서(마아트)와 혼란(이제페트)의 투쟁이 온 이집트를 휩쓸 것인데, 그때 남쪽에서 온 임금이 이 모든 투쟁을 잠재우고 이집트를 통일할 것이라는 예언이다.

하지만 남쪽에서 임금이 올 것이다.

그의 이름은 승리자 아메니(Ameni)로 불릴 것이다.

그는 남쪽 지방 여인의 아들이니

---

2) 주원준, 〈예언자의 종교 4—고대근동학과 구약신학 28〉, 《말씀터》 118호(2018. 5-6), 22쪽.
3) 4왕조의 스네페루는 피라밋을 가장 많이 건설한 파라오이기도 하다. 주원준, 《인류 최초의 문명과 이스라엘》, 108쪽.

그는 상이집트의 아들이다.

그는 백관을 수여받고 적관을 머리에 쓰리라.

그의 소망은 양편의 권력을 하나로 합치고

양편의 군사를 평화롭게 하는 것이라. (〈네페르티의 예언〉, 58~60행)[4]

고왕국은 무너지고 이집트에 제1중간기가 찾아왔다. 그리고 기원전 20세기경 11왕조 멘투호텝 2세(*Mentuhotep II*)의 신하였던 아메넴헤트 1세(*Amenemhet I*, 기원전 약 1985~1956년)가 정변을 일으켜 혼란스런 제1중간기를 끝내고 새 왕조를 여니 고대 이집트의 12왕조요, 중왕국의 시작이었다.

아메넴헤트 1세는 이 〈네페르티의 예언〉을 근거로 들어 통치를 정당화했다. 그는 마침 남부 테베 출신이었고 예언에서 언급된 이름 '아메니'는 '아메넴헤트'로 해석될 여지가 있었다. 게다가 그는 마아트와 이제페트가 뒤섞여 혼란스런 중간기를 끝내며 평화를 찾았고, 그 결과 상이집트를 상징하는 백관(百冠)과 하이집트를 상징하는 적관(赤冠)을 쓰고 두 개의 이집트를 통치할 임금이었으니, 이 예언과 정확히 맞아떨어지는 인물이었다.[5] 그와 그를 도와 쿠데타

---

4) Frank Kammerzell, Heike Sternberg, "Ägyptische Prophetien und Orakel-Die Prophezeiung des Neferti", *Texte aus der Umwelt des Alten Testaments*, Bd 3, Lf 1, p.109. 이 문헌의 해제와 내용은 모두 이 글에 따랐다.

5) 두 이집트와 왕관에 대해서는 다음을 보라. 주원준, 같은 책, 101쪽.

294

고대 이집트의 서기. 서기는 낡은 문서를 새 파피루스에 다시 베껴 쓰는 필경사의 역할도 했지만, 때로는 임금의 명으로 새로운 문헌을 만드는 일도 했다. 이 그림이 잘 보여주듯 고대 이집트의 서기는 파피루스에 붓으로 글씨를 썼다. 한편 메소포타미아에서는 주로 토판에 첨필로 쐐기문자를 찍었다.

©주원준

를 일으킨 세력은 어느 신전의 구석진 문서보관소에서 대략 600여 년 전의 예언 문서를 찾아내 자신의 쿠데타를 정당화하는 근거로 삼은 것으로 보인다.

그러나 실제로는 정반대였다. 〈네페르티의 예언〉 자체가 기원전 26세기 문헌이 아니다. 오히려 아메넴헤트 1세 시대인 기원전 20세기경에 창작된 것이다. 쿠데타로 정권을 잡은 세력은 과거의 어떤 예언 문헌을 '발견'한 것이 아니라 통치의 정당화를 위해서 아예 새로운 글을 '생산'한 것이다. 예언이 있고 사건이 발생한 것이 아니라 사건이 먼저 발생하고 나서 시간을 거슬러 예언 문헌을 만들었다. 종교가 정치에 봉사한 것이다.

이렇게 사건을 합리화하거나 통치를 정당화하기 위한 목적으로 사후에 예언 문학의 형식을 빌려 만든 문헌을 '사후예언(vaticina ex eventu)'이라고 한다. 고대 이집트에는 이런 사후예언이 많아서 하나의 문학 장르로 연구할 정도다. 신의 이름으로 이런 예언을 만든 사람들은 이집트의 정치인들과 신관들이었다. 그들은 예언 문헌을 사후에 창작하고 정치적 정당성을 확보했을 것이다. 그들은 가장 높은 신 파라오에 봉사하는 사람들이었다.

여기서 고대 이집트의 종교심에 대해 질문할 수 있다. 과연 그들은 예언을 진지하게 생각하기나 한 것일까? 그 당시 이집트 사람들은 예언을 믿었을까? 통치자들은 예언이 조작 가능하다고 생각했기 때문에 믿지 않았다고 볼 수 있을지 모른다. 한편 피통치자들은 그것을 받아들였기 때문에 믿었던 것이라고 할 수 있을지도 모른다. 하지만 현대인의 시선으로 이집트인의 마음을 이해하기는 애초부터 불가능할 것이다. 고대 이집트의 통치자나 신관이나 일반 백성들도 모두 이런 사후예언 관행의 '참여자'들이었다. 사후예언은 고대 이집트의 종교심이 지닌 독특함을 가장 잘 드러낸다고 볼 수 있다.

메소포타미아의 예언자

한편 '비옥한 반달지대'[6]로 불리던 메소포타미아 지역과 인근의 시리아-팔레스티나 지역은 이집트와는 달랐다. 고대 이집트는 언어와 자연환경이 상대적으로 고립되어 비교적 동질적인 문명이 발전했으나, 이 지역은 민족과 언어와 자연환경이 무척이나 다양했고 그만큼 종교적 특성도 다채로웠다.

전반적으로 메소포타미아는 이집트보다 좀 더 '진지하게' 점과 예언에 접근했다. 실제로 꿈을 꾸거나 탈혼 상태에서 신탁을 받아 미래를 예언하고 그 내용을 믿는 종교적 관행이 널리 퍼졌다. 고대 이집트인들은 탈혼 상태에서 예언하는 사람들을 시리아-팔레스티나 지역의 독특한 현상으로 받아들였다. 이 지역에서 기원전 2000년대의 예언 문헌은 바빌론, 마리(*Mari*), 에쉬눈나(*Ešnunna*), 얌하드(*Yamḫad*) 등에서 출토되었다. 신탁을 내린 신들도 무척 다양하여 바빌론에서는 마르둑(*Marduk*)의 신탁을, 마리에서는 아누니툼(*Anunītum*), 벨레트 비티(*Bēlet bīti*), 벨레트 에칼림(*Bēlet ekallim*), 디리툼(*Dīrītum*), 히샤메툼(*Hišamētum*), 이쉬타르(*Ištar*), 닌후르사가(*Ninḫursaga*), 다간(*Dagan*), 이투르-메르(*Itūr-mēr*), 샤마쉬(*Šamaš*) 등의 신탁을, 에쉬눈나에서는 키티

---

6) '비옥한 초승달 지대'가 아니라 '비옥한 반달지대'로 쓰는 것에 대해서 다음을 참조하라. 주원준, 같은 책, 28~29쪽.

팀(Kītītum) 여신의, 얌하드에서는 하다드(Hadad) 신의 예언을 받았다.[7]

예언자를 부르는 호칭도 다양했다. '무훔(muḫḫûm)'은 아마도 탈혼 상태에서 예언하는 사람을, '아필룸(āpilum)'은 그저 예언자를, '캄마툼(qammatum)'은 독특한 올림머리를 한 예언자를 의미한 듯하다. 게다가 마리 문헌에는 '나부-(nabû)'라는 예언자 집단이 나오는데, 이들은 기원전 1000년대 이스라엘에서 예언자를 일컫는 '나비-(נָבִיא)'와 언어 형태적으로 유사해 관심을 끈다. 이밖에도 다양한 호칭이

---

7) M. Weippert, "Prophetie im Alten Orient", Neues Bibel-Lexikon III, 1997. pp.197~198.

여러 지역에서 쓰였다. 기원전 1000년대 전반기인 신아시리아 시대로 가면 예언자를 일반적으로 '락기무(raggimu)'라고 일컬었다.[8]

이런 예언에 대한 독특한 종교심은 분명 이집트와는 다른 것이었지만 공통점도 있었다. 그것은 종교가 권력에 봉사한다는 점이다. 메소포타미아와 시리아-팔레스티나 지역에서도 예언은 대부분 임금과 왕국을 위한 것이었다. 이런 점에서 고대의 예언은 정치적 의미가 컸다. 앞날을 예고할 수 있다는 것, 특히 공동체의 미래를 예측하는 것은 정치적 의미가 없을 수 없다. 자연재해와 주변 제국으로부터 위협을 받았던 메소포타미아인들에게 공동체의 미래를 예측할 수 있는 힘은 절대적이었을 것이다.

왕권에 대한 예언에서도 차이가 난다. 신아시리아 시대 문헌에는 '샤르 푸-히(šar pūḫi)'라는 표현이 나오는데, 아카드어로 '샤르(šar)'는 '임금'이고 '푸히(pūḫi)'는 '대신하는', '대리하는'이라는 뜻이므로 문자 그대로 '대리임금(the subsitute king)'이다. 대리임금은 왕국의 불길한 일을 피하기 위한 예언 관행의 일부였다. 신아시리아 시대에 일식이나 월식 등은 불길한 일로 생각되었다. 문헌에 따르면 그런 날이 예측될 때, 사제는 '담키(Damqî)'라는 대리임금을 세워 이렇게 외쳤다.[9]

---

8) 주원준, 〈예언자의 종교 6—고대근동학과 구약신학 30〉, 《말씀터》 120호(2018. 9-10), 21~22쪽.

"네가 왕국을 물려받을 것이다." [10)

  그런데 이 대리임금은 오직 일식이나 월식 등이 일어나는 하루만 임금으로 행세했다. 그러고 나서는 이 대리임금을 죽이고 그가 사용했던 가구와 무기와 왕홀(王笏) 등을 모두 태워서 태양신 샤마쉬(Šamaš)에게 바친다. 이렇게 왕국에 불운한 기운이 들 때, 곧 그 사회의 질서에 위협이 닥치거나 큰 혼란이 예견될 때, 그 모든 불운을 담키에게 덧씌우고 그와 관련된 모든 것을 없애버리는 것이다. 그럼으로써 임금은 이 모든 불운에서 안전하게 되고, 따라서 왕국도 불운을 피했다. 담키는 수메르 시대부터 기원한 것으로 추측되며, 기원전 1000년대에도 메소포타미아에서 활발하게 이루어졌다고 한다. 담키가 어떤 사람이었는지, 어떤 식으로 죽였는지, 실제로 죽였는지 등 이 대리임금 관행에 대해서 아직 의견이 분분하지만, 분명히 이런 종교심은 이집트와는 다른 것이었다.

  이런 관행을 통해 메소포타미아와 시리아-팔레스티나에 살았던 사람들의 종교심을 엿볼 수 있다. 대리임금이라 해도 대관식은 제

---

9) 대리임금에 대한 일반적 묘사는 다음을 따랐다. M. A. Beek, "Der Ersatzkönig als Erzählungs-motiv in der Altisraelitischen Literatur", G. W. Anderson, et al., *Volume du Congrès International pour l'étude de l'Ancien Testament, Genève 1966*, E. J. Brill, Leiden, 1966. pp.25~26.

10) Martti Nissinen, *Prophets and Prophecy in the Ancient Near East*, Society of Biblical Literature, 2003. p.165.

대로 거행해야 했기 때문에 많은 자원이 투여되었을 것이다. 아마 메소포타미아인들은 '실제로' 예언의 점괘를 믿고 두려워했던 듯하다. 이 점은 이집트와 분명 다른 접근 방법이다. 이집트의 사후예언은 노골적인 조작이었지만 신아시리아의 담키는 예언을 존중하는 자들이 불운을 피해 가기 위해 쥐어짜낸 묘책에 가까웠다. 두 지역 모두 예언이 왕권에 봉사한다는 점에서는 같았다.

이스라엘의 저항 예언자

이스라엘에서는 이와 또 다른 예언 관행이 전승되었다. 정권과 관련된 예언을 한다는 점은 비슷하지만 이사야서, 예레미야서, 말라키서 같은 문서에 기록된 예언자들이 저항하는 사람들이었다는 점은 독특하다. 메소포타미아와 이집트는 왕권을 정당화하려는 왕권 신학으로서 예언 관행이 문서로 남았다면, 이스라엘은 왕권에 저항하는 사람들의 예언이 문서로 남았다.

이스라엘의 예언자들은 유일하게 아래로부터 저항한 사람들이었다. 임금, 신하들, 사제들, 동료 예언자들이 야훼 신앙에서 벗어나 타락했을 때 그들에 맞서는 것이 이스라엘 예언자들의 역할이었다. 이렇게 저항하고 고발했던 예언자들의 기록이 첫째성경에 남았다. 이스라엘의 예언자들은 정권의 탄압을 받아 따돌림을 당하고 때로 목숨을 위협받기도 했다.

사실 이스라엘에도 임금 곁에서 왕권을 위해서 봉사한 사제와 예언자들이 많았다. 너무 많아서 일일이 다 예를 들 수가 없을 정도다. 대표적으로 다윗 임금 곁에는 에브야타르 사제가 있었고(1사무 22, 21~23; 23, 7; 23, 9; 30, 7 등), 그의 아들 아히멜렉도 같은 사제였다(2사무 8, 17). 다윗 임금 후반기에는 차독(2사무 15, 24~29; 15, 35; 17, 15 등), 이라 사제도 있었다(2사무 20, 26). 이들은 모두 다윗 왕실의 안녕을 위해 일한 왕실 예언자이자 예루살렘 사제들이었다.

다윗 곁에는 사제뿐 아니라 예언자도 적지 않았다. 나탄 예언자는 아래와 같이 말함으로써 다윗 통치의 정당성을 뒷받침해주는 사람이었다.

> "주님께서 임금님과 함께 계시니, 가셔서 무엇이든 마음 내키시는 대로 하십시오." (사무엘기 하권 7장 3절)

그리고 다윗의 환시가인 '가드 예언자'(2사무 24, 11)와 '헤만의 아들들'(1역대 25, 5) 등이 있었다. 그런데 놀랍게도 이들이 남긴 책은 첫째성경에 전하지 않는다. 에브야타르의 책, 나탄의 책, 차독의 책, 이라의 책, 가드의 책 등은 첫째성경에 포함되지 않았다. 왜 그럴까? 혹시 이들이 책을 남기지 않은 것은 아닐까? 아닐 것이다. 역대기 상권 29장 29절에는 "나탄 예언자의 기록과 가드 환시가의 기록에" 다윗 임금의 행적이 모두 쓰여 있다고 한다. 곧 '나탄서(書)'와 '가드서(書)'가 존재했다는 말이다. 그런데 이 책은 지금 어디로 갔을까? 왜 이 책들은 전승되지 않는 것일까?

독일의 저명한 신학자 에리히 쳉어(Erich Zenger) 신부의 말에서 그 단서를 찾을 수 있다. 첫째성경에 전하는 예언자들은 이런 임금 주위에서 정권에 봉사하던 사람들이 아니었다. 오히려 체제에 순응하지 않고 공공연히 비판을 가하던 아웃사이더로서 정권의 핵심에서 배척당한 사람들이었다. 실제 이들은 소외된 저항 예언자들이었다. 쳉어 신부는 하바쿡, 나훔, 요엘 등 몇몇을 제외하면 모든 문서 예언자가 저항 예언자라고 보았다. 이스라엘 예언자의 가장 큰 특징은 바로 저항하던 소외 세력이라는 점이다.

> 이들은 숫자상으로 가장 적었고 또 활동 당시에는 가장 명성이 없던 무리였다. 그러나 영향사적으로는 가장 중요한 무리다. 하바쿡, 나훔, 요엘을 제외하고, 타낙 성경/첫째 성경의 모든 문서 예언자가 이 무리에 속한다.[11]

대개 역사는 승자의 기록이다. 엘리야, 예레미야, 미카, 호세아,

---

11) 에리히 쳉어(Erich Zenger), 《구약성경 개론(*Einleitung in das Alte Testament*, 1996)》, 이종한 옮김, 분도출판사, 2012. 723쪽.

아모스 같은 정권에 저항하고 비판을 가했던 예언자들의 기록은 사라지거나 왜곡되는 법이다. 그 반대편에서 왕권을 정당화하고 강화하기 위해 노력한 사람들의 기록만이 전해지는 것이 보편적이다. 메소포타미아와 이집트에도 저항하는 예언자가 없지는 않았을 것이다. 하지만 이런 세력의 기록은 지워지기 마련이다. 그리고 왕권의 강화를 위해 노력한 사람의 기록만 남았을 것이다. 그런데 왜 이스라엘에서는 정권에 순종한 예언자와 사제의 책은 없어지고 정권을 비판한 저항 세력의 책만 남았을까?

망국, 유배, 귀환의 절묘한 역사

이스라엘에서 저항 예언자들의 기록이 살아남았던 이유는 역설적이게도 나라가 망했기 때문이다. 나라가 망했기 때문에 주류 세력이었던 왕권 신학자들의 기록이 밀려나거나 소실되었고, 그 반대편에 있던 비판자들과 저항했던 자들의 기록이 살아남을 여지가 생겼다. 게다가 시기가 절묘하게 맞아떨어졌다. 바빌론 유배 중에 민족의 정체성이 와해되기는커녕 새롭게 업그레이드되었기 때문이다. 유배 중이던 백성은 이 나라가 왜 망했는지, 누구 때문에 망했는지를 철저히 따졌다. 그들의 답은 명확했다. 수도 예루살렘의 왕궁과 성전에서 호의호식하며 임금 곁에서 왕권을 위해 봉사했던 사람들 때문이라는 것이었다. 신의 뜻을 제대로 전하지 않았을 뿐만 아니라 신의 뜻에 충실했던 의인들을 제거하는 데 동조했던 사람들 때문에 이스라엘이 망했다는 결론에 이르렀다.

첫째성경의 애가(哀歌, Lamentations)는 예루살렘 함락을 애통하게 슬퍼하는 노래다. 이 노래에 바로 이런 평가가 정확히 들어 있다.

> 예루살렘 예언자들의 죄와 사제들의 죄악 때문이라네.
> 의인들의 피를 그 안에 흘린 저들 때문이라네. (애가 4장 13절)

다시 말해 망국과 유배를 통해 인류사에서 거의 유일한 '기록의 역전 현상'이 일어난 것이다. 주류의 기록이 지워지고 비주류의 기록이 대접받게 되었다. 이런 일들이 바빌론 유배 중에 일어났다.

게다가 백성들이 망국의 원인이었던 주류 종교인들의 권위를 인정하지 않았다. 오히려 하느님께서 비판적 예언자들의 입에 참된 가르침을 주셨음을 뒤늦게 깨달았다. 결국 백성은 비판적 예언자들의 기록을 읽고 자신들의 죄를 반성했고, 그런 깨달음에 따라 역사를 재편찬하고 성경을 다듬었다. 그렇게 그들은 유배를 견뎠다. 이 과정에서 중앙의 주류 예언자들의 기억이 소멸했다. 하지만 소외되었던 비판적 예언자들의 후계자들은 끊이지 않고 이어졌다.[12]

그러면 누가 그런 기록의 역전을 만들어냈을까? 주류 세력의 기록을 밀어내고 비판 세력의 예언을 남긴 주체는 과연 누구일까? 그들은 바로 바빌론 유배의 백성과 본토에 남은 백성들이었다. 즉 나라 잃은 백성들이 저항 예언자들의 기록을 남겼던 것이다. 그들은 나라가 망한 후 힘든 유배를 겪으며 깊이 뉘우치고 깨달았다. 임금의 잘못을 깨닫게 만들기는커녕 권력에 순종했던 종교인들의 말과 실천을 비판적으로 반성하게 되었다. 오히려 임금의 잘못을 지적하고 고초를 겪고 따돌림을 당하면서도 끊임없이 깨달으라고 외치던 예레미야나 엘리야나 미카나 호세아 같은 저항 예언자들이 옳았음을, 그들이야말로 신의 뜻을 제대로 전한 사람이었음을 깨달은 것이다. 유배가 끝나고 예루살렘으로 백성이 귀환하여 이른바 '제2성전 시대'를 열었을 때, 백성의 원로와 사제들은 저항 예언자의 역사를 주류의 역사로 인정했다. 망국의 원인을 제공한 과거 주류 세력의 역사를 인정하지 않았다.

집권 세력이 아닌 저항 세력의 기록이 주류 역사로 남은 '기록의 대역전'은 이렇게 일어났다. 되돌아보면 이런 일이 이루어지기 위해서는 몇 가지 조건이 절묘하게 맞아야 했다. 우선 하느님의 뜻만을 믿고 전하는 저항 예언자들이 상당한 규모로 존재해야 했고, 그

---

12) 주원준, 〈고대근동 세계에서 독특했던 이스라엘의 예언자〉, 《경향잡지》 1800호(2018. 3), 한국천주교중앙협의회. 62쪽.

다음에는 나라가 망해야 했으며, 나라가 망했는데도 민족의 종교적 정체성이 소멸되지 않아야 했다. 오히려 희망과 믿음을 잃지 않고 끊임없이 비판적으로 성찰하고 깨닫는 백성이 존재해야 했다. 그 백성은 저항 예언자의 후손과 함께 유배 상황에서도 끊임없이 성찰하고 문서를 생산했다. 그리고 유배가 끝난 후 나라를 재건할 때 새로운 주류로 선택되고, 그 이후에는 그 새로운 정체성이 지속되며 전승되어야 했다. 그리하여 비주류가 주류가 되어버린 새로운 정체성은 항구한 공동체의 믿음으로 선포되어야 했다. 이 모든 일이 수백 년에 걸쳐 수많은 역사의 파도를 뚫고 전승되며 차근차근 발전하고 성장했던 것이다. 이런 면에서 첫째성경은 인류사에서 유일한 전복의 역사를 담고 있는 책이리라.

부활한 예언자, 예레미야

예레미야 예언자는 대개 비탄에 빠져 있는 모습으로 묘사된다. 그의 별명은 '눈물의 예언자'다. 예레미야는 정권에 저항했기에 따돌림을 당했고 박해를 받았으며 감금까지 당했다. 그는 거짓 예언자와 싸웠고 임금과의 갈등도 마다하지 않았다. 그는 신의 뜻을 전했고 사람들에게 신과의 관계를 회복하라고, 깨달으라고 권고했다. 다양한 상징 행동과 비유를 통해 사람들을 회개시키려 했지만 당대에

예레미야 예언자는 임금을 거슬러 예언했고, 그 때문에 고통을 받은 것으로 유명하다. 그는 자주 따돌림당하고 정치적으로 박해당했음을 호소했다. 그의 생은 비참하게 끝났다. 하지만 유배를 겪으며 백성들은 그야말로 참된 예언자임을 알게 되었고, 제자들과 함께 그는 이스라엘의 대예언자로 평가받았다. 19세기 성경 삽화.

서만큼은 성공하지 못했다. 그러다가 결국 정치적 논쟁에 휘말려들면서 희생양이 되었다. 그는 망국과 함께 비참한 최후를 맞았다.

그런데 그게 끝이 아니었다. 망국의 유배 생활에서 예레미야는 민족의 수호자로 부활했다. 유배 중이던 백성들은 예레미야의 제자들에게서 그의 가르침을 배우고 되새겼다. 예레미야의 말씀을 함께 읽고 베껴 쓰면서 다른 사람에게 전파했다. 이렇게 만들어진 책에는 그의 이름이 붙었고, 그 책이 바로 예레미야서다. 예레미야서는 첫째성경의 중심이 되는 예언서이자 대예언서에 속하게 되었다. 그는 살아가는 동안에는 고통을 겪고 소외되고 결국 비참하게 죽어 갔지만 대표적인 예언자로서 성경에 남게 되었다. 예레미야와 그의 제자들의 생애와 활동은 예수와 제자들의 그것과 상당히 겹친다.

한번 상상을 해보자. 만일 이스라엘에 이런 전복의 역사가 펼쳐지지 않았다면 어떤 일이 일어났을까? 온갖 어려움을 뚫고 신의 말씀을 올곧게 전한 이사야서, 예레미야서, 호세아서, 아모스서, 미카서 같은 예언서는 사라졌을지 모른다. 그 대신 임금 곁에서 왕권에 봉사하던 가드서나 나탄서나 차독서가 전승되었을 것이다. 그랬다면 히브리 성경은 그저 약소국 이스라엘의 역사를 전하는 고대근동 문헌의 하나로 남지 않았을까. 그러면 결국 첫째성경의 고유한 향기는 완전히 사라졌을지 모른다. 그런 문헌은 후대의 가난한 사람들에게 보편적 복음으로 선포되지 못했을 것이다. 생각하면 생각할수록 참 절묘한 역사가 일어났다.

14

요나

소명이란
무엇인가

말은 실천보다 가벼울 때가 많다.
요나는 신의 말을 안고 살아가는 삶이
얼마나 무거운 짐을 지는 일인지 알고 있었다.
신의 뜻을 전하는 중재자는
세상의 고통을 정면으로 바라보는 사람들이다.
그리고 그 고통과 맞서는 운명을 살아야 한다.
실천하고 행동하는 사람은 그것이 가져올
변화에 따른 책임도 함께 지고 있기 때문에
말과 행동에 신중할 수밖에 없다.

예언서 가운데 하나인 요나서는 의외의 면이 많은 책이다. 우선 첫째 성경에 드물게 등장하는 괴수(怪獸)가 나와서 꽤 중요한 역할을 한다. 요나서는 짧지만 이야기 자체가 재미있고 특히 요나를 사흘 동안 삼켰던 '큰 물고기'의 등장으로 흥미를 더한다.

요나서는 '말'과 '실천'에 대해 깊이 생각하게 만드는 책이기도 하다. 주인공 요나는 무척 말이 없는 사람이었다. 적극적으로 나서서 문제를 해결하기는커녕 머뭇대며 결정을 못하고 도망을 쳤다. 그런데 신은 하필 그런 사람을 선택했다. 요나서는 이런 질문을 던진다. 지금 하는 일에 나는 적임자인가. 어떤 사람에게 일을 맡겨야 할까. 신은 과연 누구를 선택할까. 요나 이야기는 우리의 소명 그리고 말과 실천에 대해 생각하게 한다.

요나를 삼킨 '큰 물고기'

큰 물고기가 요나를 삼키고 사흘 만에 뱉어낸 사건 때문에 요나서는 동화(童話) 같은 느낌을 준다. 요나가 어떤 인물인지, 그가 무슨 일을 했는지는 몰라도 큰 물고기 배 속에 갇혔다가 사흘 만에 살아 돌아온 이야기는 많은 사람들이 알고 있다. 앞에서 언급했듯이 괴수가 드물게 등장하는 첫째성경에서 요나 이야기는 예외적이라고 할 수 있다.

요나를 삼킨 괴수를 많은 이들이 흔히 고래라고 알고 있지만 첫째성경의 히브리어 원문에는 '닥 가-돌(דָּג גָּדוֹל)'이라고 되어 있을 뿐이다. '닥'은 물고기라는 뜻이고 '가돌'은 크다는 뜻이므로 이 말을 직역하면 '큰 물고기'라는 뜻이다. 정관사가 쓰이지 않았으므로 특정한 큰 물고기(the big fish)가 아니라 그저 '어떤 큰 물고기(a big fish)'를 말한다.

성경에는 물고기에 얽힌 일화나 비유가 많이 등장하지만 그 종류나 특성에 대해서는 관심이 없는 듯하다. 물고기의 이름도 특정하지 않는다. 예수님이 떡 다섯 개와 물고기 두 마리로 많은 사람들을 배불리 먹이고도 열두 광주리가 남았던 오병이어(五餅二魚) 이야기에도 그 물고기가 붕어인지 메기인지 자리돔인지 언급되지 않는다. 생각해보면 이상한 일이다. 고대 이스라엘 땅 서쪽 경계는 지중해 연안에 인접해 있었다. 예수님의 제자들은 갈릴래아 호수 근처의 어부였고, 예수님은 "내가 너희를 사람 낚는 어부로 만들겠다"(마태 4, 19 등)고 말하기도 한다. 그런데도 첫째성경과 신약성경 모두에서 물고기의 종류가 언급되는 부분은 찾아보기 힘들다. 성경을 전승한 이스

피에테르 라스트만(Pieter Lastman), <요나와 큰 물고기>, 1621.

라엘의 서기들이 어부의 삶과 동떨어진 삶을 살았기 때문은 아닐까 추측해볼 수 있다.

요나를 삼킨 큰 물고기는 성경에 몇 안 되게 등장하는 괴수 가운데 하나다. 앞에서도 언급했지만 고대근동 신화와 비교해서 첫째성경의 이야기는 소박한 면이 있다. 반인반수나 괴수, 여러 모습을 한 신들이 등장하지 않는다. 간혹 나온다 하더라도 극히 제한적인 역할만 할 뿐이다. 고대근동의 흥미로운 여러 신화에서는 괴수가 주요 인물로서 혹은 조력자로서 큰 역할을 한다. 첫째성경에서 괴수라고 하면 레비아탄(Leviathan)이나 브헤못(Behemoth)을 들 수 있고 커룹(Cherub) 등도 포함시킬 수 있는데, 이들은 주인공은커녕 조연으로도 거의 나오지 않는다. 첫째성경은 신과 인간의 관계에 초점을 맞춰 모든 이야기를 전개하고 있기 때문이다. 요나서에 나오는 큰 물고기도 다른 고대근동 문헌들에 등장하는 괴수들과 비교해보면 과연 괴수 축에나 낄 수 있는지 모르겠다. 요나를 삼켰다가 결국 사흘 만에 뱉어내는 걸 보면 큰 물고기는 괴수는커녕 어찌 보면 좀 귀여운 면이 있다.

노아나 삼손, 유딧 이야기처럼 요나 이야기 역시 역사적 사실이라기보다 여러 역사적 체험이 하나로 더해져 반영된 것이라 할 수 있다. 이런 이야기들은 역사적 사실을 있는 그대로 전달하는 데 목적이 있지 않고 어떤 의미를 전달하는 데 있다. 그래서 의미가 강조되고 전승되기 쉬운 이야기 형식으로 이어져온 것이다.

머뭇대는 사람, 요나

어느 날 아미타이의 아들 요나에게 신의 말씀이 내렸다. 신아시리아의 수도 니네베(Nineveh)로 가서 그곳의 죄악을 바로잡으라는 명이었다.

"일어나 저 큰 성읍 니네베로 가서, 그 성읍을 거슬러 외쳐라. 그들의

죄악이 나에게까지 치솟아 올랐다." (요나서 1장 1~2절)

신아시리아 제국은 메소포타미아 북부에서 발흥하여 기원전 1000년대 전반기에 고대근동 세계를 지배했다. 사실 신아시리아는 수도를 여러 차례 옮겼는데, 니네베가 수도가 된 적도 여러 번이었고 제국이 망할 때 마지막 수도이기도 했다. 신아시리아 제국은 신바빌론 제국에게 무릎을 꿇었고, 신바빌론 제국은 다시 페르시아 제국에게 패했다. 요나서는 페르시아 제국 시기에 나온 문서지만 과거 신아시리아 제국을 배경으로 하기 때문에 신이 가라고 명한 '큰 성읍'을 당연히 니네베로 기록한 듯하다. 니네베는 제국의 심장부였다. 요나는 메소포타미아, 곧 동쪽으로 가서 신의 뜻을 전해야 했다.

> 그러나 요나는 주님을 피하여 타르시스로 달아나려고 길을 나서 야포로 내려갔다. 마침 타르시스로 가는 배를 만나 뱃삯을 치르고 배에 올랐다. 주님을 피하여 사람들과 함께 타르시스로 갈 셈이었다. (요나서 1장 3절)

그런데 요나는 신의 말씀을 대놓고 거역했다. 그는 곧장 서쪽으로 가서 야포 항구에 이르렀다. 타르시스가 정확히 어디인지는 알 수 없지만 바다 건너 서쪽 끝으로 가려고 한 것은 분명해 보인다. 신은 '동쪽 내륙 도시'로 가라고 명했지만, 그는 정반대인 '서쪽 바다 건너'로 방향을 잡았다. 신을 피해 도망을 갔던 것이다.

요나는 지금까지 보았던 첫째성경의 인물과는 또 다른 독특한 캐릭터라고 할 수 있다. 우선 다른 예언자들이 많은 말을 남긴 것과 달리 요나는 거의 말이 없었다. 행동에도 확신이 없었다. 지나치게 신중하달까. 어떤 면에서는 어리숙하고 쭈뼛대는 모습을 보인다. 그래서 요나의 행동은 신을 거역한다기보다는 차라리 회피한다는 인상을 준다. 그러니까 요나는 하느님이 동쪽으로 가라고 하면 '아니오, 저는 절대 못 갑니다, 저는 그리로 가지 않겠습니다!'라고 대놓고 말하는 사람이라기보다는 '내가 거기에 갈 수 있을까, 차라리 가지 않는 것이 낫지 않을까' 하고 거듭 되새기는 사람이었다. 생각이 많고 과묵하며 내면의 갈등이 많은 편에 속했다.

요나가 이렇게 신의 명을 거부하는 이유는 저항 예언자의 운명을 알았기 때문이기도 했다. 요나는 이스라엘이라는 변방 작은 나라 출신의 예언자였다. 말도 잘하는 편이 아니었고 나서는 성격도 아니었다. 그런 그에게 신은 대제국의 수도로 가라고 했던 것이다. 그것만도 엄청난 일인데 "그 성읍을 거슬러 외쳐라"라는 명을 내리셨다. 이건 완전히 죽으라는 소리 아닌가. 요나는 감히 엄두가 나지 않았을 것이다. '나는 그런 준비가 된 사람이 아닌데.' '내가 그런 일을 할 만한 그릇일까.' 그는 그런 엄청난 운명을 한 번도 꿈꾸지 않았으리라.

요나는 타르시스로 가는 배를 탔지만 배는 곧 큰 풍랑을 만났다.

> 그러자 뱃사람들이 겁에 질려 저마다 자기 신에게 부르짖으면서, 배
> 를 가볍게 하려고 안에 있는 짐들을 바다로 내던졌다. 그런데 배 밑
> 창으로 내려간 요나는 드러누워 깊이 잠들어 있었다. (요나서 1장 5절)

겁에 질린 선원들이 살기 위해 아등바등하는 와중에도 요나는
배 밑창에서 잠을 자고 있었다. 누가 봐도 사느니 마느니 다 포기하
고 세상 될 대로 되라는 식으로 살아가는 사람처럼 보였으리라. 하
지만 선원들은 우왕좌왕하면서도 무슨 일이든 시도했다. 당시에는
이런 자연현상에 반드시 신의 뜻이 있다고 믿었다. 선원들은 자신
들에게 닥친 재앙이 누구 때문인지 집요하게 탐색했다.

그들은 제비를 뽑아 이 문제의 원인을 제공한 사람을 가려내기
로 했다. 제비뽑기를 신점(神占)처럼 받아들이던 시절이었다. 선원
들이 제비를 뽑으니 요나가 나왔다. 그들은 요나에게 물었다. '당신
은 어떤 사람이고, 왜 이 배를 탔소?' 요나서에서 그가 처음으로 말
하는 대목이 여기다. 죽음이 눈앞에 닥친 순간에도 아무 말을 하지
않았던 요나였다. 선원들이 다그치자 그제야 요나는 입을 열었다.

> 요나는 그들에게 "나는 히브리 사람이오. 나는 바다와 뭍을 만드신
> 주 하늘의 하느님을 경외하는 사람이오." 하고 대답하였다. 그러자

그 사람들은 더욱더 두려워하며, "당신은 어째서 이런 일을 하였소?" 하고 말하였다. 요나가 그들에게 사실을 털어놓아, 그가 주님을 피하여 달아나고 있다는 것을 그들이 알게 되었던 것이다. (요나서 1장 9~10절)

요나는 말수가 적고 어눌할 뿐 거짓말을 하거나 비겁한 사람은 아니었다. 풍랑을 만난 까닭이 자신에게 있다고 고백하면 어쩌면 선원들에게 죽임을 당할 수 있었음에도 그는 사실 그대로를 털어놓았다. 자신은 이스라엘의 하느님을 섬기는 사람이고, 하느님의 명을 회피해 이 모든 일이 벌어진 것이라고. 게다가 그는 자신을 희생해 모두를 살릴 용기가 있는 사람이었다. 그는 이 모든 일의 원인인 나를 바다에 던지면 풍랑이 가라앉을 것이라고 말했다.

요나가 그들에게 대답하였다. "나를 들어 바다에 내던지시오. 그러면 바다가 잔잔해질 것이오. 이 큰 폭풍이 당신들에게 들이닥친 것이 나 때문이라는 것을 나도 알고 있소." (요나서 1장 12절)

선원들은 요나를 바다에 던졌고 큰 물고기가 곧 그를 삼켰다. 그는 물고기 배 속에서 사흘 낮과 밤을 지내며 크게 뉘우쳤다. 그는 영민하고 재빠른 사람은 아니지만 진실된 사람이었다. 컴컴한 물고기 배 속에서 간절히 기도하자 신은 물고기에게 그를 뱉어내게

요나는 신이 동쪽의 육지로 가라는 명령을 어기고 서쪽으로 가는 배를 탔다. 그가 탄 배는 신의 노여움으로 풍랑을 만났다. 그는 자신 때문에 모두가 어려움을 겪는다면서 자신을 바다에 던지면 무사할 것이라며 희생을 자처한다. 말도 어눌하고 머뭇대는 듯한 요나이지만 자신을 내던지는 실천에는 앞장서는 사람이었다. 19세기 성경 삽화.

했다. 그리고 그의 신은 다시 말했다. 그 말은 처음과 거의 다르지 않았다. 요나를 통해 일을 이루고자 하는 신의 뜻은 확고했다.

주님의 말씀이 두 번째로 요나에게 내렸다.

"일어나 저 큰 성읍 니네베로 가서, 내가 너에게 이르는 말을 그 성읍에 외쳐라." (요나서 3장 1~2절)

요나는 이제 달라졌다. 소명을 깨닫고 용기 있게 행동했다. 그는 곧장 니네베로 가서 신의 말씀을 전했다. 다행히 니네베 사람들과 니네베의 임금은 요나의 말을 듣고 뉘우쳤기 때문에 하느님이 니네베에 재앙을 내리지는 않았다. 그런데 과연 요나가 무슨 말을 했기에 니네베 사람들이 깨달음을 얻고 뉘우쳤을까? 그에 대해서는 알 길이 없다. 성경에 기록된 요나의 말은 '사십 일 후 니네베가 무너진다'는 게 전부다.

> 요나는 그 성읍 안으로 걸어 들어가기 시작하였다. 하룻길을 걸은 다음 이렇게 외쳤다.
> "이제 사십 일이 지나면 니네베는 무너진다!" (요나서 3장 4절)

어쨌든 요나가 전한 신의 말을 듣고 니네베 사람들은 뉘우쳤다. 모든 것이 잘 해결되었다. 그런데 여기서 반전이 일어났다. 신이 하신 일에 요나가 화를 낸 것이다. 자신이 그토록 목숨을 걸고 니네베에 맞서 신의 말씀을 전했는데 신은 이렇게나 쉽게 그들을 용서해주시다니! 그는 신의 뜻을 알기 힘들었다. 그는 자신이 한낱 도구에 불과했다고 생각한 것이었을까, 신이 변덕스럽다고 생각했던 것일까. 요나는 모든 일을 다 끝마쳤지만 신과 불화했고, 신은 그를 다시 가르쳤다.

이것도 또한 요나라는 인물의 특징이다. 그는 각성하고 신에게 순종한 다음에도 계속해서 자신의 비판적 성찰을 멈추지 않았다. 어쩌면 자신이 아무리 노력해도 결국은 신은 신의 뜻대로 하는 존재라고 생각했을지도 모른다. 겉으로는 모든 일이 다 잘된 것 같아도, 그의 내면은 비판적 성찰을 멈추지 않았다. 이렇게 그는 언제나 이게 과연 신의 뜻에 맞는지 고민하고, 때로는 신에게 따져 묻기도 한다. 여기서 그의 말이 왜 어눌한지 짐작할 수 있다. 그의 속이 언제나 복잡하기 때문이다.

요나서에 등장하는 다른 사람들, 곧 풍랑을 만난 선원들과 니네베 사람들은 이와 다르다. 그들은 늘 확신에 찬 듯 판단하고 행동했다. 그들의 말과 행동을 보노라면 오히려 그들이 예언자로서 적합한 사람들이 아니었을까 하는 생각이 들 정도다. 그들은 열정적으로 대처하며 마치 지금 여기서 신의 뜻을 전부 아는 듯이 말과 행동이 확고하다. 그런데 하느님은 왜 말도 잘 못하고 생각이 복잡하고 머뭇거리는 듯한 요나를 선택하셨을까? 어쩌면 이 질문이 요나서를 이해하는 핵심적 질문일 수 있다.

종교인의 삶, 예언자의 삶

요나서를 읽으면 예언자의 소명을 엿볼 수 있다. 이스라엘의 예언자는 고난의 삶을 살아야 했다. 권력과 맞서고 세상의 질서를 거슬러야 했다. 니네베는 큰 도시요 제국의 수도였다. 제국의 한복판에 서 '너희가 저지른 악행 때문에 곧 멸망할 것이다'라고 말하는 것은 엄청난 폭탄을 터뜨리는 것에 다름 아니었다. 그런 식으로 세상과 맞서는 것은 어리석어 보이거나 자신이 감당할 수 없는 일처럼 보였을 것이다.

어찌 보면 종교인들의 삶이란 그런 예언자의 삶이다. 세상의 질서는 자본과 권력을 향해 짜여져 있다. 중심을 향하고 더 높은 곳을 향해 경쟁하는 것이 세속이다. 그것은 그 자체로 나쁜 것은 아니지만 종교인은 큰 사랑과 자비의 마음으로 세상의 어둡고 아픈 곳을 향해야 한다. 자본과 권력이 그늘을 드리운 곳, 소외된 곳, 주변부와 아래로 시선을 뒤야 한다. 그런 곳에서 우리가 할 일을 숙고하고 나눠야 하는 사람들이다. 종교인들이 가치 있게 내세우는 나눔, 사랑, 자비, 정의는 결국 세상과 맞서는 일이다.

가난한 사람들과 나누며 사랑을 실천하고 정의를 추구하는 사람은 세상과 불화할 수 있다. 세상의 모순과 아픈 구석을 들춰내고 비판해야 할 때도 있다. 개선책을 제안하는 진심 어린 충고는 그저 반대파의 비난으로 들릴 수도 있다. 참된 종교인은 우리 사회의 아픈 구석을 살피고 정의를 세우는 일을 해나가야 한다. 그렇게 하자고 끊임없이 말을 걸고 권유해야 한다. 불편하고 힘들고 외로운 일일 수밖에 없지만, 예언자는 그런 운명을 짊어지는 사람이다. 종교인이란 어느 정도는 예언자로서 삶을 살아야 한다.

게다가 요나는 지나치리만큼 신중하게 말하고 행동하는 사람이었다. 자신 있게 앞장서지도 않고 확신에 차서 자신의 주장을 펼치지도 않았다. 평신도 신학자인 내 주위에는 자연스레 종교인이 많다. 아마 대부분의 사람들보다 신부나 수녀를 많이 알고 있을 것이다. 목사들도 조금 아는 편이라고 할 수 있다. 스님들과 교류하는 것도 좋아한다. 어느 종교이든 평신도 가운데에도 훌륭하신 분들이 많다는 것도 체험으로 알고 있다.

그런데 이런 느낌이 들 때가 있다. 어떤 말을 단정적으로 많이 하는 사람들보다는 조금 어눌하더라도 신중하게 실천하는 사람이 믿을 만하다는 것이다. 특히 즉각적이고 단정적으로 말하기보다는 조심스럽게 '이런 거 아닐까?'라는 식으로 대답하는 쪽을 신뢰하게 된다. 그런 분들의 내면은 대체로 고독해 보인다. 아마도 그들은 요나처럼 내면에서 투쟁을 멈추지 않는 사람일 것이다. 왜 이런 일이 세상에서 일어나는지, 참된 사랑과 자비의 길은 무엇인지 찾는 사람들이다. 나 역시 공부를 하면 할수록 모르는 것이 더 많고, 말하고 쓰는 분야를 어느 정도는 제한해야겠다고 생각하는 중이다.

풍랑을 만난 선원들이나 니네베 사람들처럼 확신에 찬 말을 하는 이들을 주위에서 제법 볼 수 있다. 그러나 말은 실천보다 가벼울 때가 많다. 요나는 신의 말을 안고 살아가는 삶이 얼마나 무거운 짐을 지는 일인지 알고 있었다. 신의 뜻을 전하는 중재자는 세상의 고통을 정면으로 바라보는 사람들이다. 그리고 그 고통과 맞서는 운명을 살아야 한다. 실천하고 행동하는 사람은 그것이 가져올 변화에 따른 책임도 함께 지고 있기 때문에 말과 행동에 신중할 수밖에 없다. 고독하고 신중한 내면에 하느님이 계신다.

지나치게 수려한 말도 너무 확신에 찬 말도 한 번쯤 의심해보는 것이 좋다. 고민할 수 있는 틈이 있고, 쉽게 그 뜻을 드러내지 않는 말들에 귀를 기울여야 한다. 내 성찰을 통해 상대방의 성찰을 유도하고, 내 느낌과 상대방의 느낌을 구분해주는 사람이 세상의 고통을 직시하고, 그 고통과 맞서는 사람이다. 지나치게 단순한 답은 진실과는 거리가 있다. 삶의 진실은 복잡하고 모순적이다. 오랜 시간에 걸쳐 조근조근 설명해도 세상의 모순과 신의 신비를 설명할 수 없을 때가 많다.

신이 왜 하필이면 요나처럼 머뭇대고 말도 잘 못하는 사람에게 왔는지 이제 조금 이해할 수 있다. 신은 내가 이 일을 할 수 있을까, 내가 그들의 삶을 변화시킬 만한 사람인가, 내 말과 행동이 어떤 결과를 가져올까를 계속해서 생각하는 요나가 더욱 믿음직스러웠는지 모른다. 신이 신뢰하는 자가 결국 인간의 신뢰도 얻는다.

한 번은 죽어야 한다

독일 유학 시절에 한인 성당에서 세례명을 지을 때면 내게 조언을 구하는 신자들이 있었다. 첫째성경을 공부하니 첫째성경에 나오는 인물들 가운데 한 분이 어떨까 하는 생각을 나누었다. 그런데 고민이 많이 되었다. 가만히 생각해보면 첫째성경의 인물들은 대개 고난의 삶을 살았다. 모세도 그랬고 예레미야도 그랬다. 모두 한 인간의 인생으로서는 평탄하지도 않았고, 특히 죽음에 이르는 과정이 쓸쓸했다. 그나마 조금 순탄했던 인물은 요셉이나 다윗 그리고 토빗 정도다. 요셉, 다윗, 토빗은 서양에서 선호하는 이름이다. 아무튼 그때 첫째성경에 나오는 인물들의 삶이 좋지만은 않았다는 사실을 깊이 생각해보게 되었다. 그리고 독일의 젊은 친구들 사이에 토비아스(Tobias)라는 이름이 흔했는데, 토빗의 삶이 평탄했기에 이런 이름이 선호되는 것인지도 모른다고 생각했다.

요나는 맞서야 했다. 우선 니네베 사람들과 맞서야 했다. 니네베 사람들은 제국의 수도에서 부와 권력을 누리던 사람들이다. 특히 신아시리아 제국은 제국의 번영을 위해 작은 민족들을 희생시켰다. 어찌 보면 니네베 사람들은 제국의 구조적 폭력의 원인을 제공했다. 그리고 요나는 선원들과도 맞서야 했다. 선원들은 가난한 이웃들이었고, 요나는 그런 평범한 사람들과도 불화를 각오해야 했던 것이다. 게다가 풍랑과 큰 물고기와도 싸워야 했다. 자연 조건도 그에게 대항했다. 돌아보면 그가 지닌 모든 조건이 이렇게 걸림돌이 될 수 있었다. 요나가 맞서는 이 모든 것들은 통제할 수 없는 것들이라는 공통점이 있다. 그것들은 모두 자신을 휩쓸어 갈 수 있는 힘이 있다는 공통점도 있다. 모든 것이 자신과 맞서는 조건에서 중심을 잡는 일은 쉽지 않았을 것이다.

이런 질문을 해보자. 이스라엘의 예언자들을 가장 힘들게 했던 것은 무엇이었을까? 아마도 하느님 백성 안에서 거스르고 맞서야 할 때가 아니었을까? 첫째성경의 예언자들을 탄압하고 죽음으로 내몬 사람들은 대개 이민족이 아니었다. 이사야나 예레미야는 같은 예언자들에게 따돌림을 당하고 고통받았다. 예수도 마찬가지다. 이민족이 아니라 그의 제자와 이스라엘 사람들이 예수를 죽였다.

요나는 한 번은 죽은 사람이었다. 그는 어두컴컴한 물고기 배 속에서 사흘 만에 살아 나왔다. 이를 전통적으로 사흘 만에 부활하신 예수님의 죽음과 부활을 예고한 것으로 해석한다. 그는 죽을 고비를 겪고 난 다음에 이렇게 외쳤다.

"저는 감사 기도와 함께 당신께 희생 제물을 바치고 제가 서원한 것을 지키렵니다. 구원은 주님의 것입니다." (요나서 2장 10절)

그는 죽음을 체험한 다음에야 자신의 소명을 깨달았다. 이렇게 다시 태어나지 않으면 참된 소명을 알기 힘들다. 이것은 교실에서 배울 수 있는 것도, 책으로 깨달을 수 있는 것도 아니다. 자기 인생에서 죽음을 맞닥뜨리는 지난한 체험을 통해서 가능하다. 요나는 죽음을 통과한 후 니네베라는 큰 도시를 변화시켰다. 예전의 나를 버리고 새로운 나를 발견해야만 다른 사람들에게 보편적이고 선한 영향력을 발휘할 수 있다. 요나서는 결국 한 번은 죽음을 겪어야 한다는 것을 가르치는 책이기도 하다.

같은 직업이라도 소명은 다르게 펼쳐진다. 앞에서 보았듯 첫째 성경의 예언자들도 다양했다. 왕권 예언자도 있었고 바알의 예언자도 있었다. 저항 예언자를 탄압한 예언자도 있었다. 돌아보면 세상의 모든 직업이 그렇다. 영어에서 직업을 뜻하는 여러 낱말 중 하나인 '보케이션(vocation)'은 사실 '보카치오(vocatio)'라는 라틴어에서 왔다. 보카치오는 '부르심(부르다)'이라는 뜻을 가지고 있다. 같은 직업이라도 천직이나 소명을 말할 때 이 말이 쓰인다. 요즘은 '직업'이라고 하면 안정된 연봉을 받는 직장을 떠올리는 경우가 많다. 직업을 돈을 벌어 생계를 유지하는 수단으로 이해하는 것이다. 하지만 직업은 평생 동안 자신이 실현해야 할 가치를 구현하는 방법이기도 하다. 취직은 그저 소명의 시작일 뿐이다. 취직하고 나서 자신이 그 일에 부르심을 받아 평생 헌신할 수 있는 곳인지가 더 중요하다.

어떤 직업을 택하든 그 직업에서 소명을 느끼고 그 소명에 헌신하려면 세상과 맞서야 할 때가 많다. 참된 보람을 느끼는 일을 위해 사회의 시선 따위와 맞설 수 있어야 한다. 하지만 그렇게 하지 않는 사람들을 보며 안타까운 마음이 든다. 자신의 소명을 생각하지 않고, 그저 남의 시선으로 자신의 경력을 만들어가는 사람들이다. 사람들이 선호하는 좋은 직장에 취직했다는 기쁨은 잠시일 것이다.

자기 소명의식도 없는 일을 계속하다 보면 내면은 점점 피폐해진다. 언젠가는 내가 원하고 좋아하는 일을 해본 적이 언제였던가 하는 후회와 맞닥뜨릴 것이다.

얼마 전 기사를 보니, 요즘 젊은 세대는 흔히 '좋은 직장'이라 불리는 곳을 곧잘 그만둔다고 한다. 나는 젊은이들의 그런 선택을 응원한다. 좋은 연봉을 주는 안정된 직장을 그만둔다니, 기성세대가 볼 때는 답답하고 어리석은 결정일 수 있을 것이다. 그 기사의 논조도 그러했다. 하지만 오히려 그 점에 희망이 있다. 우리 세대나 부모 세대에서는 좋은 직장에서 정년을 맞는 것이 꿈이었다. 자신의 가치나 소명을 위해 대기업이나 공무원을 그만두는 일은 어리석은 일이었다. 대부분 생계 때문에 그렇게 할 수도 없었지만, 내심 소명에 대한 성찰이나 용기가 부족한 경우도 있었다.

나는 가치를 실현하는 일을 위해, 자신이 좋아하는 일을 위해 결단하는 청년들을 응원한다. 사실 안정되어 보이는 직장도 들여다보면 실상은 다를 때가 많다. 청년들이 남의 시선을 의식하지 않고 자신의 소명에 따라 길을 선택해, 그 길로 걸어 나갔으면 하는 바람이다. 자신을 헌신할 수 있는 일, 그런 곳을 찾았으면 한다. 하지만 이런 소명과 직업에 대한 이야기가 고루하게 느껴지는 사회에 우리는 살고 있다. 모든 것은 돈으로 치환되고, 직업이 자기실현이라는 말은 케케묵은 옛말이 되어버렸다. 그래도 인간이 사는 한, 소명을 깨닫고 정진하는 삶은 필요할 것이다.

머뭇거린 사람, 실천이 앞서는 사람

원칙적으로 모든 직업은 저마다 소명을 품고 있다. 의사나 교수나 변호사 같은 직업은, 적어도 우리 사회에서는 안정되고 윤택한 삶을 살 가능성이 높다. 하지만 본디 의사는 아프고 병든 사람을 치료하는 일을 하는 사람으로서 썩은 살을 도려내고 고름을 짜내야 하는 소명이 있다. 학자는 새로운 지식을 외롭게 탐구하고 대중에게 더 높고 바른 지식을 전파하는 일을 하는 사람으로서 기득권에 맞서야 하는 소명이 있다. 변호사도 진실을 감추고 권력 유지를 위해 일하는 사람이 있는가 하면, 소외된 사람들을 위해 힘들고 어려운 길을 가는 사람이 있다. 모든 직업인들은 소명을 가지고 있다. 그러므로 우리는 스스로에게 이런 질문을 해볼 수 있다. 나의 소명은 무엇인가? 종교인으로서 혹은 기자로서, 경찰로서, 엔지니어로서 나는 무엇을 할 것인가? 요리사로서, 선생으로서, 예술가로서 내게는 어떤 소명이 있을까?

여기에서 내게 오랫동안 울림을 준 답변 하나를 소개하고자 한다. 2013년에 호르헤 마리오 베르고글리오(Jorge Mario Bergoglio) 추기경은 '프란치스코 교종(Pope Francis)'으로 선출되었다. 그는 예수회 회원으로서 첫 인터뷰를 예수회 잡지와 가졌다. 새로 선출된 교종과 첫 인터뷰를 하는 영광은 안토니오 스파다로(Antonio Spadaro)라는 예수회 신부에게 돌아갔다. 그는 첫 질문으로 예정에 없던 것을 골랐다. 교종과 사전에 조율되지 않은 것이었다. 평범해 보이는 질문이었지만 쉽게 대답하기 힘든 것이었다.

"호르헤 마리오 베르고글리오는 누구입니까?"[1]

그의 질문은 '프란치스코 교종은 누구입니까?'가 아니었다. 그저 한 인간으로서 '당신은 누구냐'라는 질문이었다. 남성 신앙인이자 신부이자 주교이자 추기경이었던 한 인간으로서 당신은 누구입니까. 새로 선출된 교종은 말없이 스파다로를 바라만 보았다. 그때 신중하게 말을 고르며 머뭇대는 새 교종의 모습은 내 마음에 오래도록 남았다.

프란치스코 교종은 사실 달변가로 유명하다. 그는 쉽고 정확하게 복음의 가치를 설명하는 탁월한 능력을 지녔다. 교종의 말씀을 들으면서 그 어법이 예수의 어법과 퍽 닮았다고 느낀 적이 한두 번이 아니다. 가장 쉬운 언어로 일상의 비유를 들어 간결하게 정곡을 꿰뚫는 어법은 분명 최고의 수준을 드러낸다. 그런데 그런 분이 어쩌면 평범한 질문에 머뭇댄 것이다. 그리고는 이렇게 대답했다.

---

1) 프란치스코 교종의 첫 인터뷰 관련 기사는 모두 아래를 따랐다. 교황 프란치스코 · 안토니오 스파다로, 《나의 문은 항상 열려 있습니다(La mia porta è sempre aperta, 2013)》, 국춘심 옮김, 솔, 2014. 29쪽.

"무엇이 가장 올바른 정의(定義)가 될 수 있을지 잘 모르겠군요. (…) 저는 죄인입니다. 이것이 가장 올바른 정의이지요. 그냥 흔히 하는 말, 곧 하나의 문학적 표현 양식이 아닙니다. 저는 죄인입니다."[2]

그 모습에서 순간 요나가 떠올랐다. 어쩌면 교종은 그 순간 한 인간으로서 신과 함께 살아온 자신의 내면과 지난날을 회상하지 않았을까. 내면 깊숙한 곳에서 나온 말들은 머뭇대며 고개를 내민다. 그러나 그런 아끼고 아끼던 신중한 말이 터져 나왔을 때 그 말은 오래 남아 주위를 밝힌다.

한국 최초의 사제였던 김대건 신부의 삶을 다룬 《탄생》(2022)이라는 영화를 인상 깊게 보았다. 영화의 전반부에 정하상 등의 도움으로 조선에 입국한 프랑스인 피에르 모방 신부가 소년 김대건을 신학생 후보로 선출하여 마카오로 유학을 보내는 장면이 나온다. 그때 소년 김대건이 과연 사제가 될 자질이 있는지, 박해를 받는 조선 교회의 신부로서 모든 것을 짊어질 재목인지를 의논한다. 그때 모방 신부는 조선인들에게 소년 김대건이 '행동이 앞서는 사람인지 말이 앞서는 사람인지' 묻는다.

이 영화에서 이 질문에 대한 대답은 나오지 않지만 미루어 짐작할 수 있다. 말이 앞서는 사람이라면 아마 최초의 조선인 신학생으

---

2) 같은 책, 29쪽.

로서 선발되지 못했을 것이다. 실천이 앞서는 사람이라는 것은, 그 영화가 묘사한 대로 그의 삶과 순교를 보면 알 수 있다. 김대건 신부는 말을 많이 남기지 않았다. 오히려 그가 활동한 기간은 2년 남짓으로 무척 짧다. 그러나 순교로 자신의 소명을 입증했다. 그의 삶과 죽음은 오랫동안 빛나고 있다.

조용하고 조금 머뭇대지만 깊은 성찰 끝에 신중하고 깊이 행동하는 직업인들이 많으면 좋겠다. 특히 말보다 실천이 앞서는 사람들이 많았으면 좋겠다. 말과 글로 먹고사는 나 역시 먼저 반성해야 할 일이다.

15

욥

고통받는 의인은 누구인가

첫째성경을 관통하는 중요한 가치 중 하나는
의로움이다. 최고의 지혜서인 욥기도
의로움에 대해 그리고 고통받는 의인에 대해 말한다.
그런데 의인이라고 해서
언제나 인정받는 것은 아니다.
세상에는 옳은 일을 하고도
고통을 받는 사람들이 많다.
세상 모두가 이들을 인정해주지 않더라도
신은 이들을 끝내 안아주신다.

이 책에서 다룰 마지막 인물로 욥을 선택한 것은 개인적으로 욥기를 무척 좋아하기 때문이기도 하다. 욥기는 독특하면서도 깊이가 있는 책이다. 첫째성경에는 비슷하거나 같은 이름을 가진 인물이 많지만 '욥'이라 불렸던 인물은 오직 한 명뿐이다. 욥기는 이 시대에도 유의미한 철학적이고 신학적인 물음으로 가득 차 있다. 마하트마 간디도 첫째성경에서 제일 좋아하는 책으로 욥기를 꼽았다고 한다. 여기서는 지면의 한계로 욥기가 품은 다양한 면을 모두 다룰수는 없어 욥기의 한 측면만 주목해 살펴볼 것이다.

욥의 불행과 선한 세 친구

욥은 의인이었다. "흠 없고 올곧으며 하느님을 경외하고 악을 멀리하는 이"(욥 1,1)라는 성경 표현대로라면 헌신적인 종교인이었을 뿐만 아니라 훌륭한 인격자였다. 지식과 실천에서 모자람이 없었으며 게다가 부자였다. 그런 완벽한 사람에게 어느 날 큰 불행이 겹쳤다.

하루아침에 모든 재산을 잃고 아들과 딸이 죽고 욥 자신마저 병에 걸렸다. "발바닥에서 머리 꼭대기까지 고약한 부스럼으로" 고통이 극심했다. "욥은 질그릇 조각으로 제 몸을 긁으며 잿더미 속에 앉아 있었다"(욥 2, 7~8).

친구들이 욥을 위로하기 위해 찾아왔다. 엘리파즈, 빌닷, 초바르는 모두 욥처럼 학식도 높고 사회적 지위도 있어 보인다. 또한 친구의 아픔에 공감하고 슬퍼하는 선한 사람들이었다. 이들은 욥을 위로하며 인간의 운명과 고통에 대해서 그리고 신의 뜻에 대해서 이야기를 나누었다.

욥기는 정교한 연극처럼 짜여 있다. 욥과 세 친구가 나누는 대화가 많은 분량을 차지하는데 읽다 보면 재미도 있고 깨달음도 크다. 맨 처음으로 친구 엘리파즈가 말을 한 후 욥이 그 말을 받고, 두 번째로 빌닷의 말을 받고, 마지막 초바르와도 마찬가지다. 이렇게 세 친구와 욥이 모두 여섯 차례 이야기를 주고받으면 첫째 마당이 막을 내린다. 둘째 마당의 형식도 같다. 셋째 마당에서는 초바르를 제외하고 엘리파즈와 빌닷과만 말을 주고받는다. 그러니까 모두 여덟 번의 대화가 오간다. 길게 이어지는 대화를 따라가다 보면 세 친구와 욥이 느끼는 감정의 흐름, 생각의 변화와 성장 과정에 동참할 수 있다.

판단이 되어버린 위로

친구들은 처음에는 공감과 위로의 말을 건네지만 대화가 진행될수록 전개는 묘하게 흐른다. 마음 아파하고 안타까워하던 친구들은 슬며시 이런 질문을 던진다. 혹시 네게 죄가 있어서 이런 일을 당한 것 아니냐, 전능하신 신이 실수를 할 리가 없지 않느냐는 것이다. 드디어는 욥을 '판단'하고 나아가 '단죄'하게 된다.

　친구들은 악의가 없다. 오히려 이런 이야기를 꺼내는 속내에는 그들의 선한 믿음이 자리잡고 있다. 신은 착한 일에 상을 주고 악한 일을 징계하는 권선징악(勸善懲惡)과 상선벌악(賞善罰惡)의 원리로 세상을 운영한다고 배우지 않았는가. 세상의 많은 종교가 이 세상의 행복과 불행은 행위에 따라서 결정된다고 설파한다. 그리고 대부분의 종교인들은 이런 믿음을 지키며 선한 일에 힘쓰고 악을 멀리하며 산다. 인과응보(因果應報)의 원리에 대한 믿음은 지금도 널리 퍼져 있다.

　욥기는 날카로운 책이다. 대부분의 종교인들이 지닌 믿음의 전제를 허물어버린다. 이런 믿음은 그 자체로 아무 문제가 없어 보이지만 욥에게 적용될 때는 전혀 예상치 못한 결과를 낳는다. 착한 사람은 좋은 결과를 맞고 악한 사람은 불행을 당한다면, 고통받는 욥은 결국 악인(惡人)으로 단죄되어야 하지 않을까? 이런 믿음에 따르자면 고통과 불행을 당했을 때는 그만한 이유를 자신에게서 찾아

레옹 보나(Léon Bonnat),
<욥>, 1880.

야 할 것이다. 지혜에 밝다는 세 친구들 역시 세상에서 가장 큰 불행을 당한 욥에게 '문제는 바로 너야, 스스로 자기 죄를 찾아' 하고 강요한다.

우리 주위에도 선한 믿음을 지닌 분들을 쉽게 찾을 수 있다. 그런데 착하게 사는 사람들, 타인을 도와주고 봉사하는 사람들, 겸손과 희생과 봉사로 모범이 되는 분들의 믿음은 그 자체로 옳기만 한 것일까? 혹시 문맥과 상황에 따라 그들의 믿음과 선의도 예상치 못한 결과를 낳을 수 있지 않을까? 욥기는 그런 고통받는 사람들을 판단하고 나아가 단죄하는 많은 사람들을 날카롭게 비판한다.

세 친구들은 욥에게 계속해서 '어떤 죄나 실수를 저질렀기 때문에 그에 맞는 대가를 치른 것은 아닌지' 생각해보라고 한다. 그런데 이런 말은 슬픔을 당한 사람들에게 그 원인을 '스스로의 탓'으로 돌리게 하고, 나아가 불의한 고통과 세상의 부조리를 합리화하는 논거가 될 수도 있다. 사실 이런 말들은 우리 주위에서도 심심찮게 들을 수 있다. 욥기는 이런 면에서 종교인, 지식인, 지도자들이 흔히 저지르는 실수를 보여준다.

욥은 이런 세 친구들에게 기분이 상했다. 아무리 생각해도 내가 이런 벌을 받을 만큼 큰 죄를 저지른 적이 없는 것 같은데, 신은 이렇게까지 큰 고통을 안겨주고 왜 침묵하느냐며 친구들에게 호소한다. 욥은 신에게 하소연하고, 따지고, 울부짖고 싶다고도 말하지만 욥의 친구들은 그의 고통은 바라보지 않고 오히려 그의 말에 놀라 다그친다. '죄가 없다고? 네가 불쌍하긴 하지만 어떻게 신에게 그런 말을 할 수 있느냐. 잘 생각해봐라. 인간은 완벽할 수 없으니 네가 모르는 사이에 혹시라도 지은 죄가 있을 것이다. 어찌 신이 잘못을 하시겠느냐? 이런 고통을 주시는 데는 신의 어떤 의도가 있을 것이다. 신이 이유 없이 고통을 내리신다고 말하는 것은 신을 모독하는 말이니 조심하라'고 한다.

친구들은 고통의 언어를 이해하지 못했다. 욥은 친구들에게 판단이 아니라 '위로'와 '공감'을 원했던 것이다. 고통당하는 사람 앞에서 그가 하는 말이 잘못되었다고 탓하는 친구들이 욥은 야속하다고 생각한다. 절망과 고통에 빠진 이는 어떤 경우든 '동정받을 권리'가 있다는 말은 그리스도교의 핵심 가치를 드러낸다.

> 절망에 빠진 이는 친구에게서 동정을 받을 권리가 있다네. 그가 전능하신 분에 대한 경외심을 저버린다 하여도 말일세. (욥기 6장 14절)

욥은 친구들에게 말한다. '내가 완벽한 사람이라고 할 수는 없겠지만 이렇게 큰 고통을 당할 만한 죄도 짓지 않은 듯하다. 지난날을 돌아보면 나름 충실히 살았는데 솔직히 이건 신이 너무하지 않은가.' 욥은 자신이 죄가 전혀 없다고 말하는 게 아니라 이런 큰 고통이 자신에게 부당하다고, 이런 결과가 무엇 때문인지 자신에게 어떤 의미인지 신에게 묻고 싶다고 말한다. 그는 신을 대면하여 신에게 답을 듣고 종국에는 해원(解冤)하고 싶다고 외친다.

계속해서 친구들은 욥의 말에 예민하게 반응한다. 그러면서 '자네, 아무리 고통 중에 경황이 없다지만 너무 교만한 말을 쉽게 하지 않나? 고통이 너무 심해서 신을 모독하고 있다는 걸 알지 못하는 것인가? 더 큰 죄를 짓지 않는 게 좋겠네' 하며 욥에게 충고한다. 욥은 계속해서 이런 친구들의 말에 섭섭함을 느낀다.

> 바른말이 어떻게 속을 상하게 할 수 있나? 자네들은 무엇을 탓하고

있나? 자네들은 남의 말을 탓할 생각만 하는가? 절망에 빠진 이의 이
야기는 바람에 날려도 좋단 말인가? (욥기 6장 25~26절)

친구들은 그들대로 욥에게 서운하다. 친구들은 욥에게 신을 모
독하고 있다고 날을 세운다. 그들의 말은 점점 뾰족해져서 서로를
비난하기에 이른다. 친구들은 욥이 평소에 신을 경외하지도 않았고
신을 모독했기에 신의 분노를 당해도 싸다고까지 말한다. 그들은
욥의 말을 신성모독으로 판단하고 자신들까지 모욕을 당했다고 느
낀다. 친구들은 마치 신의 대리자가 된 듯하다. 피해자의 죄를 들추
려 시도하고, 고통과 부조리를 합리화하는 논리를 폈다가, 나중에
는 평소에 네가 신을 경외하지 않았다는 식으로 스스로 신이 된 듯
단죄한다. 이제 욥과 친구들은 완전히 원수처럼 되었다.

욥기를 읽으면 선한 의도를 가진 사람들이 희생자를 판단하고
단죄하는 과정을 보는 것 같아 일종의 페이소스마저 느끼게 된다.
나라 안팎에서 자연재해로 인한 피해가 발생하기도 하고, 때때로
사회적 사건 사고나 전쟁과 분쟁으로 인한 죽음이 이어지기도 한
다. 이럴 때마다 상황에 공감하지 못하는 말과 심지어 혐오적인 발
언까지 나온다. 사회, 종교의 지도층 인사들마저 그런 말들을 아무
렇지도 않은 듯 공개적으로 내뱉는 모습을 보며 경악했던 기억이
적지 않다.

우리 사회도 피해자를 판단하고 단죄하는 경우가 많다. 2014년

헤라르트 제헤르스(Gerard Seghers), <인내하는 욥>, 17세기 전반.

세월호 참사 이후 여러 거리 미사에 참여한 적이 있는데, 그때도 비슷한 말을 들었다. 희생자를 기리는 사람들을 반국가 세력으로 몰아붙이거나 자녀의 죽음을 이용해 이익을 취한다며 희생자 유가족을 비난하는 사람들도 있었다. 정말 '말도 안 되는 말'들이 횡행하는 것을 보면서 우리 사회와 인간의 모습에 두려움마저 느꼈다. 그리고 2022년 이태원 참사 이후에도 이런 일이 되풀이되는 것 같아 마음이 무척 무겁다.

그리고 또 하나 생각해볼 점이 있다. 프란치스코 교종은 성직자와 수도자, 평신도들에게 '은총의 톨게이트처럼 행동하지 말라'고 권고했다.

우리는 자주 은총의 촉진자보다는 은총의 세리처럼 행동합니다. 그러나 교회는 세관(tollhouse)이 아닙니다.[1]

우리말 번역에서 '세관'으로 옮긴 말은 원문에서는 '통행료 징수소(tollhouse)', 곧 고속도로 진입로 등에서 볼 수 있는 톨게이트를 의미한다. 교회는 신의 무한한 은총을 베풀고 확산하는 곳으로서 '은총의 촉진자' 역할을 해야 마땅하다. 공감하고 위로하고 치유하기 위해 애써야 하는 곳이다. 하지만 교회가 신의 사랑을 얻기 위한 통행세를 걷는 곳이 되어서는 안 된다. 하느님은 특정 교파에 돈이나 서비스를 제공해야 만날 수 있는 존재가 아니다. 프란치스코 교종은 하느님을 만나기 위해 교회에 세금을 낼 필요가 없다고 가르친 것이다.

어쩌면 세 친구는 신에게 가는 길을 지키려는 사명감 같은 것이 있었는지도 모르겠다. 신으로 가는 길에 합당한 판단을 하고 그 판단에 맞는 말과 행동을 하도록 잘 훈련된 사람들일 것이다. 그들은

---

1) 프란치스코 교종, 《복음의 기쁨》, 47항.

악인은 아니었지만 신에게 충실한 사람들이 저지를 수 있는 한계를 잘 보여준다. 세 친구는 욥에게 공감과 위로의 말을 전하려고 왔지만 평가하고 판단하려는 습성을 버리지 못한 것이다. 자신들이 섬기는 신, 자신들의 목숨과도 같은 믿음이 조금이라도 훼손되는 일을 참지 못하는 사람들이다. 신을 수호하기 위해서라면 무엇이든 버릴 수 있는 사람들일 것이다. 하지만 그런 판단과 단죄는 오로지 신에게 주어진 역할이다.

우리는 욥의 친구들처럼 행동할 때가 많다. 선한 마음으로 진심어린 위로를 하지만 어느 순간 판단하고 처방을 내리려 한다. 하지만 신을 제외하고 모든 인간은 같은 위치에 서 있다. 신으로 가는 길에서 통행료를 받을 수 있는 사람은 아무도 없다.

〈바빌론 신정론〉과 욥기

욥기와 매우 비슷한 문헌이 바빌론에도 있었다. '바빌론 욥기'라고도 불리는 〈바빌론 신정론〉이다. 기원전 1000년대에 신아시리아 제국과 신바빌로니아 제국은 잇달아 고대근동 세계를 지배했다. 두 제국은 이스라엘을 자주 침략했는데 결국 북이스라엘은 신아시리아에, 남유다는 신바빌로니아에 무너졌다. 그리고 남유다의 백성들은 기원전 6세기에 바빌로니아로 유배를 갔다. 두 제국은 작은 나라 이스라엘에게는 철천지원수 같은 나라였다.

　신아시리아와 신바빌로니아 두 제국은 모두 아카드어를 사용했고 그 밖에도 공통점이 많았다. 다만 북부의 아시리아가 좀 더 상업과 무력에 앞서 있어 진취적이고 실용적인 인상을 주는 반면, 남부의 바빌로니아는 문화와 종교에 앞선 인상이다. 신아시리아 제국은 고대근동 세계를 거의 300년을 제패했는데, 신바빌로니아는 88년 정도 제국을 유지하는 데 그쳤다.[2] 하지만 바빌로니아는 문화 대국으로서 고대근동의 훌륭한 문학 작품을 많이 배출했다. 〈길가메쉬 이야기〉, 〈에누마 엘리쉬〉, 〈에라 이야기〉, 〈아트라하시스 이야기〉 등이 바빌로니아에서 탄생했고, 지금 다룰 〈바빌론 신정론〉도 거기서 나왔다.

　〈바빌론 신정론〉은 바빌로니아의 서기 상길-키남-웁빕(Sangil-kīnam-ubbib)의 손으로 적혔다.[3] 두 작품의 문학적 구성은 기본적으로 같다. 〈바빌론 신정론〉에도 욥기처럼 흠 없는 사람이 주인공으로 나온다. 그는 갑자기 큰 고통을 겪는다. 그리고 선하고 학식 있는 친구들이 방문해서 위로하며 대화를 시작한다. 친구가 한마디를 하면 주인공이 그 말을 받는 형식도 두 작품이 똑같다. 심지어 어떤

---

2) 두 제국의 비교는 다음을 보라. 주원준, 《인류 최초의 문명과 이스라엘》, 269~301쪽.

3) 이 작품에 대해서 다음을 보라. 제임스 B. 프리처드 편집, 《고대 근동 문학 선집》, 695~706쪽. ; Wolfram von Soden, "4. Die babylonische Theodizee—Eine Streitgespräch über die Gerechtigkeit der Gottheit", *Texte aus der Umwelt des Alten Testaments*, Bd 3, Lf 1. pp.143~157.

욥 : 고통받는 의인은 누구인가　　　　　　　　　　　347

표현은 거의 일치한다. 그래서 아마도 바빌로니아로 유배 간 이스라엘 백성이 〈바빌론 신정론〉을 접하고 그 내용을 바탕으로 이스라엘의 고유한 신학을 펼쳤으리라고 추측할 수 있다.

폰 조덴(W. von Soden)은 〈바빌론 신정론〉의 주인공을 '인내자(Dulder)'로 옮겼다.[4] 이 번역이 상당히 적절하여 눈길이 간다. 내가 만일 평생을 올바르게 살려고 노력했는데도 큰 불행과 극심한 고통을 당했다면 어땠을까? 게다가 친구들이 찾아와서 위로의 말을 건네며 죄를 들춰내고 내게 공격을 퍼붓는다면? 과연 그래도 끊임없이 신을 찾고 내 올바름을 지킬 수 있을까? 이런 모든 일을 당했는데도 분노를 누르고 인내하면서 이렇게 할 수 있을까? 주인공은 엄청난 인내를 보여주는 사람이다.

〈바빌론 신정론〉과 욥기의 초반부는 거의 같다. 큰 고통 속에서 삶의 근본적인 회의에 빠진 나머지 자신의 탄생을 저주한다. 친구들은 인내자에게 찾아와 위로하면서 이야기를 주고받다가 자기 식으로 판단하고 점점 서로를 비난하다가 단죄한다. 친구들은 위로를 주기는커녕 주인공 인내자를 단죄하며 이렇게 내뱉는다. 권선징악과 인과응보의 높은 가르침에 따라 말하고 행동하라고. 신이 세상을 상선벌악의 원리로 운행하고 있음을 부정하지 말라고.

---

4) von Soden, *Ibid.*, p.143.

정의롭고 유식한 친구여, 자네 생각은 옳지 않네.

자네는 지금 정의를 저버리고 신의 계획을 모독하고 있네.

자네는 마음속으로 신의 계획을 무시하고 있네.[5]

〈바빌론 신정기〉는 욥기처럼 세상을 고발한다. 의로운 사람이 고통을 받고 악한 사람들이 득세하는 부조리를 드러낸다. 신들이 창조한 세상의 모순을 통렬히 비판하는 이 작품을 보며 바빌로니아는 이런 비판이 가능할 만큼 수준 높은 사회였구나 하는 생각에 고개를 끄덕이게 된다. 당대의 바빌로니아는 깊은 성찰과 개방성을 지닌 문화 선진국이었음이 분명하다.

고대근동 세계에서 아카드어는 기원전 23세기경부터 기원전 5세기 페르시아 시대 초기까지 국제공용어(lingua franca)였다. 과거 동아시아 사회의 한자나 현대 사회의 영어 같은 역할을 했다. 고대 이집트, 히타이트, 우가릿 등의 나라들은 아카드어를 통해 서로 문서를 주고받았다. 아카드어 중에서도 바빌로니아에서 쓰인 언어가 실질적인 표준어 역할을 했다. 다시 말해 고대근동 전체가 바빌로니아의 언어로 의사소통을 했다. 바빌로니아는 교역과 외교와 학문의 언어를 제공하는 나라였다. 자연스레 고대 이스라엘의 지식인들 또한 아카드어를 알았을 것이다. 첫째성경에도 아카드어의 영향을 받

---

5) 제임스 B. 프리처드 편집, 《고대 근동 문학 선집》, 699쪽.

은 히브리어 단어나 표현들이 무척 많다.

철학서를 신학서로

그러면 〈바빌론 신정론〉과 이스라엘의 욥기는 무엇이 다를까? 이스라엘의 욥기는 그저 바빌로니아의 수준 높은 작품을 베껴 쓴 것뿐일까? 아니다. 욥기는 〈바빌론 신정론〉에서 많은 영향을 받았음이 확실하지만 그 메시지는 전혀 다르다. 특히 결론 부분에서 두 책은 완전히 다른 책이 되었다. 작은 나라 이스라엘은 주위의 영향을 많이 받을 수밖에 없었지만 자신들만의 독특한 야훼 신앙으로 새롭게 성찰하고 고백한 사람들임을 여기서도 알 수 있다.

〈바빌론 신정론〉은 주인공 인내자와 친구들이 서로 논쟁을 주고받지만 결국 친구들이 인내자의 논리에 무릎을 꿇으며 끝난다. 친구들의 마지막 말이다.

> 신들의 왕이며 인간을 창조한 나루(*Narru*)
> 그리고 그것을 위해 흙을 떼어낸 위대한 줄룸마루(*Zulummaru*)
> 그리고 그들을 만들어낸 여신 마미(*Mami*)
> 이들은 인간들에게 뒤틀린 말을 했다네.[6]

여기서 언급되는 세 신은 모두 창조와 관련되어 있다. 나루는 창조신 에아(Ea)의 별칭인데 자주 쓰이지는 않는 것이다. 줄룸마루 또한 에아의 별칭인데 에아의 창조 행위를 언급할 때 자주 쓰이는 이름이다. 고대 메소포타미아 창조 신화는 공통적으로 흙을 빚어 인간을 만들었다. 그러므로 여기서 흙을 떼는 행위와 줄룸마루라는 별칭은 태초의 창조 행위를 가리키는 것이다. 마미는 태초의 창조 때 모든 것을 낳은 엄마신(母神)을 말한다.[7]

그러므로 친구들은 태초에 창조신이 세상을 부조리하게 만들었음을 깨달은 것이다. 세상은 권선징악과 인과응보의 원리로 운행되지 않는다. 세상에는 주인공 인내자처럼 이유 없이 고통을 당하는 사람들이 있다. 악인이 성공하는 경우가 많다. 그렇게 세상이 이루어진 것이라는 깨달음이 이 책에 들어 있다. 창조신들이 "인간들에게 뒤틀린 말을 했다네"를 폰 조덴은 "인간들에게 다의적인(또는 모호한) 말을 선물로 주었다"고 옮겼다. 창조신들은 상선벌악의 단일한 원칙을 명확히 지키는 존재가 아니라는 것이다. 그들이 만든 세상은 흑과 백이 선명히 구별되지 않는다.

욥기의 말미는 이와 완전히 다르다. 욥기는 신이 마지막에 등장하여 판결을 내린다. 게다가 이스라엘 신은 상당히 긴 말씀을 주신

---

6) 같은 책, 705쪽.
7) von Soden, *Ibid.*, p.156. 특히 각주를 참조하라.

다. 첫째성경에서 하느님이 가장 길게 말씀을 하시는 대목이 바로 여기(욥 38~42)다. 이스라엘의 신은 욥과도 직접 대화를 나눈다. 욥이 그토록 간절히 원했던 '신과의 만남'이 성사된 것이다.

이스라엘의 신은 세 친구가 잘못했음을 분명히 지적하며 그들 중 대표 격인 테만 사람 엘리파즈에게 분노한다. 욥은 이스라엘의 신에게 의로운 사람으로 인정받았고, 그의 가족과 재산과 건강 등 모든 것이 회복되었다.

> "너와 너의 두 친구에게 내 분노가 타오르니, 너희가 나의 종 욥처럼
> 나에게 올바른 것을 말하지 않았기 때문이다." (욥기 42장 7절)

〈바빌론 신정론〉과 욥기는 형식적으로 비슷하지만 내용적으로는 무척이나 다른 책이다. 〈바빌론 신정론〉은 인간적인 철학서에 가깝다. 주인공과 친구들이 논쟁을 주고받으며 끝까지 인간의 대화로 끝맺는다. 인내자와 친구들은 신들이 만든 세상이 완벽하지 않다는 사실을 서로 수긍한다. 하지만 욥기는 마지막에 신이 등장해서 신의 뜻이 분명히 드러나는 신학서가 되었다. 신은 욥과 같은 사람을 인정한다. 자신의 의로움을 믿고, 신에게 겸손하지만 충실히 요구하고, 신의 뜻을 끝없이 캐묻는 끈기 있고 정의로운 영성을 인정해주신 것이다. 욥기는 흑과 백이 분명한 책이다. 욥이 옳았다. 고통받는 의인은 구원될 수 있다.

두 작품에 대해서는 더욱 많은 점을 비교할 수 있을 것이다. 욥기의 초반에 등장하는 하느님과 사탄의 천상회의 장면도 신학서로서의 특징을 잘 드러낸다. 그 밖에도 많은 이야기를 할 수 있겠으나 여기서는 이스라엘의 신이 욥의 의로움을 끝내 인정해주었다는 사실에 주목해보자. 욥이 옳았고 세 친구는 틀렸다. 신은 그렇게 딱 도장을 찍어주었다. 아브라함의 믿음을 의로움으로 인정해주신 하느님은 인간들에게 외면받던 의인을 보증해주었다.

의로움의 믿음

믿음이란 무엇일까를 생각해본다. 이에 대한 답은 여러 개가 있을 것이고 어느 하나만 옳다고 할 수도 없다. 어떤 사람은 깨달음이라고 답할 수도 있고, 또 어떤 사람은 마음의 평화라고 답할 수도 있다. 온유함, 성실함, 내면의 깊이 등 여러 대답이 가능하다.

하지만 첫째성경을 관통하는 중요한 가치 중 하나는 의로움이다. 최고의 지혜서인 욥기도 의로움에 대해 그리고 고통받는 의인에 대해 말한다. 그런데 의인이라고 해서 언제나 인정받는 것은 아니다. 세상에는 옳은 일을 하고도 고통을 받는 사람들이 많다. 작고 약한 존재들, 세상에 이해받지 못하는 존재들, 억눌린 존재들, 부조리와 고통으로 신음하는 존재들이 있다. 〈바빌론 신정론〉은 세상의 많은 모순과 부조리를 깨달으라고 초대한다. 하지만 욥기는 유일신을 통해 희망을 발견한다. 세상 모두가 이들을 인정해주지 않더라도 신은 이들을 끝내 알아주시고 두 팔로 안아주신다. 그래서 지금도 세상의 이해를 받지 못하고 고통을 당하는 사람들은 신만이 자신의 의로움을 알아주고 보증해준다는 믿음을 지니고 살 수 있다.

역사를 돌아보면 의롭게 살다가 목숨을 버린 분들이 적지 않았다. 신앙을 지키다가 순교한 성인들도 있었고, 식민지에서 해방을 꿈꾸며 한 몸을 바친 독립 투사들도 있었고, 민주화와 보다 나은 세상을 위해 이름도 없이 쓰러져간 이들도 있었다. 어쩌면 오직 신이 이런 의로움을 알아주실 것이라는 희망을 품은 분들도 있었을 것이다. 그리고 지금도 지구상 어딘가에서 참된 해방과 자유를 위해 목숨을 버리는 의인들도 같은 희망을 품을 것이다. 그들은 먼 옛날 이스라엘에서 아브라함의 믿음을 의로움으로 인정해주신 신에게 의지할 수 있을 것이다.

욥기의 마지막 부분에서 야훼 하느님은 세 친구를 구원했다. 그런데 세 친구가 구원되는 조건이 있었다. 바로 의로운 욥이 그 친구를 위해 기도해주는 것이었다. 고통받는 의인은 신의 참된 종이요, 신은 그런 의인에게 구원의 열쇠를 맡겼다.

"나의 종 욥이 너희를 위하여 간청하면, 내가 그의 기도를 들어주어, 너희의 어리석음대로 너희를 대하지 않겠다. 이 모든 것은 너희가 나

의 종 욥처럼 나에게 올바른 것을 말하지 않았기 때문이다." (욥기 42장
8절)

욥은 고통에서 회복하고 친구들을 위해 기도했다. 신은 욥의 기
도를 들어주었다. 이 세상에 지금도 존재할 고통받는 의인이 가해
자를 위해 기도해줄 수 있는 역사가 펼쳐지기를 고대한다.

EBS 클래스(e) 시리즈 39

구약의 사람들
신과 인간의 서사를 만든 첫째성경 인물 열전

1판 1쇄 발행 2023년 3월 31일
1판 2쇄 발행 2023년 6월 15일

지은이 주원준

펴낸이 김유열 | 지식콘텐츠센터장 이주희 | 지식출판부장 박혜숙
지식출판부·기획 장효순, 최재진, 서정희 | 마케팅 최은영, 이미진 | 제작 윤석원
북매니저 정지현, 윤정아, 이민애, 경영선
방송 김형준, 김미란, 유지영, 이세라, 이유선

책임편집 엄기수 | 디자인 정하연 | 인쇄 우진코니티

펴낸곳 한국교육방송공사(EBS)
출판신고 2001년 1월 8일 제2017-000193호
주소 경기도 고양시 일산동구 한류월드로 281
대표전화 1588-1580 | 이메일 ebsbooks@ebs.co.kr
홈페이지 www.ebs.co.kr

ISBN 978-89-547-7333-1 04300
     978-89-547-5388-3 (세트)